中国古代司法行政化研究

陆侃怡 著

中国政法大学出版社

2020·北京

声　　明	1. 版权所有，侵权必究。
	2. 如有缺页、倒装问题，由出版社负责退换。

图书在版编目（CIP）数据

中国古代司法行政化研究/陆侃怡著.—北京:中国政法大学出版社, 2020.7
ISBN 978-7-5620-8126-5

Ⅰ.①中… Ⅱ.①陆… Ⅲ.①司法—行政—研究—中国—古代 Ⅳ.①D929.2

中国版本图书馆 CIP 数据核字(2020)第 123462 号

出 版 者	中国政法大学出版社
地　　址	北京市海淀区西土城路 25 号
邮寄地址	北京 100088 信箱 8034 分箱　邮编 100088
网　　址	http://www.cuplpress.com（网络实名：中国政法大学出版社）
电　　话	010-58908586(编辑部) 58908334(邮购部)
编辑邮箱	zhengfadch@126.com
承　　印	固安华明印业有限公司
开　　本	880mm×1230mm　1/32
印　　张	10.75
字　　数	260 千字
版　　次	2020 年 7 月第 1 版
印　　次	2020 年 7 月第 1 次印刷
定　　价	59.00 元

Contents
目录

第一章　导　论 … 001
　　一、研究背景 … 001
　　二、国内外研究现状 … 004
　　三、主要内容和分析框架 … 016

第二章　早期国家的中央司法机构：世俗化 … 021
　　一、夏商朝时期：神判 … 021
　　二、西周时期：人判 … 027

第三章　传统政治体制变迁下的中央司法机构：
　　　　司法权的嬗变 … 035
　　一、封建制度初期：司法权的壮大 … 037
　　二、三公九卿制时期：司法权的机遇和危机 … 045
　　三、三省六部制时期：平衡和挑战 … 071
　　四、二府三司制时期：一次尝试和回归"传统" … 089
　　五、元朝时期：司法权的"惯性" … 099
　　六、内阁六部制时期：司法权的"内耗" … 107
　　七、小结：新旧国家机构的转化：君权和政府权的博弈 … 124

第四章 传统中央司法机构职能的变迁：
审判权的量变和质变 … 131

一、秦汉时期：一法司 … 134

二、魏晋南北朝时期：二法司 … 143

三、隋唐时期：三法司 … 149

四、宋元时期：审判权的转移 … 171

五、明清时期：审判权的"质变" … 194

六、小结：审判权的消弭 … 223

第五章 传统法律职业群体的困境：
两种权力间的挣扎 … 232

一、秦汉时期：机构专门化 … 233

二、魏晋南北朝时期：官员专业化 … 239

三、隋唐时期：科层制下的平衡 … 247

四、宋朝时期：司法官的职业化趋势 … 257

五、明清时期：司法官的"工具化" … 270

六、专业而不"职业" … 317

结　语 … 324

参考书目 … 334

第一章 导论

一、研究背景

在十八大以及十八届三中、四中全会提出全面推进"依法治国"的背景下,国家开始全面对法律适用的整体过程进行改革,这个过程包含了从立法、司法到法律执行的各个方面。与之前所进行的针对个别、具体制度的内部调整不同,目前我国正逐步将"法治"提升到一个全新的高度——将法律治理视为国家治理体系中的重要支柱之一。[1] 相较于立法,司法运行最贴近公众生活,是法律适用效果的集中体现,更是社会各个阶层化解各自矛盾的最前沿。"司法公正,是现代社会政治民主、进步的重要标志,也是现代国家经济发展和社会稳定的重要保证。呼唤司法公正,评价司法公正与否,是任何文明社会公民的正当权利,坚持公正司法是对法权的一种制约,是实现社会公平正义的基本要求。"因此,一个国家司法运行的效果将是检验该国法律发展水平的重要指标。英国著名哲学家培根曾有个著名的比喻,将一国司法公正比作水的源头,认为其一旦受到

---

[1] 十八届三中全会报告中提道:"全面深化改革的总目标是完善和发展中国特色社会主义制度,推进国家治理体系和治理能力现代化。"

污染，危害程度将大大超过犯罪本身。[1] 故在此种背景之下，司法体制改革将是实现依法治国理念的起点和关键。司法制度的任何更改（哪怕是微小调整）都有可能引发法律整体运行的"蝴蝶效应"，从而对整个法治建设产生重要的影响。

现有的司法改革不但涉及法律本身的实体或程序问题，而且也是全社会范围内一次价值理念的重大转变。此次改革对司法系统外部职能、内部分工、人事财务制度等具体制度都有所调整，同时也需要理顺司法系统整体（包括法院、检察院乃至司法部）与其他国家机构之间的关系。为此，陈光中先生精辟地总结道，对于司法改革的总体布局分为两个层面：第一个层面是处理司法机构与外部权力之间的关系，视为司法机构应当去地方化；第二个层面是处理司法机构内部的关系，视为司法机构去行政化。[2] 面对当下司法改革面临的种种机遇和挑战，西方司法制度固然有部分经验可循，但也需要清醒地认识到，中国司法机构所面临的独有困境——司法机构去行政化，这是西方司法发展史不曾有过的局面。为此，当我们积极找寻对策的同时，也需要去研究中国当代司法机构这种独有困境究竟是如何形成的。

故当考察中国古代司法机构变迁的这段历史时，有两个前提必须予以说明：第一，中国传统法律意义上的司法权内容与当代语境下的司法权并不完全吻合。前者通常体现为审判权与复核权的组合，两者一致才能形成一种具有司法意义的判决，并且这两种权力的连接方式并不是司法程序，而表现为一种类

---

[1] 原话是："一次不公正的审判，其恶果甚至超过十次犯罪。因为犯罪虽是无视法律——好比污染了水流，而不公正的审判则毁坏法律——好比污染了水源。"
[2] 参见陈光中、魏晓娜："论我国司法体制的现代化改革"，载《中国法学》2015年第1期。

似"行政审批权"。司法行政权体现出当时对司法官的纵向（上下级）管理，以便能够与其他行政机构的管理保持一致。审判权、监督复核权、司法行政权体现为一种国家最高权力下的内部分工与制约。后者（现代语境下的司法权）体现为一种以审判权为核心的运转体系；即便对于判决的矫正也同样采用审判技术和严格的程序；司法行政权的存在是为了保证审判权的更好运转，故体现为一种审判权之下的配合。第二，由于是在特殊语境下展开对传统司法权的研究，故对古代中央司法机构的讨论绕不开对传统政治体制和权力运行的理解。对此，必须同时考察司法机构整体变迁的政治背景和规律。因为司法权在中国古代社会从来不是一种终局性的权力，而仅仅是国家治理中的一种技术性分工；它的变迁一直受到政治权力运行规律的深刻影响。司法权作为古代社会治理的重要手段和关键环节，被深深地镶嵌在国家机构科层式运行的齿轮之中。

　　从纵向来看，正如一国法律史总是深深地嵌入到该国的文明史当中一样，难以孤立而又割裂地分析——中国古代司法机构行政化的过程同样也是在漫长的历史演进中自然形成的。当我们开始着手进行司法机构的"去行政化"改革、期待它能以更公正的面貌承担现代社会的基本角色时，有必要以更为宏大的历史视野去关注、研究此主题背后隐藏着的更为深刻的原因和规律：中国司法机构是什么时期与西方司法机构在发展上出现了分野？司法机构是如何伴随着封建体制的发展完善而被纳入政府机构行政化运行的板块当中？当政府运行出现"科层化"的趋势时，司法系统的内部运作又出现了怎样的变化？这些对中国现有的司法机构产生了怎样的影响？从横向来看，司法机构作为法律运行最直接的形式，是整个国家法治运行的"晴雨表"；但决定一个国家法治运行水平的却不仅仅是司法机构，而是往往与一个国家的民主化程度、政府机构的权力运行息息相关。

受制于专业分割的限制，部门法专业的学者更关注短期内某个具体制度的瑕疵和完善，这当然有助于提高整体法治的水平，但任何成熟的研究都是宏观和微观有机结合的。中国历代以来，包括司法机构在内的政府机构变迁无疑为本书研究"中国特色"的司法机构变迁规律提供了丰富的资源和独特的视角。依托官方典籍、民间笔记、法律文书等各类史料，让我们有可能在较大的研究口径下观察到司法权（机构）一步步在封建政治体制的大背景下萌芽、生长、壮大、完善并最终变形的发展轨迹和规律，这些恰恰是许多被部门法制度研究"遗忘的角落"。

二、国内外研究现状

针对古代司法机构行政化的主题，就目前国内的研究而言，基本对各个朝代的司法机构都有涉及，但是更多是从法律史的角度给予关注。当然这为本书的形成提供了大量分析材料，也是本书形成的重要基础。

（一）法律制度史方面

通常，法史学界对各种法律现象的研究仍然以断代史为主，以政治朝代为基本背景。这一方面为本书的写作提供了丰富的史实材料，但另一方面也为完整、连续研究古代司法机构变迁留下了较大的空白，使得司法机构在不同朝代的变迁略显突兀，缺乏动态的观摩视角。

学者胡留元、冯卓慧所著的《夏商西周法制史》一书，根据后世史料记载以及现有的考古成果展示了上古三代时期的法制状况。其中对西周大司寇及其属官的介绍尤为详细，可以看到西周时期中央政府已经呈现出较为完善的官制。但同时限于

第一章 导 论

史料的相对短缺、后世记载的混乱，在一定程度上可以推断上述时期大司寇以及属官的设置仅仅是根据《周礼》记载的完善形式，有可能在实践中并未完全实行。该书为上古三代时期司法机构的内部设置以及职能划分提供了初步的史料，最为重要的是它描述出了该时期社会治理的普遍面貌以及在国家形成的最初阶段，中华文明中宗教、律法、王权之间与西方社会不同的模式。从"事鬼神"的夏商到"敬天保民"的周朝，世俗权力的强大，使传统律法从一开始就褪去了大部分宗教色彩，国家对世俗事务的关注成为权力存在的第一要务。由此，"人"成为整个国家政治治理的中心。这个中心既包含治理的对象，更包含治理的主体——官员——而不是律法成为权力架构的支点。此种权力设定模式对后世司法机构内部所呈现的首席长官权力集中的传统具有决定性的作用。学者刘海年所著的《战国秦代法制管窥》一书是研究秦代法制的重要文献。该书以一个史学家的严谨勾画出在封建君权制初建的秦代，在法家的治国指导之下，中央司法机构司法职能的具体内容。例如，中央的廷尉从一个军事官员正式成为专职司法官员，整个司法机构从形式上朝着专业化的方向发展；司法实践确立了"以吏为师"的宗旨，地方与中央在司法事务的处理上开始有了规范化的交流（从地方政府上报的《法律答问》中可以看到）。学者南玉泉所写的《楚国司法制度探微》一文，依据最新的考古成果，主要展示了战国时期南方楚国的司法状况：虽与当时的中原各国有所不同，但是仍然沿袭了以长官为核心的机构建制。出于战争的特殊背景以及国家组织的不断完善，楚国对司法事务的处理并没有局限在所谓的司法机构，而是可以随着君主意志或者高级官员的意志"越级"加以处理。当然，这并不是楚国特有的现象，即便是经历"变法"的秦国也同样存在高级（非专职司法）官员"干涉"或者依照职权处理案件的传统。从该时期各国的司法状况而言，或许可以从另一个侧面窥视出中国古代的司法边界，即无论是价值判定或是刚性的制度设计，审判权在政治治理中可以具有弹性地在司法和行政领域游走，而最终决定处理方式的并非律法而是出于最高权力的需要。针对审判事务，司法机构并无绝对的垄断权；离权力中心越近的官员越具有广泛的管辖权以及处理权。

学者孙家洲主编的《秦汉法律文化研究》一书中，利用已有的考古以及史学成果，联系当下的社会需要和实践，从旧的司法制度中不断寻找新的研究视角。例如，对当时社会舆论和官方应对的机制等展开研究。该书其中一章是关于皇帝旨意与国家法律之间的关系问题，是本书观察司法机构行政化的一个重要窗口。在古代的治理技术中，"行政化"背后的价值逻辑是皇权赖以生存的"权力集中"，而司法机构本身的职业化（专业化）则是近代国家政府运行的基础和特征之一，两者之间的互动以及博弈就决定了司法行政化的广度和深度。在该章中专有一节是对中央廷尉处理的特殊案件——诏狱的研究。该节对诏狱名称的由来、诏狱的管理、诏狱的审理程序以及特征作了深入分析。得到的结论主要有：①关于诏狱管辖权：一般都是涉及政治的大案要案；②就审理的基本程序：虽同为审理，但其审理需经高级官僚的廷议而后定罪量刑，并非完全由专职司法官进行；③就判决的结果：必须上报皇帝核准同意。从司法行政化的角度而言，它在形式上是后世明清会审制度的滥觞。从西汉"巫蛊案"、唐代"房遗爱谋反案"，到宋代"阿云之狱"、明初"三大案"、[1] 清末"四大案"[2] 等都说明历代以来针对

---

[1] 胡惟庸谋反案、郭恒贪污案、蓝玉谋反案。
[2] 杨乃武和小白菜案、张汶祥刺马案、名伶杨月楼冤案、太原奇案。

重大案件多少都有"政治问题法律化的习惯和趋势"——具有"法律工具化"特征。

学者曹旅宁所著的《秦汉魏晋法制探微》一书主要描述了该时期的司法状况。所谓"汉承秦制",是指汉代初年对于秦法的继承相当全面,其中包括廷尉职能的继承。由于当时政府尚未有专门的立法机构,故作为专职审判的廷尉也参与国家立法,并且与地方审判机构保持了有效的复审关系,使得地方与中央的司法职能划分日渐规范,整个国家开始建立上通下达的司法运作体系。学者胡仁智所著的《两汉郡县官吏司法权研究》一书,更为详细地描述了当时基层司法机构的实际运行情况以及与中央廷尉之间的关系。司法机构行政化的特征和规律,基于纵向的权力关系(中央对地方)是一个重要的视角。当时中央已经存在专职司法官廷尉,地方司法事务的处理却以行政长官兼理的形式存在。但如果抛开权力运行的横向枝节,地方长官(例如郡一级)对应的是皇帝本身而不是中央某个事务处理机构(例如廷尉),即"三法司"仅仅是"中央司法机构"而非"最高司法机构"。由此可以看出,在古代政治架构中,司法审判仅仅是皇权(皇帝)处理众多政务中的其中一类,并非终极意义的判定标准——司法权从本质上而言是一种手段而非目的。学者李俊芳所著的《晋朝法制研究》一书,在"晋朝司法制度""法官的设置与任用"两章中涉及了晋朝司法机构设置以及基本职能。关于司法制度,该书作者将晋代司法制度放置到现代诉讼法学的分析框架下,描述内容包括诉讼管辖、起诉制度、逮捕制度和审判制度等,颇有创新意义,使我们更容易将传统司法制度与当下司法体系形成直接对比。当然这也存在一定的风险,即古今关于司法、行政、审判等基本概念的不一致令此类对比可能存在误差。例如,关于古代诉讼是否具有严格的审级等问题就可能令后期的讨论存在偏差,因为现代诉讼理论中对审级有着比较严格的界定。在该书中将当时的司法官总结为廷尉、治书侍御史、黄沙狱治书侍御史、太子家令、尚书官员等,一方面显示出当时政府机构转型中的复杂乃至混乱,另一方面也表示政府机构设置开始由"最高长官"为中心向"机构本身"为中心转化。其中作者特别提到了尚书官员与廷尉之间的关系,论证秦代以来廷尉职权不断受到尚书官员侵蚀的基本观点。从尚书官员与皇权的紧密程度以及机构设置的特征来看,尚书官员更加具备行政科层的特征,由此也可以认为尚书机构的设置是中国司法机构行政化的重要特点之一。

学者邓奕琦所著的《北朝法制研究》一书对北朝各主要政权的法制状况展开了比较全面的研究。该书从五胡十六国仿汉制建立司法制度开始,历数拓跋鲜卑之习惯法下的司法机关,到北朝孝文帝法制改革前后的司法机构变化,直至北朝不断推进法律儒家化的进程而超越南朝政权的法律成果。作者在书中总结道,由于面临战乱、政权更迭等现实,故整个北朝司法机构在仿汉制的同时也具有浓厚的军事化色彩,这给司法系统带来的直接后果便是司法监察权的扩大。学者李书吉所著的《北朝礼制法系研究》一书更多从礼法关系上阐述了北朝法制的特征。该书以孝文帝的政治改革为切入口,描述了改革之前北魏的国家形态和政治治理。作者认为当时的国家正处在由部落联盟向王权统治过渡的时期,具体官制来源复杂,主要包括四个方面,分别为:本族传统的职司、具有奴隶社会性质的官制、承袭秦汉制的官制、仿制魏晋制的官制。该书从思想变迁的角度入手,通过对"崔浩之狱"的分析,得出就整个北魏政权而言,其儒家化过程始终是一致的结论。由此,北魏的法律思想史可以孝文帝时期为界:之前主要以纬谶为主流,其后则以义理之辨为主流。虽然这并非从制度上直接说明北朝儒家化对司法机构行政化产生了何种影响,但从当时主导的法律思想和政治理念的变迁也可从旁窥视出:整个政府机构的设置不断向君权一元化的统治模式靠拢。故对促进该种目的不够显著的制度、机构设置、运行模式就容易被边缘化或者淘汰。最后,作者也在该书末尾提出了"中华法系奠定于北朝"的基本观点。这说明儒家化的礼法融合成了贯穿后世法律与政治治理的强大力量,而伴随这一力量的另一面则是对一元制权力格局的坚定维护。如果对中华法系本质功能的理解出于上述观点,就可以看到古代司法机构发展中存在某种无法调和的矛盾——审理技术乃至专业化程度不断进步,但却与近代司法角色渐行渐远的发展路径。

描述唐宋时期法制状况、司法机构的著作很多。学者陈灵海所著的《唐代刑部研究》一书颇具代表性。该书不仅以详实的史料展示了唐代刑部内部结构、组成人员、执掌职能等传统内容,还用了较大的篇幅展示刑部与其他部门之间的运行关系,并且总结了唐代刑部设置运行的特征和得失。作者在评价刑部的机构设置以及权力运行的形态时,提出了唐代之后该类机构的设置犹如"叠床架屋",复杂且重叠,一旦开启了此类模式,其本质上就会出现效率下降的观点。对于该书,可以看到对传统国家机构(或者司法机构)的研究,部分学者已开始尝试引入多种学科工具和角度进行观察和分析,而不仅仅满足于史料的收集和整理。

关于宋代司法机构研究的相关著作主要有:学者屈超立所著的《宋代地方政府民事审判职能研究》,王云海主编的《宋代司法制度》,戴建国、郭东旭合著的《南宋法制史》,郭东旭所著的《宋朝法律史论》《宋代法制研究》和《宋代法律与社会》，薛梅卿、赵晓耕主编的《两宋法制通论》，王晓龙所著的《宋代提点刑狱司制度研究》以及肖建新所著的《宋代法制文明研究》等。这些研究不但从当时的律法文本出发，较为全面地展示了两宋时期中央司法机构的内部组成以及职能运作，并且利用既有的司法档案，揭示了宋代基层司法机构的运行实践。有宋一代，世风日开，形成了"天子与士大夫共治天下"的局面。较之唐代，宋代司法机构出现了"审断分离"的专业化趋势，律法亦已成为士大夫不可或缺的政治修养。某种程度上可以推断，宋代中央司法系统无论在政治地位，或是组织机构、人员配备上都到达了一个高峰。上述论著在观察宋代司法制度的同时，也开始逐步注意到宋代社会结构整体变化与政府机构设置之间的某种关系，初步具备了法社会学的视角。无论中外学者怎样判断"唐宋转型期"的内涵和外延，对古典中国（宋朝）进入了一个更为"民主化"时期的观念基本都能够达成一致（此处的"民主"并不是指近代意义上的民主，而是指在一元化皇权的体制下，公众对于政治参与的程度）。此时大理寺、刑部、御史台之间对司法权的分割至少在形式上显得相对平衡，虽已经有复审机构，但审判权依旧保留着一定的技术独立性。由此，可以认为唐宋时期是古代司法机构行政化的一个临界点。

元代法律史的研究长期以来是中国法制史中的薄弱环节。故本书关于元代司法机构的相关内容更多需要从史学成果中收集。《〈成吉思汗法典〉及原论》[1] 集合了法学与社会学的研究视角，对失传六百多年的《大扎撒》进行整理研究。该书以国家基本制度、社会管理秩序为背景，其中一章较为详细地论述了元代的基本诉讼制度。与前朝相比，元代司法机构从中央

---

[1] 内蒙古典章法学与社会学研究所编：《〈成吉思汗法典〉及原论》，商务印书馆2007年版。

到地方都有着很大变化。例如，元代一改汉人政权的传统，在中央一级废除大理寺，仅保留刑部的设置。于是，大理寺的审判职能就部分转移到了刑部；同时基于当时的民族宗教政策，朝廷对司法事务采取"分而治之"的原则，审判权分散于各个不同的事务管理机构。审判权在内部运行上则继承了游牧民族集中议事的传统，行省一级对于重大案件等政务的处理形成了"合署共押"制度，这显然部分超出了传统审判的技术范围。地方上，元朝尝试着在维系蒙古人的统治与借助汉人的管理技术之间保持平衡。故虽蒙古人官员达鲁花赤为总管理人，但审判事务的实际处理人则为一众汉人儒官，所以在司法实践中，儒家的审理模式就不得不与蒙古族的合议传统相融合。由少数民族学者奇格所著的《古代蒙古法制史》是一本专注于蒙古政权法制的文献，研究的时期横贯了约孙时期、成吉思汗大扎撒时期、元朝时期、北元时期和清朝时期。其中关于大扎撒时期、元朝时期的裁判制度研究为本书提供了重要的史料素材。总体而言，相比唐宋等朝代，元代史料相对缺失令学界难以对司法机构作进一步研究分析（尤其是实证式的研究），所以该时期是研究古代司法机构的一块短板。

学者那思陆著有《明代中央司法审判制度》（以下简称《明代》）、《清代中央司法审判制度》（以下简称《清代》）二书。在《明代》一书中，作者将当时的中央司法体系以最大外延的形式涵盖进来，不仅包含传统的刑部、大理寺、都察院等"三司"，而且包含了内阁、司礼监、东厂、锦衣卫等机构，较为全面地将传统政治权力布局下的司法权展现了出来。作者以夯实的史料描述了上述各个司法机构的沿革、组织、职权等，并且以全书一半以上的篇幅动态地描述了上述司法机构的运行模式。作者运用现代诉讼法理论将明代中央司法机构的诉讼程序依照案件性质区分为：审前程序、初审程序、复审程序以及特别审理程序。该书在文末提出明代中央司法机构的基本格局：刑部最终演化为三法司之首，都察院兼理刑名，与刑部合称为二法司，最终倾轧了大理寺的审判职能，使得明代中后期大理寺的部分重要执掌几成具文。在《清代》一书中，作者沿袭了《明代》一书的分析结构，从历史演进的角度将清代中央司法机构和制度区分为入关前后两个时期。其中入关（后）各国家机构形成定制，将司法机构涵盖为传统的"三法司"、六部、内阁、军机处、议政衙门、理藩院、通政使司、内务府、宗人府、顺天府、总理衙门等最核心的国家机关。与《明代》一书稍有不同的是，作者将审理程序依照当事人身份、地域等要素的不同，区分为：针对各省移送案件的复核程序、针对京师案件的现审程序、针对宗室、觉罗等特殊主体的特别审判程序。该书最后小结道：君主集权下的清代审判制度，虽然与近代司法审判制度相去甚远，但在其当时的政治架构之中不失为一种先进的司法运行模式。无论是三法司合议审判、民刑日渐区分，还是采用分层结案、自动转审的形式，都体现了在封建制度的成熟时期，司法机构组织、审判程序在技术层面所能实现的最完善形式。《明代》《清代》二书，一方面展示了在封建社会后期，中央司法审判机构从机构设置到实际运行的大致情况；另一方面阐述了在古今不同的政治体制下对"司法审判权"不同范畴的理解，提出了一个何为司法权，何又为审判权的概念问题。

（二）政治学方面

学者郭小聪所著的《中西古代政府制度及其近代转型路径约束比较》一书，以民主发展程度、民主性质为线索，通过制度比较，将中西政府的权力演变方式从主观、客观两个角度进行对比。作者认为中国传统社会一元化的政府组织形式与西方

第一章 导 论

社会权力多元的政府组织形式从源头就出现了分野，并且依照权力运行的基本规律，这种差别会随着各自的发展更加凸显。在此前提之下，中外政府如何对权力进行有效制约也同样采用了不同的技术手段（作者提出了中国传统权力的一元化，但并没有否认即便在一元化的场合，其权力仍然会受到约束）。中国传统上以"权力约束权力"，而西方则以"权利制约权力"，其集中表现就在于司法权的存在乃至性质——给予权利救济的重要渠道。作者在分析工具上运用了带有经济学色彩的"客观路径依赖理论"：初始化制度的选择会因为报酬递增而令受益群体不断壮大，使得其制度变迁朝不断强化初始制度的方向发展。作者以哈耶克的"制度进化"理论为前提，即认为制度并非人类刻意设计的产物，而是数百代人行动的产物，由此将艾森斯塔得的大理论（Grand Theory）作为分析方式，以巨大的历史跨度，探讨政府制度演进乃至转型的宏观问题。学者孙季萍、冯勇合著的《中国传统官僚政治中的权力制约机制》一书以一个更加详细的方式论述了在古代政治体制下能制约皇权的种种力量，并融合儒法道三家的政治伦理，例如法家的"以法为本"、道家的"道法自然"等价值观念对皇权设置了某种非制度性的约束。另外，传统政治体制本身也对皇权面临的种种失控风险给予足够的警惕和防范。传统制度中相权的存在、地方与中央权力分割的边界、官员的选拔监督、事先立法以定罪设刑等皆是对君主制的限制。该书从价值、制度、技术三个层面对君主一元化下政府运行的规范化进行了由表及里的描述分析。从内容的广度而言，该书基本涉及了传统政治环境下所有权力运行的特征，但就深度而言却依然停留在对权力运行的制度性描述，而没有形成更进一步的权力制约理论。

美国汉学家孔飞力所著的《中国现代国家的起源》一书，

着重探讨的是在中国特有的历史演进中如何形成所谓的"现代国家",其本质上是以西方文明的发展模式来衡量或者定义所谓的国家"现代化"问题,多少有失偏颇,但依然为从技术角度评价国家权力运行提供了一些借鉴。孔飞力试图以国家现代化的"根本性"为逻辑入口,来讨论中国近代以来转型的问题。他以政治参与、政治竞争、政治控制为主轴,将中国历朝,尤其是近代以来的发展以及转型问题归结成三组矛盾的彼此消长:政治参与的扩展和国家权力及其合法性加强之间的矛盾、政治竞争的展开和公共利益的维护与加强之间的矛盾、国家财政汲取能力和地方财政需求之间的矛盾。本质上,第一组矛盾所探讨的是国家民主化程度与国家权力正当性之间的联系;第二组矛盾讨论的是官僚阶层以及民众之间沟通协调的问题;第三组矛盾则是讨论地方与中央权力分割的问题。而这三组矛盾背后的逻辑联系就在于:如何在中国语境下探讨"现代化"以及"中国现代化"的标准问题,并以此为基准判断中国政治制度的发展阶段。通过该书的分析路径以及结论,我们可以对中国古代政治制度发展以及司法权在国家权力中的位置变化作一个大致的划分,并且通过司法权内部的分化(司法行政权、司法监督权、司法审判权)窥视出各类司法权在中国式权力语境下的消长变化。当然,司法权整体的消长单纯通过内部的变化是难以全面描述的,所以当君主一元制成为一个参照物时,则可以较为清晰地看到司法机构职能"边扩张、边变异"的局面。

学者王毅所著的《中国皇权制度研究——以16世纪前后中国制度形态及其法理为焦点》一书分别从政治、经济、法理、行政、财政等各个方面,几乎是全景式地描绘了16世纪以来君主一元制下的中国社会。在概论一章,作者提出了从秦始皇一统中国,建立国家事务皆取决于上的宗旨开始,国家权力开启了单向流动模式,并为此创立了一整套保障机制。从复杂的政治博弈、国家机构的不断更新组合中,皇权与政府权力之间实现了一种动态的平衡。政府机构运行不可避免的规范化与皇权与生俱来的任意性之间不断斗争和交融,令中国传统政治治理与所谓的国家现代化的范式之间存在了不同程度的错位。作者提出,国家"现代性"判断的核心并不在于所谓的"民主自由"程度,而在于如何对皇权做出有效的限制。全书始终以"通过法律限制政府"这个最为简单的方式来定义所谓的现代性。学者林乾所著的《中国古代权力与法律》一书,从本质上阐述了中国文明史中"权与法"之间的关系。根据两者关系的特征,将中国历史区分为:西周到秦汉的"权移于法"时期、魏晋南北朝到唐代的"权法平衡""法制约权"时期、宋朝到明清朝的"权超逾法"时期。权与法博弈的背后,就在于皇权任意性与政府组织规范性之间的拉锯。该种针对权力和组织体系的分析可以从马克斯·韦伯的"官僚科层制"理论中找到最初的框架,也可以从孔飞力的《叫魂》一书末尾,将中国政治权力运转比喻成"齿轮"运行模式的分析中得到启发。

(三)法学、法哲学方面

陈光中先生在其参与编著的《中国司法制度的基础理论问题研究》一书中提出,根据标准的不同,司法体系可以有两种分类方式:第一种,司法机构仅指法院;第二种,司法机构包括法院和检察院——争论的焦点在于检察院是否属于司法机构。陈先生认为,检察院是否属于司法机构则往往与其所在的司法环境有关。例如,在三权分立较为明确的英美法国家,一般把司法机构限定在法院而不包括检察院。该书从我国历来的司法实践出发,将司法机构涵盖为法院与检察院。如果严格依照司法权的本质,审判权为司法权的核心;但随着社会事务日渐繁杂,逐步衍生出司法监督权和司法行政权,这几乎是所有社会发展的基本规律。由此当我们回溯古代司法机构时,就有可能需要挪用当代法学概念去分析或评价传统司法机构的内涵、外延、静态组织、动态职能、运行模式甚至发展规律等。为此,如何界定"现代司法权"与"传统审判权"之间交错复杂的关系是本书展开进一步分析的前提。

陈先生从机构划分的角度将当代中国的司法机构定义为法院与检察院,这在一定程度上承认了司法监督权也是司法权的重要组成部分。目前,理论和实务中出现了一个颇具中国特色的概念——"司法行政",即将我国特有的司法机构实施某些行政性事务的做法从理论上加以总结。"司法行政"就是由国家司法行政机关承担的对相关司法事务进行行政管理的活动。从相对折中的角度下定义,即认为司法行政或是一种准司法活动,或是一种准行政活动。学者关保英主编的《司法行政法新论》一书中,认为司法行政本质上应当为行政活动,只是这种行政活动具有相关的司法内容而已。如果以机构的职能而言,中国传统三法司中的刑部就掌理了大部分司法行政事务,都察院(御史台)则具有司法监察权而在封建后期成为组成审判权不可或缺的角色。所以,传统司法系统从来都不是单一的审判机构,而是具有司法行政机构、司法监察机构等叠加而成的复合型机构群。

三、主要内容和分析框架

西方国家具有"三权分立"的政治传统,所谓的立法、行政、司法的三权划分,不仅在于触及到了权力运行的不同方式和特征,而且其运行的根本逻辑在于权力背后所代表的往往是不同的利益集团或阶级阶层,当然,其具体表现形式往往根植于

第一章 导 论

本国的传统。例如，在英国历史发展中立法权代表了平民，在法国的历史发展中司法权代表了贵族等。而在中国的历史演进中，并不存在这种利用权力横向区分、表达不同利益的互动模式。故中国式的司法权更倾向于是一种对下的管理技术，而不是一种含有某种价值观的政治表达。由此，本书中对古代司法机构的介绍分析，需要涵盖司法权内部的三种分工，即司法审判权、司法行政权、司法监督权。

全书主要分三条线索来描述中国古代中央司法机构行政化的过程：①司法权在政治体系整体格局中的变迁；②古代中央司法系统内部的职能变化；③司法机构内部运行、人事管理等具体制度的变化。三者考察范围从大到小、由外而内、从政治层面到法律层面、从宏观到微观，力求能够描述出政治体制与司法机构变迁之间、司法体系内部之间、司法机构与司法官之间的某种互动关系。关于本书，有下列问题值得注意：

第一，关于中华文明初期的夏商周三代。由于史料限制，至今我们都难以全面且具体地描述当时的政府机构，但是相较于其他文明，这一时期的中华文明有两个特征持续影响着后世包括司法机构在内几乎所有的制度设置：其一，中华文明起源于氏族之间的战争。为了有利于作战的需要，形成巨大的动员力，国家权力更容易依照血缘等级形成一元化的政治体制。由此类推，针对具体机构则围绕首脑形成"长官负责制"。其二，中华法系很早就摆脱了宗教的干预，国家政治统治的重心早早地转移到了世俗社会，政府机构的设置也更能根据时局需要不断地做出适应性调整。

第二，从传统社会政治体制变迁的角度而言，中国主要经历了秦汉的三公九卿制——隋唐的三省六部制——宋代的二府三司制——明清的内阁六部制。相应的中央司法机构也经历了

"一法司"（廷尉或大理寺）时期——"二法司"（大理寺、刑部）时期——"三法司"（刑部、大理寺、都察院）时期。总体上，司法机构与政治体制的互动规律主要有三条：

其一，司法机构的规模与职能总体上呈现不断扩张的趋势。虽然司法系统内部之间互有消耗，有的机构甚至消失不见，但司法机构整体的力量却在不断扩张。这说明司法权在国家权力中的比重日益增加，越来越成为国家统治（治理）的重要手段。

其二，古代政治格局变迁的一个内在规律就在于政府机构日益从君主的私人辅助机构逐步转变为向民众提供某种"社会公共产品"的国家机构，而律法本身具有定分止争的效果，故司法事务就是政府为社会提供的重要公共产品之一。

其三，当皇权日益集中，国家地域面积与管理事务不断扩大和增加，就需要从中央到地方建立一整套以权力的横向分割、纵向对接为特征的统治技术。由于大理寺缺乏作为郡县制背景下与地方事务形成对接的基础，因而其无力承担不断膨胀的地方司法事务，这直接导致中央司法机构的重心逐步转移到刑部这类新兴机构。君主权力的不断扩张，不断倚重内朝官员的习惯更加剧了这样的趋势。所以司法重心从大理寺转到刑部本质上是国家机构不断被科层化，国家权力日渐集中的一种必然趋势。

第三，从"三法司"内部职能分工而言："一法司"时期，廷尉署掌握直接审判与复核地方案件的权力，是整个司法系统无可争议的中心。进入到"二法司"时期，司法权逐步区分为司法行政权与审判权，由大理寺与刑部分别掌握，体现出两个机构各自分工、相互配合的色彩。到了"三法司"时期，形成了审判权、司法行政权、司法监察权的区分。此时的三法司更多体现的是机构之间相互制约、相互监督的风格。但无论司法权如何分割，审判权始终是整个司法权的核心；无论其如何流转，掌握审判权的机构即为整个国家司法事务的中心。

在君主集权程度不断加深的背景下，为了实现对国家机构运行的有效控制，一方面不断分割，乃至重叠设置各个机构之间职权，另一方面不断加强监察体系，由此形成了"君主决策——机构执行——监察覆盖"的权力运行模式。为了适应这种模式，作为司法权核心的审判权也在技术上出现了诸多变化：①直接审判的管辖范围不断地缩小，更多以复核的方式进行；②越来越多的机构参与到整个审判过程中，形式上任何一个机构都不能单独决定判决结果；③判决生效的过程被不断延长，其中不断渗入监察权的运作。审判权的核心要素（即认定事实，适用法律）被越来越多的行政化"审批"、监察程序所包裹，最终导致在封建社会后期，司法机构运行越来越具有复核替代审判、程序替代实体的色彩，司法机构最终被"行政化"。

第四，从中央司法机构的内部管理、法律职业群体而言，尽管司法机构被牢固地镶嵌在政府"行政化"的权力流转中；但从事具体审判、复核业务的司法官仍然保有一定程度的"独立"，使得他们能够在不受长官干预的情况下实现严格依照律法定罪量刑。尽管此类做法的目的并非"纯粹"出于司法公正，而有政治立场的考虑：他们与长官之间能够形成有效的制衡，但这依然为传统司法机构的运行带来了一些近代意义上的元素。传统社会无处不在的监察体系，令长官对于机构内部的人员管理具有绝对的影响力，这意味着司法机构围绕长官建立起来的运行模式始终没有被彻底打破。

与此同时，律学的发达、司法事务的繁杂都使国家对司法官提出了更高的专业要求。在某些时期，政府甚至形成了一系列司法官特有的准入和考核制度，这有助于法律职业群体的形成和成熟。但在司法机构不断被科层化的情况下，各机构的高级官员不得不在司法常态下逐步脱离审判"一线"，成为一群主掌机构内部管理、审批属官法律意见的政治官僚。真正从事实务一线的司法官却始终在中下层官阶徘徊，地位始终无法得到质的提升，最终沦为具有工具色彩的"技术官僚"。在传统社会中，法律职业群体或许在知识结构上已经具备了"专业性"，但却始终未能出现所谓的"法律职业共同体"，更未能主导国家的司法运行。

政治体制的整体变迁使得司法重心从司法审判机构逐步转移到司法行政机构；司法权内部相互分工、彼此制约的运行风格，使得审判权从技术上不断为复核权所侵蚀，最终体现为具有行政性质的权力流转模式。司法官专业化程度的提高并没有令他们在司法运行中获得主导地位，反而沦为科层制下的"司法工具"。可见，司法体制与政治体制息息相关，相互影响，无法割裂。中国古代司法机构行政化的过程，本质上体现了君主制和司法权之间的博弈，充分体现了彼此的困境和合作：其一，该种模式长久运行，导致司法低效，但却有利于权力运行安全稳定；其二，诉讼流程设计愈发精细化，但却并未建立严格意义上的诉讼程序；其三，司法官更加专业化，但却始终无法产生"职业共同体"。技术的发达始终不能代替价值的突破，最终使传统司法运行"高开低走"，陷入越发达越与近现代司法"南辕北辙"的吊诡之中。

第二章 早期国家的中央司法机构:世俗化

就夏商(西)周上古三代而言,本书尝试将分析重点放在对司法机构世俗化的观察上。西方司法独立精神的形成离不开宗教信仰的给养,而中国的政治治理则很早就摆脱了这样一种鬼神色彩,进入到了世俗化的统治方式。为此,在我国古代司法史仅有的一段富有宗教鬼神色彩的时期,司法体系的设置又有何种特征?该种特征是得到了保留,还是随着世俗礼制的建立逐渐消弭?

通说认为,中华法系起源于氏族部落之间的兼并战争,为此主流观点认为中国有着"刑起于兵"的传统。[1] 由此,一切政治组织方式都会朝有利于战争的方向发展,部族内部就必须强调一种高效的动员力,显然这更容易形成一元制的权力集中方式。

如果说世俗化的统治更容易形成金字塔式的多层级关系,那么权力集中型的组织方式更促进了行政化的权力传递方式,两者相辅相成。也许后世司法机构日益行政化的趋势在此时就具备了基本元素。

一、夏商朝时期:神判

夏商处在华夏文明形成的初期,奴隶制国家的管理模式为

---

[1] 参见朱勇主编:《中国法制史》(第3版),法律出版社2016年版,第23页。

向后世封建制国家（这里的封建制国家指的是秦代以后那种通俗意义上的封建制国家）的转型打上了深刻的烙印。华夏文明的产生很大程度源于几场重大的氏族战争。于是，在最终依靠战争兼并形成的国家中，刑罚具有了独特的军事性质。《国语·鲁语上》有云："大刑用甲兵，其次用斧钺；中刑用刀锯，其次用钻笮；薄刑用鞭扑，以威民也。"对于当时的统治技术而言，无论是对部落（氏族）之外的群体采取军事化的行动，抑或是对于内部氏族事务的管理，并无本质的区别，都需要一种能够快速实现规范管理的手段。故此意义上的"刑"与"兵"是同质的，所谓"刑也者，始于兵而终于礼者也"。[1] 此种律法形成过程，对司法机构本身也有着重要影响。

在夏商时代，司法官往往具有军事职官的色彩：或本身就是一种军职，或同时也兼理军事审判，且刑罚的适用也往往会更严苛。例如，在文明早期就形成了以死刑为核心的刑罚体系。华夏文明中律法存在另一支重要的来源——礼。虽然礼制正式成为国家治理的意识形态得以于周公的"制礼作乐"，但周公对"礼"的制定则源于长久以来形成的风俗习惯，所谓"礼从宜，使从俗"。[2] 故这些风俗习惯又与本氏族原始宗教的祭祀仪式有着密切的关系。对当时的司法机构而言，其职能并不限于单一的审判事务，而是包含刑狱、祭祀等众多其他事务。早期司法机构有着浓厚的原始宗教色彩而令其许多职能履行具有仪式化的特征。王充的《论衡·是应篇》记载道："皋陶治狱，其罪疑者令羊触之，有罪则触，无罪则不触。"这里的羊指的是神兽"獬豸"。这种依靠具有神力的动物决定审判结果的做法，显然颇具神判色彩。

---

〔1〕《辽史》卷61《刑法志上》。
〔2〕《礼记·曲礼上》。

第二章　早期国家的中央司法机构：世俗化

（一）夏朝的中央司法机构

夏朝具有"恭行天罚"的神权法思想，采用"神判"等原始初民的审理习惯，《尚书·召诰》中有论"有夏服天命"，而《礼记·表记》中则曰"夏道尊命，事鬼敬神而远之"。故祭祀占卜等行为在国家生活中占据了重要的地位。夏王本身作为一个原始部落首领，一方面在本氏族内部拥有至上神权；另一方面又管理着整个氏族国家，所以当以血缘为核心标准的氏族部落转变为地域为标准的原始国家时，夏王扮演着一个承继天命而代理人间事务的管理者，这使得夏王成为国家政治和宗教上的双重领袖。《尚书·甘誓》曾有记载："有扈氏威侮五行，怠弃三正，天用剿绝其命，今予惟恭行天之罚。左不攻于左，汝不恭命；右不攻于右，汝不恭命；御非其马之正，汝不恭命。用命，赏于祖；弗用命，戮于社，予则孥戮汝。"其中所谓的"五行""三正"[1]都是对天道的一种具形化的表示。当时夏王征讨有扈氏的理由就在于他不尊天道，于是夏王拥有神授的代行天罚的使命和权力。这也是迄今为止可以找到的我国最早对军法的记载，一方说明了夏代君主"君权神授"的统治基础，以及当时立法、司法的正当性的来源；另一方面也从侧面看出夏王在管理国家事务中的绝对权威。

夏王作为最高统治者拥有无上司法权，同时也需要注意两点：第一，夏王的司法管辖权存在地域限制，仅仅及于自己直接统治的"王畿"地区，对地方诸侯国则不具有直接的统治权；第二，夏王、下属司法官对各类的刑事、民事纠纷进行处理时往往采用"神判"形式。主要表现为"神兽断案"与"占卜决

---

[1]　但是根据顾颉刚的考证，"三正""六正"与"五正"多为一类，皆为大臣长官们的概称。参见顾颉刚、刘起釪："《尚书·甘誓》校释译论"，载《中国史研究》1979年第1期。

狱"。前者传说在原始社会已经出现,"獬豸者,一角之羊,性识有罪,"[1] 传说獬豸是一种类似独角羊的神兽,可以用头上的独角辨别有罪无罪,对有罪之人会用角去触碰。《说文解字》中对于法的解释是"灋,刑也,平之如水,从水;廌,所以触不直者去之,从去"。其中"触不直者"指的就是獬豸。如今尚没有直接证据表明夏代司法官是如何用神兽进行裁判的,但可以看到在春秋时代仍留有神判的遗迹。《墨子·明鬼下》中留有齐庄公运用神判断案的记载。[2] 至于后者,按照现有考古的成果,龙山的先民文化中曾发掘出用于占卜的胛骨,按照当时的习惯即"夏殷欲卜者,乃取蓍(shi)龟,已则弃去之"。[3] 可见在夏代,由于尚处奴隶制国家形成的初期,夏王以(兄终弟及或父死子继的)王位继承制代替原有的禅让制度,最终将神权与王权统一了起来。

当时夏朝处理司法事务的与其说是机构不如说是官员。根据相关学者的研究,夏朝对国家政务的处理已经有了一定的分工,[4]《礼记·明堂位》有载"夏后氏官百"。在所谓的"皋陶作刑断狱"的年代,据《史记·五帝本纪》的相关记载:"舜曰:'皋陶,蛮夷猾夏,寇贼奸宄,汝作士,五刑有服,五服三就;五流有度,五度三居:维明能信。'""皋陶为大理,平,民各伏得其实。"《史记·夏本纪》也有记载"皋陶作士以理民"。由此,皋陶成为华夏历史上记载的第一位司法官。虽然学界对于该记载仍尚存争议,但是关于夏代已有专职司法官并无疑问。夏代

---

[1] 《论衡·是应篇》。
[2] "恐失有罪,乃使之人共一羊,盟齐之神社。二子许诺,于是掘穴,刎羊而漉其血。读王里国之辞,既已终矣;读中里徼之辞,未半也,羊起而触之,折其脚,祧神之而敲之,殪之盟所。"
[3] 《史记》卷128《龟策传》。
[4] 参见胡留元、冯卓慧:《夏商西周法制史》,商务印书馆2006年版,第12页。

的司法官称为"士",东汉经学家郑玄将其解释为"士,察也,主察狱讼之事"。"士"同时亦被称为"大理",《说苑·君道》有记载:"当尧之时……皋陶为大理。"郑玄注为:"理,治狱官也。"由于当时尚处奴隶制国家的初期,政治统治尚未成熟,又因法很大程度上源于氏族之间的战争,故作为对内进行控制的"刑"与对外进行征讨的"兵"在本源上仅有程度上的差异。"刑起于兵"的传统使得作为掌握刑罚的司法官同时又兼理一部分军政事务。

对于夏代的神权思想,商代在此基础上继承并发展到一个新的高度。经历夏一朝,血缘继承制代替了禅让制,强调血缘与统治之间的必然联系。统治者对国家事务与宗教事务双重领导的模式在商代更进一步,形成了上帝(天)—祖先—商王三位一体的模式。更为重要的是,商把"祖先"的地位上升到与"天"同等的高度,"先王惟时懋敬厥德,克配上帝"。[1] 故从另一个层面上讲,虽然商代进行的祭祀占卜等活动更加频繁,但是血缘作为世俗的力量已然不断壮大,直到足以与宗教相抗衡甚至替代它,这样的变化最终在西周一朝得到了体现。

(二) 商朝的中央司法机构

商朝重视鬼神之说,所谓"敬鬼神谓法令",[2] 占卜之术极为盛行。大到国家的对外战争,小到对于官员的任免、某个普通案件的定罪量刑,无一不同,以致在商代形成了一个庞大的以占卜为主要工作的"贞人集团"。其中的成员除了普通的卜官,甚至连商王本人也参与其中。他们牢牢把持着包括司法权在内的国家权力。根据当时史料的记载:"贞(卜问),王闻不

---

[1]《尚书·太甲下》。
[2]《礼记·曲礼上》。

惟辟。贞，王闻惟辟。"[1] 这句话的意思是，用占卜来决定对于某人是否用刑。需要指出的是，当商王意志与卜官的占卜结果发生不一致时，贞人则必须服从商王的决定；在武丁时期，此类做法的记载较多。可见，在商朝虽然神权思想以及占卜之术较夏朝更加普遍深入，但是王权本身的发展似乎更加快速。"王权天授"的"鬼神"思想在某种程度上扮演了巩固王权的角色，而不是与王权平分秋色，分割权力。这说明宗教更多意义上是为后世世俗化王权的强大作了"嫁衣"。

在商代政府组织中，总领朝政的官员是"冢宰"，《史记·殷本纪》中记载，武丁继位之后，"三年不言，政事决定于冢宰"。当太甲继位后，行为不端，冢宰伊尹竟然可以将他囚在桐宫三年。这说明冢宰总领全国政务，自然也具有一定的司法权。由于当时占卜之风浓厚，冢宰也大多出自"贞人集团"。冢宰以下设有掌理司法的长官被称为"司寇"，其下配有"正""史"等司法辅官，负责处理中央以及地方的司法案件。商朝时期，以国都为核心包括附近在内的区域称为"畿内"，该区域内的司法事务一般由"士"或者"蒙士"（基层司法官）掌握。如有重大的刑名案件则需要上报司寇，普通案件则可以自行审理。在畿外地区，即国都之外的地方案件，则可以由当地诸侯派遣的司法官员进行处理，商王对外畿各邦范围内的司法事务一般不予直接干涉。

当时司法运行的情况说明商朝仍然处在一个国家发展的初期，司法事务受到宗教极大的影响，大量卜官采用神判的方式处理案件。但是，与西方宗教法发展有所不同的是，商朝始终有世俗司法官员的存在，他们是国家直接的管理者，最终的身

---

[1] 转引自束世澂："夏代和商代的奴隶制"，载《历史研究》1956年第1期。董作宾主编：《小屯殷墟文字：乙编》（第2本·上辑），中央研究院历史语言研究所1948年版。

份是国家官吏而不是神职人员。故即使在占卜盛行的朝代也令司法事务的处理拥有世俗化的目的。

二、西周时期：人判

神权思想经历了商朝的顶峰之后发生了重大变化：以周公旦为代表的西周统治集团提出了"以德配天"的政治思想以及"明德慎罚"的法律思想。"以德配天"思想的提出，打破了原先商朝统治建立的神权基础，将政权的正当性与所谓的"天意"等纯粹先验的概念相分离，从而将王朝统治的正当性部分转移到世俗民意的基础上，不再单纯寄托于缥缈的宗教理念，由此开启了中华法文明世俗化的进程。

一旦立国的思想得到重新确认，原本"天罚"的思想必然会发生动摇，而与之相伴的占卜之风也得到了极大的控制。周朝提倡"天意"与"民意"之间相互支持的方式令统治者将政治统治的重心转移到世俗政务上来，从而极大地影响了包括司法机构在内的政府职能。"明德慎罚"在本质上更接近于一种回应如何才能实现"以德配天"统治目的的治理手段。根据相关史料记载，该词最早出现在《尚书·康诰》一文中："王若曰：'孟侯，朕其弟，小子封。惟乃丕显考文王，克明德慎罚；不敢侮鳏寡，庸庸，祗祗，威威，显民。"此为周公给予康叔的训诫之词，意思是让康叔将"明德慎罚"作为处理国内立法、司法乃至其他政务的基本原则。这是西周统治集团对商亡经验教训的总结，亦为本朝的统治风格定下了最初的基调——将国家事务从宗教式的占卜中解脱出来，将"德"与"罚"的配合运用作为治理国家最基本的手段。

周代官制似乎有着"道法自然"的痕迹。它将整个政府的官僚体系，依照自然四季区分为天、地、春、夏、秋、冬六个体系，各掌其职。[1] 其中，处理司法事务的主要为秋官体系，最高长官为"大司寇"。曾有《礼记·曲礼下》记载："天子之五官：曰司徒，曰司马，司空，司士，司寇。"但由于卜辞中未见司寇之名，故殷商是否真有司寇一职尚未可知。但在金文中已出现司寇一词，[2] 至少可确定作为中央司法机构的司寇，始于西周。

根据相关史料的记载，大司寇的主要职能是"掌建邦之三典，以佐王刑邦国，诘四方"。[3] 大司寇作为司寇组织的最高长官，位列卿等，主要协助周王全面掌理司法刑狱事务。大司寇还有一系列辅佐其职务的属官，负责不同的事务或同一事务的不同阶段，形成一个严密的职权划分体系。其中关于当时大司寇本身，需要注意的是：

第一，"司寇"既是司法机构的名称同时也是最高长官的官名。这种官员、衙署不分的做法在夏商朝都曾出现，并且直到南北朝时期才有所改变。这从一个侧面反映出，在我国政治传统中，官员尤其是最高长官在机构设置中的核心地位。最初"官职名称"和"机构名称"不作区分的做法有着浓厚的"因人而设"的"人治"色彩。虽然后世君权日益强大，政府机构中出现了"以职统官"的做法，但不可否认，最高长官对于本机构具有重大影响力的传统直到当下依然被延续。

第二，司寇的专司专职并非稳定。根据《左传·定公四年》的记载，当时武王的同胞兄弟共八人，其中康叔为司寇，周公为太宰。贾公彦对此注引，认为苏公为当时的司寇，后因去封地，才由康叔接替。由此一定程度上可反映，在周初司寇一职

---

[1] 六官主要职能如下：天官冢宰统御百官；地官司徒掌教典；春官宗伯掌祭祀；夏官司马掌军事政典；秋官司寇掌司法刑狱；冬官司空（已失散），有观点认为其掌理农业生产水利工程。

[2] 出现司寇一词的金文有：《南季鼎》《虞司寇壶》《大梁司寇鼎》等。

[3] 《周礼·秋官·大司寇》。

可能是专职而非兼任。但后世金文中，对司寇的兼任记载很多，例如在周厉王时代的《扬簋》中就记载了贵族扬同时兼理司空和司寇的做法。

在西周一朝，虽然从职能上看，司寇体系几乎是专职司法刑狱的中央机构，但若从机构的具体人事安排上看，其也并非完全专职。这一方面可以反映出，在国家制度建设初期出现的一种不规范；另一方面则反映出，在传统政治治理中，追求司法公正有效的目的并不全然倚仗于所谓的"独立"性质。司法审判事务的进行就如同处理其他各类行政事务，仅分工有差，无本质区别。故无论是行政官员兼理司法，或者是司法官员兼理军政，在古代的政治语境中并无冲突，因为它们共同服务于一个统一的治理目标。

对于大司寇职权的具体内容，可以从其众多属官的职能中窥视一二。西周"秋官"是一个庞大的官僚系统。按照官制的设计，包括中央一级的小司寇、士师、司刑、司刺、司约、司盟、职金、司厉、司圜、掌囚、掌戮、司隶、布宪、禁杀戮、禁暴氏、雍氏、萍氏，还包括在地方一级的乡士、遂士、县士、方士、讶士、朝士等。

以下是中央一级大司寇的主要属官及其各自的基本职能：

属官名称、等级	具体制度	主要职能
小司寇 中大夫 （2人）	《周礼·秋官·小司寇》："以五刑听万民之狱讼，附于刑，用情讯之。至于旬，乃弊之，读书，则用法。""掌外朝之政"，适用"五刑""五声""三刺"（一曰讯群臣、二曰讯群吏、三曰讯	亲自审理民事、刑事案件； 掌理外朝的法律，召集并询问民众的意见； 在有关军事行动中，可依照法律诛杀有违军令之人，并可亲自监刑；

续表

属官名称、等级	具体制度	主要职能
	万民),掌"八辟"之法,"岁终,则令群士计狱弊讼","正岁,帅其属而观刑象,令以木铎曰：'不用法者,国有常刑。'令群士,乃宣布于四方"。	在一定程度上领导地方司法机构（官员）以及事务。
士师：下大夫（4人）	《周礼·秋官·士师》："掌国之五禁之法,以左右刑罚：一曰宫禁,二曰官禁,三曰国禁,四曰野禁,五曰军禁。皆以木铎徇之于朝,书而县于门闾。""掌官中之政令,察狱讼之辞,以诏司寇断弊讼,致邦令。"辅助司寇掌"八成"之法：针对刺探国家机密、谋逆叛国、勾结国外、违反王之教令、假称王命、盗窃国家财物、结党操纵国政、诬陷他人歪曲事实等八种行为。"大师帅其属而禁逆军旅者,与犯师禁者而戮之"。	纠察百官：掌管除"五刑"之外的五禁,来辅助正式的刑罚,具有预防犯罪的功能。"五禁"多指各种禁止令,一般在宫门、官府、城门等地进行公示宣览；辅助大司寇的日常工作：掌管司寇府中的政令、察看狱政、向大司寇禀明断决、提检相关的令书刑书供大司寇参阅；参与日常针对平民的狱讼；军事行动中处理或者诛杀违反军纪王命之人。
司刑：中士（2人）	《周礼·秋官·司刑》："掌五刑之法,以丽万民罪","若司寇断狱弊讼,则以五刑之法诏刑罚,而以辨罪之轻重"。	辅助大司寇掌理刑狱,并在大司寇听狱断案时,根据罪刑轻重给予不同的刑罚。
司刺：下士（2人）	《周礼·秋官·司刺》："掌三刺、三宥、三赦之法,以赞司寇听狱讼。"三刺：讯群臣、讯群吏、讯万民。三宥：不识、过失、遗忘。三赦：幼弱、老旄、蠢愚。	辅佐大司寇掌理刑狱,并在审断案件过程中的量刑环节对特定的人群或者情况进行从轻的宽宥或者赦免。

续表

属官名称、等级	具体制度	主要职能
司约：下士（2人）	《周礼·秋官·司约》："掌邦国及万民之约剂"，"凡大约剂书于宗彝，小约剂书于丹图。若有讼者，则珥而辟藏，其不信者服墨刑。若大乱，则六官辟藏，其不信者杀"。	辅助大司寇管理天下的契约文书。（约剂分为：治神之约、治民之约、治地之约、治功之约、治器之约、治挚之约）。若有争议，则可开箱去验，失约一方则会受到刑罚；普通平民之约给予墨刑，诸侯僭约则诛杀之。
司盟：下士（2人）	《周礼·秋官·司盟》："掌盟载之法。凡邦国有疑，会同，则掌其盟约之载，及其礼仪"，"凡民之有约剂者，其贰在司盟。有狱讼者，则使之盟诅"。	辅助大司寇掌管盟约事宜，主要体现在：邦国之间盟约、盟会时宣读盟书，并依照盟礼进行；保管平民之间的盟约副本；平民之间存有纠纷应先主持二人之间的盟誓，并提供盟誓所需的祀品，主持仪式。
职金：上士（2人）	《周礼·秋官·职金》："掌凡金、玉、锡、石、丹、青之戒令。"	掌管作为重要军事物资与国家财富的贵重金属等，包括对地方上缴之物的质量进行把关，做好标记分类入库，金锡入兵器之库，玉石入守藏之库，罚金等物入司兵库，以备国家之用。
司厉：下士（2人）	《周礼·秋官·司厉》："掌盗贼之任器货贿。"	掌理所收缴的盗贼的兵器以及所盗之物，并将其标记分类入司兵库。

续表

属官名称、等级	具体制度	主要职能
司圜：中士（6人）	《周礼·秋官·司圜》："掌收教罢民。凡害人者，弗使冠饰，而加明刑焉。任之以事，而收教之。能改者，上罪三年而舍，中罪二年而舍，下罪一年而舍，其不能改而出圜土者，杀。虽出，二年不齿。"	协助大司寇掌理尚不足以施以五刑的违法人员。
掌囚：下士（12人）	《周礼·秋官·掌囚》："掌守盗贼。凡囚者，上罪梏拳而桎，中罪桎梏，下罪梏。"	协助大司寇监理五刑的人犯；负责执行死刑的某些程序：例如执行死刑前告知王上，并交付乡士执行；平民公开执行于市，贵族则秘密执行于隐蔽地方。
掌戮：下士（2人）	《周礼·秋官·掌戮》："掌斩杀贼谍而搏之。"	协助大司寇掌理刑罚的执行，尤其死刑的执行，主要是针对不同的犯罪人以及不同的犯罪行为给予不同的死刑执行方式。
司隶	《周礼·秋官·司隶》："掌五隶之法，辨其物而掌其政令。" 五隶：罪隶、蛮隶、闽隶、夷隶、貉隶。	主要协助大司寇掌理各种奴隶以及他们所承担的各种事务的职能。（当时的奴隶主要承担国中养马养牛等事务）；为百官准备除兵器之外的所有家具。
布宪：中士（2人）	《周礼·秋官·布宪》："掌宪邦之刑禁。"	协助大司寇掌理对其邦国以及边远四方之相关法律文书的宣布，需要持旌节将文书宣传于四方。

第二章 早期国家的中央司法机构：世俗化

续表

属官名称、等级	具体制度	主要职能
禁杀戮：下士（2人）	《周礼·秋官·禁杀戮》："掌司斩杀戮者。凡伤人见血而不以告者，攘狱者，遏讼者，以告而诛之。"	协助大司寇掌理部分民间纠纷事务的处理（主要为一些严重的暴力犯罪），并上禀大司寇给予一定的处罚。
禁暴氏：下士（6人）	《周礼·秋官·禁暴氏》："掌禁庶民之乱暴力正者。挢诬犯禁者，作言语而不信者，以告而诛之。"	协助大司寇掌理对于庶民的部分违法行为（主要为侵权、欺诈等一般违法行为），并上禀大司寇。[1]

注：1. 另有管理水禁的萍氏、管理交通道路的野庐氏、管理沟池之禁的雍氏，这里不一一展开。

2. 小司寇的职能在《周礼》中有所记载，但是也有学者认为，[2] 西周的司寇并没有到区分大、小司寇的程度，即使有也难以形成定制。真正形成大、小司寇定制的是在春秋时期。

根据上文关于西周时期大司寇主要属官的基本职能内容可以大致知晓：

第一，以大司寇为核心的司寇组织职能分布广泛，远远超出司法范畴。从事务分类的横向角度看，既包括民间普通刑事、民事案件的审理，也包括军事上的审判，还包括国家财政、道路、兵器、国库管理等行政事务上执行律法禁令。从事务处理流程的纵向角度来看，则包含了律法的适用，乃至判决的执行。在律法的适用上，五刑、赦免以及五刑之外的其他轻微违法行为分别由不同的属官掌理；对于死刑的执行程序，也有多个属官参与其中。这些都显示出西周司寇机构中对司法事务的分工

---

[1] 参见胡留元、冯卓慧：《夏商西周法制史》，商务印书馆2006年版，第45~56页。

[2] 参见胡留元、冯卓慧：《夏商西周法制史》，商务印书馆2006年版，第544页。

已然到了相对较高的水平。

第二，司寇虽为执掌司法刑狱的专职机构，但在职能划分上与其他行政事务也多有交融，除审判、刑狱已成为该组织最为核心的内容之外，另有关于禁令执掌的内容（当下看来有点类似于行政处罚）。故在传统法律文化的语境下，司法事务的内容从一开始就包含了除审判之外的其他内容，故其核心技术是关于刑罚的适用，而不论该刑罚所针对的对象和内容。至于审判，则无非是适用刑罚的其中一种形式。由此可知，当下或域外对于我国司法自古不独立的见解似乎有失公平，毕竟两者的前提和所指内容均有不同。

需要说明的是，当时司寇虽然为专职的中央司法机构，但对司法事务具有处理权的并不限于司寇。《周礼·地官·大司徒》中有记载："凡万民之不服教而有狱讼者，与有地治者听而断之，其附于刑者，归于士。"意思是，当地方官吏对辖区内案件进行处理时，如果需要适用刑罚，则要交付于"士"处理；反义亦然，如果士处理案件时，发现无需动用刑罚，则可以移交地方行政官员自行处理。作为地官属官的"山虞""林衡"，对其执掌的林木管理事务也具有相通的做法。西周政府的最高官员一般为：司徒、司马、司空，三者皆可以兼任司寇，故在理论上皆有权参与审理。但是若没有兼理司寇，则其掌理的职权范围仅仅限于处理轻微的刑事或者民事案件，重大刑事案件仍需要移交司寇。在这点上，有些学者认为，这是我国古代"司法独立"的一种表现。不可否认，就技术上而言的确具有相似性——排除行政权的干预。但如果探究司寇与其他行政官员的职能边界在于案件的严重程度是否重大、是否需要用刑而非事务本身的性质特征，这反倒更多体现出一种上级权力对司法权的"干预"，主动处理某类指定的案件，类似于当下的指定管辖。

第三章 传统政治体制变迁下的中央司法机构：司法权的嬗变

本章主要描述司法机构在历代政治体制中的地位变迁以及将司法系统作为一个整体进行考察，其主要意义在于：①说明在传统一元制皇权的背景下，司法系统在政府运行中处于一个怎样的地位，而相关的机构设置又呈现出一个怎样的变化趋势？②司法系统的内部如何从单一廷尉的"一法司"时期分化到刑部与大理寺并列的"二法司"时期，最后转变为刑部、大理寺、都察院三足并举的"三法司"时期？③这种转变导致司法权在国家权力体系中经历了一个怎样"先扬后抑"，最终嬗变的过程？④上述过程究竟是出于现实分工的需要，还是政治制度变迁所带来的、包含司法部门在内的几乎所有政府机构的一并扩张？

在本章中，主要描述的是司法机构与政治体制之间的某种关系，故会以历史演进为主要线索，分几个阶段进行分析：

第一，春秋时期到秦代，中央司法机构处于以"廷尉"为代表的"一法司"时期。随着封建制度的逐步建立，原本周礼之下的官制开始有了第一次重大变革。"三公九卿"制度的建立，使得当时的国家治理本质上呈现一种"君主+贵族集团"的统治风格，科举制尚未形成，官员（尤其是高级官员）与贵族之间并无明显的界限。廷尉本身即为九卿之一，是处理某类事务的执行性官员，而非决策层官员。针对具体审判事务，其他高级官员在制度上有权过问甚至更改。这说明在政府运行中，司法机构与其上级机关在一定程度上以行政化的方式予以连接。虽然，实践中个别官员能坚持己见，排除来自更高权力干预以显示作为审判机构应有的"独立性"，但该种做法并非常态，事件本身也更具象征的意义。当然，这毕竟使该机构在价值取向上与其他事务性机构出现了一些差别。

第二，汉朝到南北朝时期，中国正经历了发展史上的第二个十字路口。国家在意识形态上逐步确定了儒家"大一统"思想，在政治体制上则开始由"三公九卿"制向"三省六部"制过渡。内廷机构不断外化，几乎架空了前朝，尚书机构的出现使原本"九卿"的职能实现了一种"重组"。司法事务的处理权开始部分转移到尚书机构中，于是出现了所谓的"二法司"时期。此时的司法机构有两点值得注意：①司法权作为一种重要的社会管理手段不仅被保留下来，而且还在继续扩张。审判事务与司法行政事务开始实现某种分野；司法机构也开始抛弃以长官官名为"署名"的传统；掌理司法行政权的尚书机构地位不断提高。②内廷机构的膨胀分割了外廷司法机构的部分权力，该过程本身就体现出权力运行的行政化，本质原因是皇权的任意性与政府运行规范性之间的一种博弈。而古代司法机构的职能大小就处在这两种权力相互"较量"形成的空间中。

第三，隋唐时期到明清时期，这是中央基本稳定形成刑部、大理寺、御史台（都察院）"三法司"的时期。整体而言，传统司法权的内容此时基本已经齐备，分别是审判权、司法行政权、司法监察权三类。从政治体制的变化上而言，隋唐确定的"三省六部"制，而后经历的宋代的"二府三司"制，再到明代的"内阁六部"制、清代的"军机处六部"制的过程中，大

第三章 传统政治体制变迁下的中央司法机构：司法权的嬗变

理寺的相对地位不断下降，而刑部、都察院则开始成为司法系统的主导。为此，一方面，可以认为专职审判机构的地位在逐步下降，或更为确切的说法是纯粹审判权的地位日益没落；另一方面，司法监察、司法行政机构的地位则不但得到保留，而且日益加强，但始终没有突破事务性机构所具有的局限性，即依然被固化在政府"行政科层化"的运行模式中。

综合上述，中国古代中央司法机构经历了一个从行政机构中独立成为专职司法（审判）机构，再逐步分化成为包含不同职能（审判权、司法监察权、司法行政权）的司法系统，同时审判权不断向司法行政机构转移的过程。在政治结构的整体变迁中，一方面以审判职能为中心的司法机构是整个政府运行不可缺少的组成部分；另一方面，在皇权扩张的背景下，司法权在政治体制中的"独立性"日渐下降。当然，与西方司法史不同，"司法独立"从逻辑上而言并不是中华法系背景下对律法运行的终极要求和评价标准，"司法公平公正"才是一直以来评价司法实践的主流标准。为此在一定程度上可以解释，为何传统司法机构（审判权）始终无法游离于政府的行政运行之外，历代皇权反而通过增设层层监察来保证它运行的有序。

一、封建制度初期：司法权的壮大

（一）春秋时期中央司法机构总述

公元前770年，周平王迁都雒邑（今河南洛阳），至秦一统六国共计246年，史上称该时期为"东周"；又以周元王元年（公元前475年）为界，将"东周时代"区分为"春秋"与"战国"两个阶段。[1] 地方诸侯国的逐渐壮大令周王室大权旁

---

[1] 学者一般将公元前475年韩、赵、魏三家分晋的政治事件作为"春秋"与"战国"的界点。

落,出现了"礼崩乐坏"的局面,各个诸侯国之间则展开了从军事、经济到文化的全面竞争。经过一系列的兼并战争,诸侯国从最初的一百多个不断缩减,直到战国时期的不足十个。

这种接近于无政府的自由状态,使得各阶层流动频繁,令当时的思想文化进入到一个空前繁荣的阶段,儒、法、道、墨等思想争相出现,并试图投入到现实的政治治理中,带来了政治、司法领域的重大变革。其中,法家作为当时的"显学",在追求富国强兵的同时,极大地提高了律法在国家治理中的地位,这也令中央司法机构的功能日益扩大。同时,各国"变法",不断尝试适用新律法来规范本国基本政治、社会生活,令成文律法激增,这直接导致审判活动不断增加,以致各国均出现了专掌审判的司法官员。

春秋时代诸侯国众多,在法制上基本沿袭周代,但也根据本国实践有所调整。各国对中央专职司法官的称谓各有不同,例如鲁国称之为"司寇",仍沿用周制;而齐国则称为"士";晋国称之为"理"或者"士"。《左传·昭公十四年》中记载,"晋邢侯与雍子争鄐田,久而无成。士景伯如楚,叔鱼摄理"。杜预对士景伯有注云"人名,晋之理官"。[1] 楚国、陈国则称本国(中央)专职司法官为"司败"。虽称谓各有不同,但就其职能而言并无实质差异,依然主掌刑狱、治安等事务。有学者认为,作为"理狱之官"的"士"在先秦文献中曾出现多次。《左传·成公十八年》中记载:"齐侯使士华免以戈杀国佐于内宫之朝。"其中的"士"便被解释为一种执掌刑狱的官员,"士者为士官,官掌刑"。[2] 甚至在《论语》中也有相关记载:

---

[1]《左传·昭公十四年》。
[2] 参见上海古籍出版社编:《十三经注疏》,上海古籍出版社1997年版,第1923页。

第三章 传统政治体制变迁下的中央司法机构：司法权的嬗变

"柳下惠为士师",[1] "孟氏使阳肤为士师"。[2] 在《孟子·梁惠王章句下》中，关于士师的职能记载更为明确，曰："士师不能治士，则如之何？"

春秋时代，各诸侯国已有专职司法官的设置，虽名称各有不同，基本职权范围却相差无几，但是这并不表明所有的司法事务均由他们承担。对于一些重大疑难案件，多数情况下依然会交付更高一级的官员审理，或者由诸侯王亲自审理。例如在《左传·昭公元年》中记载，当时郑国贵族子男与子晳之间出现纠纷，就是通过当时的执政子产最终解决，而不是交由专门的司法官审理。总体说来，作为官吏的"士"或者"理"等对于一般的民事、刑事案件具有管辖权，但是对于两类特殊案件，多数情况下需要上报或者交付其他机构处理：一类是关乎国家政权稳定，谋逆一类的政治性案件，它与普通刑事案件在社会危害性上有所不同；另一类则是涉案当事人身份特殊的案件，比如地位较高的公卿宗室一类，通常会交由诸侯王，或者依照西周以来"公卿审判"的传统进行。

战国时期，各国之间的战争不断令史料不易保存，大量一手资料都已遗失，我们只能从后世并不完整的史料中窥视当时诸侯国内部的司法组织。为此，根据现有的考古成果，针对战国时期，本书重点介绍楚国的中央司法机构。至于其余六国，其司法机构相似程度较高，可以通过秦朝（秦统一六国后，大体沿用秦国时的律法）司法机构的介绍获得一定的了解。

（二）楚国的中央司法机构

战国时期的楚国远离中原腹地，各种礼仪乃至文字都与中原各国有所不同。1987年包山楚简的发掘为研究楚国的法律制

---

[1] 《论语·微子篇》。
[2] 《论语·子张篇》。

度提供了宝贵的一手材料。[1] 从当时出土的文献中可以得知，楚国的中央司法官员主要有：廷理、令尹、司败、左尹等。

楚国主理刑狱的官员被称为"廷理"。《韩诗外传》记载："楚昭王有士曰石奢，其为人也，公而好直，王使为理。""廷理"的记载最早见于楚成王时期，《说苑·至公》有记载："楚令尹子文之族有干法者，廷理拘之，闻其令尹之族也而释之。子文召廷理而责之曰：'凡立廷理者将以司犯王令而察触国法也。"楚庄王时代亦有记载廷理处理案件的情形：

> 荆庄王有茅门之法曰："群臣大夫诸公子入朝，马蹄践霤者，廷理斩其辀戮其御。"于是太子入朝，马蹄践霤，廷理斩其辀，戮其御。太子怒，入为王泣曰："为我诛戮廷理。"王曰："法者，所以敬宗庙，尊社稷。故能立法从令，尊敬社稷者，社稷之臣也，焉可诛也？……"[2]

可见在当时的楚国，廷理作为中央的司法官员，在秉执律法上有着较高的权威。

本书需要指出的是，在《左传》之后就没有廷理的相关记载了，以致有部分学者怀疑它究竟是否真实存在。学者陈绍辉在《楚国法律制度研究》一书中认为，该（廷理并非真实存在的）论点的论据尚不充分，值得商榷。但主流的观点认为，楚国存有廷理一职，是中央一级的司法官员。

司败也是楚国重要的司法职官之一，它在《左传》与出土的"包山楚简"中均有记载。文献最早见于《左传·文公十年》："臣免于死，又有谗言，谓臣将逃，臣归死于司败也。"此

---

[1] 1987年湖北省楚国故都纪南城北的十里铺包山岗二号楚墓发现了大批的竹简。

[2] 《韩非子·外储说右上·说三》。

第三章 传统政治体制变迁下的中央司法机构：司法权的嬗变

为子西辞商公于成王时所言，杜预注谓："陈、楚名司寇为司败。"《国语·楚语》中也出现"臣何有于死，死在司败矣"的记载，韦昭注曰："楚为司寇为司败。"如此看来，当时楚国的司败在职能设置上接近于司寇一职。但如此就会遇到一个疑问，即同为司法官员的"廷理"与"司败"之间的职权是如何划分的？通说认为，司败更多关注于宫廷内部的司法事务，并且多为执行性的事务；而廷理则为外廷的官员。学者贾继东[1]、陈伟[2]就持这一观点，但学者陈绍辉在《楚国法律制度研究》一书中提出了辩驳，认为司败管理司法事务的范围已然超出内宫之外，并且同时具有审判权与执行权。而司理则是具体执行的官员。

战国时代，由于中央集权的加深，"左尹"掌握了司法行政的权力，而廷理则由于权力过大而遭到裁撤，司败恰因仅具为执行权而受到保留。[3] 针对学者陈绍辉的推测，笔者认为目前尚缺乏足够的证据支持。司败作为司法官员，其职能在楚国前期与后期有所不同，司败的职能从原先的执行权扩大到对整个司法事务的管理。例如，包山楚简23、33中记载少司败与驭司败均有权审理案件。并且司败的职位设置不仅在中央，地方乃至某些中央政府的职能部门也有设立，如"五师宵倌司败"（包山楚简38）、"司丰司败"（包山楚简54）等。就职能而言，他们大多以处理本区域或者本部门的律令事务为主，有些类似于现代的行政司法。虽就适用律法而言，性质有类似，但并非正式的专职审判机构。且中央各职能部门的司败原则上归于司败

---

[1] 参见贾继东："从出土竹简看楚国司法职官的建置及演变"，载《汉江论坛》1996年第9期。

[2] 参见陈伟：《包山楚简初探》，武汉大学出版社1996年版，第91页。

[3] 参见陈绍辉：《楚国法律制度研究》，湖北教育出版社2012年版，第302~303页。

管理的观点在学界已形成共识。

　　根据史料，当时楚国的"令尹"一职也具有司法权。根据相关记载，令尹其实为当时楚国最高的行政官员，总领全国的军政大事，自然也会承担一部分司法审判职能。他执掌司法职能的主要表现有：第一，可以直接参与重大案件的审理，例如在《说苑·至公》中有记载："虞丘子家干法，孙叔敖执而戮之。虞丘子喜，入见于王曰：'臣言孙叔敖，果可使持国政，奉国法而不党，施刑戮而不骫，可谓公平。'"记录的是孙叔敖担任楚国令尹期间，国家大治，"世俗盛美""盗贼不起"。[1] 第二，具有一定的司法监督职能。《战国策·楚策一》中记载，当时的令尹昭奚恤经过侦查，断明三年前郢都人的一宗刑事陈案，被告人终得昭雪的故事。《说苑·至公》也记载了当时令尹处理的一起案件，从侧面可以看出令尹与廷理一职之间的上下级关系，"楚令尹子文之族有干法者，廷理拘之，闻其令尹之族也而释之。子文召廷理而责之……"。可见，在当时的政治体系中，廷理虽执掌司法事务，但是仍隶属于行政机构体系，他们需要听从总领大臣的命令。

　　"左尹"一职在文献中多有记载，《左传·宣公十一年》记载到："楚左尹子重侵宋。"后杨伯峻注曰："子重，公子婴齐、楚庄王之弟。"原本在《左传》之后，左尹在文献中几乎消失，而楚简的出土不但证明了它的存在，并且较之春秋时代，它的职能更加具体规范。

　　根据包山楚简的记载，当时的"左尹"可以参与司法事务。包山楚简139描述的是当时楚国进行诉讼时，需要进行某种类似于神判的起誓仪式。地处江汉平原的楚国盛行巫术，若没有

---

[1]《史记》卷119《循吏传》。

第三章 传统政治体制变迁下的中央司法机构:司法权的嬗变

这样的仪式或仪式不合要求则很有可能令某个诉讼程序直接无效。这一现象在睡虎地的秦简中是看不到的,这也可以看到它们与当时中原文化的差异。

根据出土的相关文物可知,包山地区当时所发现的楚墓主人就官居"左尹"。竹简中记载,当时五师宵倌的司败曾因为邵行之大夫无故拘拿他的仆人而向左尹上报,但是左尹并未理睬(包山楚简13~19)。由此可以推测,左尹作为地位较高的司法官员还拥有对某些上禀案件的处理权。有学者认为当时的"左尹"是整个国家司法事务的中枢,他的职能包括作为上诉机关接受地方移送的案件。至于左尹与令尹之间的关系,有学者认为左尹可能是令尹的副手。理由是根据史料记载,左尹负责审理由诸侯王交付的案件,并主持某些案件的复核。例如,包山楚简131~139记录了一宗杀人案:当事人被判定有罪后,不服而上诉到楚王,楚王则将此案交付于当时的左尹办理。包山楚简15~17则记载一宗案件在呈报于楚王后,楚王交付左尹处理,左尹随即交付"新偌迅尹"解决。[1]当事人不服其判决结果,又再次上诉于左尹。左尹还有权亲自处理地方上诉的司法案件。包山楚简141~144中记载州一级的司法案件理应由左尹处理,在左尹的官署纪录中,涉及州内的案件数量较多,比重很大。若当事人对当时中央各个机关内部某些司法案件的处理不服,也最终会交由左尹处理。左尹还是当时司法事务汇集的中心,例如在包山楚简162~192就记载了当时各地司法官向左尹的助手汇报司法事务的内容。汇报的内容涉及案件的期限、当事人的姓名、

---

[1] 原文为:仆五师宵倌之司败若敢告视日。邵行之大夫盘坷吟执仆之倌登屡、登期、登仆、登臧而无古(故)。仆以告君王,君王属仆于子左尹,子左尹属之新偌迅尹丹,命为仆至(敬)典。既皆至(敬)典,仆又(有)典,邵行无典。新偌迅尹不为仆断。

籍贯等，以便左尹能够掌握全国司法事务的整体情况。

至于"左尹"与"令尹"的关系，一般认为，当时的"令尹"是楚国最高级别的行政长官，位列上卿位，"令君已为令尹矣，此国冠之上"。[1] 而左尹的级别仅是大夫，但两者职能有部分重叠，故推测令尹可能为左尹的上级官员，但并非一定为直接领导关系。[2]

现有的资料并不足以推测出他们具有附属关系，因为根据先前《周礼》中官制的表述，即使在司法职权上会发生联系，甚至是直接上下级之间的上报关系，也有可能分属于不同的六官体系。上述可见，虽然两者都具有一定的司法权，但是在权力的纵向安排上，最终一些事务的决定权仍然在令尹手中。《淮南子·人间训》记载到："子发为上蔡令，民有罪当刑，狱断论定，决于令尹前。"故仅就事务的分工而言，虽然他们都可以参与司法事务，但是由于品阶的不同，作为总领行政事务的令尹较集中处理司法事务的左尹，显然拥有更高的权威。这种模式也许不太符合近代以来司法独立的理念，但司法作为政府分工的一部分，该种行政化运行设计显然更加符合权力集中的要求。

总体而言，春秋战国时期正处在政治、经济乃至文化变革的重要时期，各国相互征伐，周室衰微，故各个诸侯国内部官制也无定制，显得有些杂乱。但是从权力运行的本质上而言，除去君主，类似西周的"三公"（太师、太傅、太保）组成了次一级的权力中心，也享有一定的决策权。在君主权力之下，分为行政、监察与军事三类相对分离的管辖，分别对应着对百姓的管理、对朝廷的管理、对外的保卫三种目标。

在权力运行方式上，需要注意到以下这些方面：第一，春

---

[1]《史记》卷 40《楚世家》。
[2] 参见南玉泉："楚国司法制度探微"，载《政法论坛》2000 年第 4 期。

秋战国时期，各个诸侯国虽有着各种政治变革，但是仍然遗留了战争背景下的管理方式，从而将对国家的管理区别为对内以及对外。第二，社会事务日渐复杂，司法机构"掌刑""用刑"的职能从对外的军事化行为转为对内的管理行为。第三，对内管理上，经过封建化的变法革新，形成了以纵向等级为原则的基本社会秩序（无论是儒家或法家都是对纵向社会等级的肯定，仅仅是建立或者维护这种秩序的手段有所差别）。所以，当官吏和平民之间的区分逐步取代贵族和奴隶的差异时，前者的层级显然比后者更为复杂和多变。为此，司法职能的重要性和优点开始凸显出来。基于身份的等级差异，国家机构的管辖权也有所差别，出现了平民适用的"掌刑"机构和官吏适用的"监察"机构。

二、三公九卿制时期：司法权的机遇和危机

秦汉时期是中国第一个大一统时代，各项具体国家制度经过秦汉两朝"一乱一治"，趋向稳定和成熟。该时期，法律儒家化开始起飞，并且后期进程不断加快，反映出当时的法律正快速成长为国家治理的重要手段。为此，以廷尉为核心的司法系统无论从职能还是规模上都呈现出扩张趋势，是司法机构（亦是司法权）发展的重大机遇期。但同时也应看到，当时司法机构所面临的危机：其一，司法权自身运行水平的提高；其二，内朝机构不断壮大的潜在威胁。

（一）秦朝的中央司法机构

公元前221年，秦始皇一统六国，开创了中国历史上第一个统一的王朝，我们约定俗成地称它为封建帝制的开端。但严格说来，真正的分封制仅仅停留在西周时代，秦朝则是在加强皇权的基础上将原本秦国的统治方式推广到整个华夏。秦代虽

然仅仅维系了数十年，但却将法家的治国思想发挥到了极致。随着新兴地主阶级的全面壮大，他们试图建立一种最为契合自身利益的统治方式。法家"事皆于法"的治理原则可以在保持君主制稳定的前提下，短期内建立并强化一种崭新的统治方式。于是，所谓的"法"在国家制度层面上代替了原本的"礼"（礼并未被放弃，只是隐藏得更深），成为国家意志最重要的表达。在此期间，秦朝保留并继承了西周以来司法机构的基本职能和传统，同时也产生了某些变化以适应新的社会环境——全新的政治治理理念、急剧膨胀的律令数量、更加专业的律学知识、激增的管辖面积、精细复杂的国家机构分工等都对司法机构提出了新的要求。

总体而言，秦代司法机构已经开始从原本兼理治安乃至军事的职能中解放出来，成为一个真正专注于审判事务的专职机构。同时，对该机构中各级官员的法律修养有着更高的要求。在当时的司法实践中，中央专职司法机构采用案例（不是判例）的形式指导着地方各级的案件审理。

根据后世《汉书·百官公卿表》关于廷尉的记载："廷尉，秦官，掌刑辟，有正、左右监，秩皆千石。"故可知，"廷尉"是秦朝中央专职司法机构（官员）。春秋时期，"礼崩乐坏"，各诸侯国无需完全遵照周室礼仪，故各国对专职司法官员的称呼各有不同，秦国当时称之为"廷尉"，到了秦朝依然保留了这个称呼。后世关于"廷尉"官职名称的由来，观点集中于三：一是以应劭为代表，延续刑起于兵的基本观点，"听讼必质诸朝廷，与众共之，兵狱同制，故称廷尉"。[1] 二是以颜师古为代表，曰："廷，平也，治狱贵平，故以为号。"[2] 张释之也对汉

---

[1]《汉书》卷19上《百官公卿表》应劭注引。
[2]《汉书》卷19上《百官公卿表》颜师古注引。

第三章 传统政治体制变迁下的中央司法机构：司法权的嬗变

成帝说过："廷尉，天下之平也，一倾而天下用法皆为轻重，民安所措其手足？"[1] 三是韦昭关于廷尉的解释："廷尉，县尉，皆古官也。以尉尉人也。凡掌贼及司察之官皆曰尉。尉，罚也，言以罪罚奸非也。"[2] 可以推测，"廷尉"一职在当时具有掌理司法刑狱，以求得公平正义的含义。故对于上述的种种解释，清末法学家沈家本以颜师古为最佳。

秦始皇统一六国之后，对朝廷官制进行了改革，中央政府设置了以"三公九卿"为核心的权力分工模式。其中"廷尉"一职即为"九卿"之一，附属于丞相，是专掌司法刑狱的最高官员（丞相也有司法审理权，但是并非专职）。

秦代的统治本质上是依照法家思想建立起来的权力运行模式，形式上是"以法治国"（非依法治国），实为一种政治改革成果。故当以法家的学说构建一国律法时，其在本质上亦建立了整套的政治秩序。即形式上以"律法"作为社会规范的基本表现，以"律法"来划定一种纵向等级或横向关系，并给予不同的权利义务内容。这点在中央百官的职能划分上亦有体现。从廷尉的职能而言，一大进步就在于职权的专属性、专业性更强。廷尉此时的职能主要集中于司法审理以及刑狱，不再关注于军事与治安管理，从而令廷尉真正成为一个专职的司法机构（或者官员）。但是即便这样，秦代廷尉对案件的审理也依然具有双重意义：

第一，在政府机构日常运行中，廷尉是为专职中央司法审理机构，直接审理案件或者复审地方移送案件。这些案件往往是普通的刑事、民事案件。在此过程中，廷尉面对众多复杂的案件，不但需要查清事实，作出判决；在某些情况下，还需要

---

[1]《史记》卷120《张释之传》。
[2]《太平御览》卷231《大理卿》。

以官方的形式回复并解释地方司法机关审理案件中遇到的种种疑难问题。当然，这样的回复拥有正式的法律效力，也是当时现行法律体系的一部分。例如，睡虎地出土的秦简中曾记有《法律答问》：

> 问：殴大父母，黥为城旦舂，今殴高大父母，可（何）论？
> 答：比大父母。[1]
> 问：何谓四邻，
> 答：邻即伍人谓也。[2]

第二，廷尉作为皇权下的一个司法机构，又不得不受命于皇权，审理皇帝直接交付的特殊案件。实务中，这样的案件往往具有浓厚的政治色彩，导致最终结果并不完全根据现行法律适用。实则是政治问题"法律化"的体现，廷尉仅仅需要给予一个产生该种"预定"结果的合法程序而已。由此可知，在传统的政治运行中，虽然司法机构最初在具体职能上出现了专属性、专业化的倾向，但性质上依然停留在君主权力之下的一种简单分工。君主意志而非律法，对案件的判决结果具有决定性的作用。

（二）汉朝的中央司法机构

秦代暴虐的政治治理以及短暂的存续时间都使后来取而代之的汉王朝对法家充满了警惕，这直接导致汉初统治集团采取了另一种与法家进行极端干预完全相反的统治理念——无为而治的"黄老"之术。

---

[1]《法律答问》448。
[2]《法律答问》469。

第三章 传统政治体制变迁下的中央司法机构:司法权的嬗变

直到汉中期,面对日益膨胀的地方势力以及北方强大匈奴的威胁,汉武帝进行了一系列更化改制,其中对于后世影响深远的一项便是在治国指导思想上采纳了董仲舒的"罢黜百家,独尊儒术"的原则。统治集团试图在法家与道家之间寻找一个合适的平衡点,并且以"引经决狱""春秋决狱"的方式,逐步将儒家思想经司法、立法渗透到整个法律体系中。至此,中原王朝政治、法律的官方主流思想正式确立,并延续至整个封建时代。

但是,就汉代国家机构的设置而言,与上述"儒家化"指导思想并不完全契合。法史学界主流观点认为"汉承秦制"。大体上,汉代许多中央机构从形式上与前朝相比并无太大变化,但若从职能范围的划定以及运行实践,还是能看到其中的微妙变化。由于接受了儒家"大一统"的价值理念,皇帝的权威日益凸显,原本以"三公"为核心的政府运行体制正在逐渐被专门服务于帝王个人的"内廷"所削弱。廷尉的审判职能一方面更加专业化、集中化,另一方面也日益沦为服务皇权的部门。地方上"推恩令"的推行令各地诸侯国成为一种虚设的行政区划。县是汉代基层政权,西汉中后期"郡"的地位日益显要。为了应对这种局面,随之而来的是建立起了一套适度控制而又给予地方必要自主权的案件移送程序,故作为中央专职审判机构的廷尉延续并进一步完善了秦代的做法,令地方与中央审判机构之间的职能划分更加清晰。

秦汉时期,中央政府机构也称为朝廷,是为国家最高权力机构与行政机构。严格意义上,朝廷由三公九卿等众多官署的官员构成,宰相是政府首脑,主持政府日常工作;皇帝是国家元首,名义为个人,实际则为由皇帝掌握的机构。皇帝是古代整体权力体系中的一个组成部分,处在金字塔式的官僚体系最高层。同时,在国家权力的运行,特别是中央政府的运行中,皇帝发挥作用的方式又不尽相同——有时亲自领导决策,并直接指挥中央政府的具体运作;有时虽然亲自领导决策,但是并不直接干预中央政府的具体运行;有时却只是名义上或被动地参与决策,当然更不会介入中央政府的实际运作。[1]

下图表示的是秦汉时期中央政府的主要官僚体系。由此可以更加清晰地看到:①皇帝与中央政府(朝廷)之间的关系;②"廷尉"作为中央司法机构的政治地位(静态);③汉代中央政府的权力运行模式和廷尉在此模式中的定位(动态)。

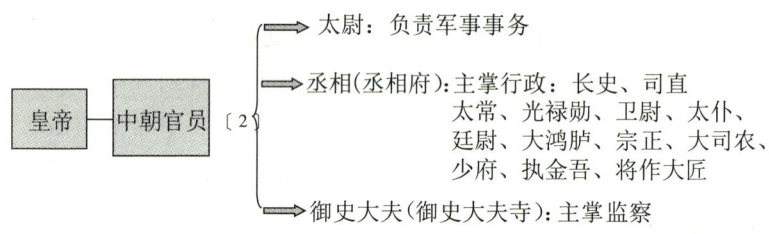

官名	太常	光禄勋	卫尉	太仆	廷尉	大鸿胪	宗正	大司农	少府	执金吾	将作大匠
掌理	宗庙礼仪	宫殿门户	门卫屯兵宫禁	车马	刑狱	典乐诸侯归化蛮夷等礼仪	皇族及外戚事务	钱谷金帛货币等	皇室财政税收	警卫京师	宗室庙宇宫殿等土木建筑
位阶	中二千石	中二千石	中二千石	中二千石	中二千石	中二千石	中二千石	中二千石	二千石	二千石	二千石

---

〔1〕 参见邢义田:"奉天承运:皇帝制度",载郑钦仁主编:《中国文化新论·制度篇:立国的宏规》,联经出版事业公司1982年版,第84页。

〔2〕 "中朝,内朝也。大司马、左右前后将军、侍中、常侍、散骑、诸吏为中朝。"《汉书》卷77《刘辅传》颜师古注引。

第三章 传统政治体制变迁下的中央司法机构：司法权的嬗变

注：所谓的"九卿"并不一定是九个机构或者九名官员，而是泛指在宰相府领导下的具体执行机构。

西汉成帝之前，在中央政府的整体运行中，基本以皇帝与丞相、御史大夫主导的"二府"为中央决策机构。通常会由宰相提出决策意见或者用人方案，由御史大夫上报皇帝；或由皇帝主动提出方案，发给御史大夫，御史大夫拟出具体的实施意见，经皇帝批准后以诏令的形式发给丞相，命其实施。丞相所属的官员中，长史与司直具有总管丞相府的性质，一般会由皇帝亲自任命，其余官吏泛称为掾吏，由丞相自行取舍，分曹办事。

包含"廷尉"在内的九卿是丞相府领导下负责具体事务的职能部门，是国家正式官僚体系的组成部分。丞相对诸卿的权力主要体现在：参政议政、监督百官执行。后者主要表现为"二府"对诸卿的考课上。不论是丞相、御史大夫、太尉或是诸卿官员都属于国家正式官僚体系中的中央政府官员，故又被称为"外朝官员"，这与专门为皇帝私人服务的"中朝官员"相对应。秦汉时期最主要的中朝官是"尚书令"，是为尚书台的长官，主要负责处理外朝官员上奏的文书，保证皇帝与外朝之间政令的通畅。中朝官的职能具体包括，负责检查各类往来公文的接收、发送以及分类整理等，类似于当下的文秘工作。汉代中朝官员品阶虽低，但是贵在与皇帝关系密切，所以在日常政务处理中参与程度并不低。

总体而言，西汉时期尚书官员虽有侵蚀前朝丞相权力的趋势，但他们品阶尚低，且非国家正式官僚，故整体上不足以与前朝官员抗衡（但也与皇帝个人执政能力、风格息息相关）。尚书官员能够参与国家事务的决策，很大程度上是得益于中朝官置于内廷，有负责执掌往来文书的便利，与皇帝之间联系紧密的缘故。所以，虽然尚书官员此时本身并未获得制度性的参政权力，但这却为东汉乃至南北朝期间尚书台的崛起埋下了伏笔。

在"三公九卿"制的背景下，关于汉代中央司法机构的地位和职能总体上呈现一个扩张上升的趋势，这是当时法律在国家治理体系中重要性上升的直接体现，当然，这同时也埋藏着一定的隐患：

第一，汉代国家权力运行根据处理事务的差异，总体分为中枢决策机构、行政机构、监察机构、军事机构四类。同时，从权力层级而言，中枢决策机构是保证国家运行、处理对内对外重大事务的中心；军事机构、监察机构、行政机构并列而置，保证国家的正常运转。在该体系中，司法权无论体现为某个高级官员，或是某个具体机构都未能出现在国家的决策中枢中。所以，从某种意义上可以认为，至少在当时的国家权力运行体系中，司法权并非最重要的权力表现形式——非决策权，而体现为一种执行权下的分工。

第二，从"九卿"的行政管理体系而言，廷尉隶属丞相府下属的具体职能部门。故丞相以及其领导的丞相府承担决策与执行的双重角色，且当时丞相握有重大的人事权，拥有开府的权力，形成除皇权之外次一级的权力中心。当然，"相权"在后世皇权扩张的过程中不断受到挤压，最终将人事权、决策权上移。原本的执行机构相互之间也难以形成统领之势。

第三，从"九卿"的品阶来看，廷尉属于"九卿"中排名相对靠前的部门，为中二千石。太常、光禄勋、卫尉、太仆皆为直接服务于皇室的专职部门，与社会治理功能相去甚远。唯有廷尉是"九卿"唯一一个具有社会治理功能的部门。这一方面显示出当时政府基层治理的相对粗糙（大部分社会纠纷都无需正式法律介入，而是依据道德），另一方面也显示出法律在国家治理中地位——无论基层百姓还是官僚集团内部都可以适用

第三章 传统政治体制变迁下的中央司法机构：司法权的嬗变

律法。

第四，"九卿"各个部门的职能并非能彻底区分清晰，许多部门职能之间还存在着部分重叠。例如，光禄勋与卫尉，在关于宫廷守卫的事务上多有重叠。诸卿所掌的事务部分直接服务于皇室宗亲，部分则负责管理国家、治理社会。故在封建制国家初期，本质上并没有严格区分皇室宗亲事务与政府事务，这也体现出周朝以来"世卿世禄"下"家国一体"色彩的保留。同时，诸卿的属官与长官之间的关系也并像非后世那样严密和科层化。许多属官与其长官之间仅仅属于一种形式上的上下级关系，在实际工作中甚至不存在统领关系。例如，"掌宫殿门户"的光禄勋与其属官"掌论议"的大夫之间就无直接联系。这都表明，官僚体系尚在发展初期，许多机构的职能设置划分模糊，多有重复。为此可以预判，精简相应的机构，理顺上下左右机构职能之间的关系，在政府未来的发展中不可避免。

第五，中朝官员当时主要的职能是对往来相关公文的处理，所以它的分工并不一一对应前朝的事务性机构。例如，在西汉时期尚书有四人，分别为：处理相关意见所形成文书的常侍曹尚书、处理二千石以上官员奏疏的二千石曹尚书、处理庶民上书的民曹尚书、处理外国（外藩）事务的主客曹尚书。根据尚书官员执掌，我们可以看出其对前朝事务的分类情况。它将需要处理的政务划分为对内、对外事务（对外事务因为会涉及军事，所以作为单独一类），以及决策、执行环节。这与延续"周礼"传统的"九卿"设置不同，尚书官员的分工本质上是从处理政务的实际经验出发，便利皇帝轻重缓急地处理各项事务，更符合务实高效的原则。

第六，九卿对各类事务的分类管理，依照现代观点来看，不乏部分不合理之处。某些机构处理事项似乎并不十分重要，不足以成为与司法并列有之的部门。例如，管理帝王马车驾乘的事务（当然也包括全国的马政），此时也位列诸卿之一。汉代时期，车架之所以被如此关注，很大程度上并非由于安全便利，而是出于宫廷礼制的需要，归根到底是皇权凸显的象征。整个中央政府对国家事务的管理同时也具有为天子（皇族宗亲）提供私人服务的象征色彩。且越往后世，两者之间的界限越清晰。这也体现为，当时诸卿之中，至少有一半以上的机构直接为皇家服务。廷尉则几乎是唯一一个需要直接面对百姓、处理社会事务的机构。

随着时间的推移，律法逐步成为国家管理对内事务的重要手段之一，统治者更加仰赖司法事务的妥善处理来实现对国家的有效统治，这也是司法权在该时期不断扩张的根本原因。与此对应的是，司法事务在日常对内管理中的重要性逐渐凸显。为了提高司法治理水平，司法机构不断被要求"专门化"（这里指的是专职化），而专门化又进一步带动了"专业化"。由此，与律法相关的事务就日渐从尚书的综合性事务中独立出来，交由专职官员负责（由二千石曹尚书负责），他们逐步从中朝走向前朝，并最终成为日后的六部之一。

（三）尚书台崛起下的中央司法机构

三国两晋南北朝时期是中华文明继春秋战国之后的又一个战乱不断、政权更替频繁的时代，同时也是我国历史上南北交流、民族融合的第一个高峰。这个时期中所发生的变革已不像春秋时代表现为集中于一时的"变法"形态，而是有着更多日常实践的色彩。

对于中央司法机构而言，一个重大的变化就是由秦汉时代的"廷尉"转化为延续后世的"大理寺"。此种变化绝不仅仅在于将机构的名称作了更改，而是整个中央机构变迁的一部分。

第三章 传统政治体制变迁下的中央司法机构：司法权的嬗变

在此过程中，至少有以下三个方面值得关注：

第一，中央司法机构从"廷尉"改为"大理寺"，这不仅仅是机构名称的转变，而是意味着开始将机构长官与机构本身作区分，不再将官署长官的名称作为机构的名称。这一变化不仅针对大理寺，也发生在同时期的其他政府机构中。我国早期政府机构的设置往往充满个人色彩，官员设置要早于机构的设置。故某种程度上掌握对该官员的人事权就意味着对该机构的控制。将机构名称独立出来的直接意义就在于，该机构本身的建制日益成熟和完善；但更为深层的意义则在于，该机构运行的规则将不再受制于最高长官的人事权，而开始逐步建立其自身的运行规则。对此可以看到，皇权与政府机构之间某种程度的分离和博弈：皇权对官吏任免、准入等人事权的扩张与政府机构依照事先制定的规范运转。

第二，廷尉（大理寺）作为一个中央司法审判机构，其审判职能得到了进一步凸显。大理寺成了当时中央专职审判机构，许多司法行政事务则归于尚书诸曹掌理，司法事务内部开始有了分工。这对诉讼程序的专业化、技术化具有一定的推动作用，例如证据规则、刑讯规则的建立健全等。后世著名法医宋慈所著的《洗冤集录》就集中体现了当时国家对审判程序、证据规则、勘验法则等制度的完善。但即便如此，将审判权和司法行政权逐步分离的做法却始终存在一个风险：在传统法律文化中，对刑律的适用始终保持着一种警惕的心态，任何时候都不会把法律适用作为一种终极价值体现。所以，随着时间的推移，大理寺无论在官员品阶或者是机构职能上皆逐渐处于刑部之下，并且这样的失衡越往后世越明显。刑部与大理寺之间的博弈，本质上就可以体现为司法审判权与司法行政权之间此消彼长的关系，这也是我国传统社会"司法行政化"变迁规律的决定因素。

第三，中央专职审判机构成立的最大优点在于，可以令审判技术实现进步。但是，这也令司法机构本身的职能逐步陷入政府行政科层化运行的轨道中，始终无法实现独立。当然，立足于当时，我们很难评价这样的机构设置究竟是否合理。从司法运行的价值目标上看，必须承认各种法文化对"公平正义"的理解各有不同：西方将"司法独立"与"司法正义"放在同一个层面上考察；但在中国传统法文化背景下，似乎司法独立与司法正义并无直接联系——在流传后世的一系列著名昭雪案件的审理中，绝大部分在当下看来都属于权力干涉司法的行为。故当古代中央审判机构在运行规范上日益发达，但却仍旧在机构性质上无法摆脱被"行政化"的根源时，"司法行政化"趋势似乎是不言而喻的。

1. 三国两晋时期的中央司法机构

"三国"名义上仍属于东汉政权，故在中央机构的设置上仍然主要沿袭汉代传统。两晋（西晋）作为在该时代唯一一个得以短暂统一全国的政权，在机构设置上体现出过渡时代的特征——继续保持秦代以来"廷尉"掌理刑狱的做法，同时黄沙狱治书侍御史、三公尚书等官员也具有一定司法审判权。但是，由于黄沙狱治书侍御史的主要管辖范围仅仅限于今河南省境内，并且设置时间也并不长；三公尚书掌理的三公曹最终转由吏部尚书来掌理，故在整体上中央一级的司法官中仍然以"廷尉"最为重要，但其对司法事务处理的集中程度与前朝相比已有所下降。

廷尉

"三国"时期，魏国掌理中央司法事务的官员仍是"廷尉"。在魏文帝时期，设置了"大理"一职，掌管天下的刑狱司

第三章 传统政治体制变迁下的中央司法机构：司法权的嬗变

法，但在不久之后就恢复了旧制，仍称之为"廷尉"。吴国、蜀国中央司法机构的设置与魏国相似，最初亦设置"大理"执掌刑狱，后恢复旧制仍称为廷尉。

晋代时，有记载："廷尉，主刑法狱讼。"[1] 东晋沿用西晋的做法，仍以廷尉为刑狱主掌。史书曾记载，刘颂曾担任过"尚书三公郎"，主要职能是"典科律，申冤讼"，[2] 后其职能并入了廷尉。廷尉一职，作为九卿之一，一直发挥着重要的作用，并且由于其执掌实权，在九卿中具有崇高的地位，被视为不可缺少的官员之一。史料记载："古以九卿综事，不专尚书，故重九棘也。今事归内台，则九卿为虚设之位，惟太常、廷尉职不可缺阙。"其他诸卿则"职无所掌者，皆并若车驾、郊庙、籍田之属……临时权兼，事讫则罢职"。[3] 从上述记载可以看到，廷尉与其他因事而设的官员相比，掌理司法事务的职权始终相对稳定。

尚书台（刑部的前身）

西汉以来，司法事务在政府政务中的比重不断上升，仅靠廷尉一家执掌不仅难以应对，同时也不符合权力制衡的原则。内廷尚书台官员开始掌理司法，是西汉以来司法体系一个重要的变化。尚书台本是皇帝内廷的服务机构（类似于秘书机构），尚书台官员也非朝廷体制内的正式官员，但却得益于服务皇帝的便利关系，随着皇权的膨胀而日益侵夺着外廷的权力。这其中也包括了对前朝廷尉所掌理的司法事务的干预。

《唐六典》中对"刑部尚书"的来源作了一个精简的描述：

---

[1]《晋书》卷24《职官志》。
[2]《晋书》卷46《刘颂传》。
[3]《太平御览》卷203《总叙官》。

> 汉成帝始置三公曹，主断狱事。后汉以三公曹掌天下岁尽集课事，又以二千石曹主中都官水火、盗贼、辞讼、罪法事。晋初，依汉置三公尚书，掌刑狱；太康中，省三公尚书，以吏部尚书兼领刑狱。[1]

根据上文，结合其他相关史料可知，三国两晋时期，掌理刑狱的尚书官员大致经历如下变化，如图所示：

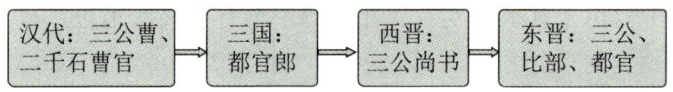

汉武帝时期，尚书分为四曹；到了汉成帝时期，又添加了三公曹，主断刑狱讼事；到了东汉光武帝时期，则将三公曹的职能改为主理每年对州郡政事的考核，代之以二千石曹官员主理刑狱法事，故又称为"贼曹"。到了三国时期，设置了都官郎以辅佐监督军事。晋代初期又设立了三公尚书以掌理刑狱。至晋武帝时期，并无三公尚书一职，故当时以吏部尚书兼理三公尚书的职能，掌理刑狱。东晋承袭西晋的官职，并无三公尚书一职集中处理刑狱，但在尚书分曹中设有三公、比部、都官三曹，其职能皆与司法有关。

2. 北朝中央司法机构

北魏尚书省在道武帝皇始初年设台省时就已经建立。根据学者严耕望的研究观点："近规北方五胡诸国，远绍西晋之绪。"当时的尚书已经设曹分工，"曹"就相当于后世的"科"。根据史料记载，当时的尚书共分为三十六曹。[2]《晋书》中有记载，当时晋武帝置有直事、殿中、祠部、仪曹、吏部、三公、比部、

---

[1]《唐六典》卷6《尚书刑部》。
[2]《魏书》卷113《官氏志》。

第三章 传统政治体制变迁下的中央司法机构：司法权的嬗变

金部、仓部、度支、都官、二千石、左民、右民、虞曹、屯田、起部、水部、左主客、右主客、驾部、车部、库部、左中兵、右中兵、左外兵、右外兵、别兵、都兵、骑兵、左士、右士、北主客、南主客、运曹，[1]共计三十五曹。北魏政权初期则脱制于晋，形式上共设置三十六郎曹，分由六曹统制；但在实践中，仅有南部、北部、吏部、左民四曹尚书。在北魏后期，尚书省的机构建制又发生了诸多变化。北魏太武帝后，尚书省的机构被区分为"都省"和"列曹"，其中"都省"为尚书省长官及其佐官的办公机构，[2]"列曹"则为处理政务的具体办事机构。根据相关史料，当时诸曹尚书以及各自主要执掌范围如下：

名称	职能	名称	职能
吏部尚书	主理人事	太仓尚书	掌国家粮食及征课事务
殿中尚书	掌管禁兵	金部尚书	掌货币、盐铁事务
驾部尚书	掌车驾畜牧之政	乐府尚书	掌奏乐演技事务
主客尚书	掌少数民族藩国朝聘接待事务	太官尚书	主理御膳等事务
都官尚书	掌部分刑狱，典左右执法	南部尚书	管理南部州郡的考课、选举、词讼以及巡察等事务
右民尚书	主修缮、工作、盐地、园苑事宜	北部尚书	管理北部州郡的考课、选举、词讼以及巡察等事务
仪曹尚书	掌理祭祀礼仪	西部尚书	管理西部州郡以及战事所需

---

[1]《晋书》卷24《职官志》。
[2] 尚书都省的主要职官为：尚书书事、尚书令、尚书仆射、都曹尚书、左右丞、都曹主书、主事郎、司事郎、都令史、主书令史等。

续表

名称	职能	名称	职能
祠部尚书	掌宗庙礼仪	都牧尚书	管理国家牧场
虞曹尚书	掌地图、山川远近、园囿等事务	礼部尚书	执掌不详
右士尚书	可能掌司法行政事务（《魏书》《北史》中均未见记载）		

从上文可知，当时"都官尚书"为诸曹之中掌理刑狱的主要官员。根据史料，南朝宋时开始设立都官尚书一职。《通典》中记载它的职能为"主军事刑狱"；《唐六典》在追溯刑部前身的时候也称之为"掌京城非违得失，兼理刑狱"。北魏在太武帝时期才初见有"都官尚书"一职。史料记载："征为殿中都官尚书……世祖亲待之，赏赐甚厚。从征盖吴……瑾留镇长安。还京，复为殿中都官，典左右执法。"[1] 窦瑾曾任两任殿中都官尚书，但成帝之后就未见冠有"殿中"二字。都官尚书的属官主要有都官郎和左士郎。《魏书》中记载："高祖初，征为尚书主客郎……转都官郎……迁都洛阳……转司州治中。"[2] 而在《唐六典》中关于左士郎的记载为"后魏《职品令》：太和中改定百官，都官尚书管左士郎。北齐《河清令》，改左士郎为膳部"。[3]

北魏后期，随着汉化的深入以及改革的推进，中央官制也出现了较大变化。例如，尚书都省的官员设置，在前期所设录

---

[1]《魏书》卷46《窦瑾传》。
[2]《魏书》卷45《裴宣传》。
[3]《唐六典》卷4《尚书礼部》。

第三章 传统政治体制变迁下的中央司法机构：司法权的嬗变

尚书事、尚书令、尚书仆射、左右丞、都令史、主书令史、省事诸职的基础上又增设了左右司郎。在列曹尚书中，则以吏部、殿中、仪曹、七兵、都官、度支六尚书分辖三十四郎曹。其中与司法断狱有关的事务主要集中于"殿中尚书"与"都官尚书"，他们各自所辖的郎曹如下：

所属尚书	郎曹（主官）	职权
殿中尚书	殿中郎中、直事郎中、三公郎中、驾部郎中	三公郎中：主掌断狱赦免等事务
都官尚书	都官郎中、二千石郎中、左士郎、右士郎、比部郎中、水部郎中	二千石郎中：掌京畿外得失等事 都官郎中：掌畿内非违得失之事

从上图可知，在尚书台建立初期，列曹虽有各自分工，但仍然存在一定的职权重叠现象，司法事务尚未作为一种特殊事务完全单列出来，而是分散于几个部门。尚书台三十四郎曹的分工为后世六部二十四司的确定奠定了基础，其本质上是一种以处理政务便利为目的行政分工。只是该机构尚处于建制初期，各司之间的关系尚未理顺，但是已经能够看到行政权渗入司法权的某种趋势。

3. 南朝中央司法机构

南朝共经历了宋、齐、梁、陈四朝，总体制度沿袭于东晋，是由于政权更替频繁以及面临北方诸国的威胁，故在官职设置上对军事力量的控制多有体现。"魏、晋继及，大抵略同，爰及宋齐，亦无改作。梁武受终，多循齐旧，然而定诸卿之位，各配四时，置戎秩之官，百有余号。陈氏继梁，不失旧物。"[1]

---

[1]《隋书》卷26《百官志上》。

政治运行的总体格局上，仍然体现了那个时代尚书台、中书省机构膨胀并崛起的基本趋势。

简言之，宋、齐、梁、陈四朝的官制设置承袭东晋传统，司法机构并无实质性的变化，现将南朝各国司法机构的设置情况简单罗列如下：

刘宋时期

《隋书·百官志上》记载："梁初犹依宋、齐，皆无卿名。"故在宋、齐朝可以大致推断，原有的"九卿"并不列入正式官制。而尚书省则成为整个朝政运行的中枢。按照宋朝的建制，尚书省共有吏部、祠部、度支、左民、都官、五兵六尚书，下设分领二十曹；其中吏部尚书所领的吏部、删定、三公、比部四曹中，三公曹与比部曹皆有司法的功能。综合上述可知，一方面尚书诸曹的分工与前期相比，更加有序成熟；另一方面则看到廷尉（大理寺）的地位受到极大的动摇。或许可以做一个推测，宋、齐朝时期，尚书台或其他机构可能会承担大理寺的部分职能。

萧齐时期

齐朝也同样不设九卿，官制大致与宋相似，"齐受宋禅，事遵常典，既有司存，无所偏废"。[1] 当时尚书省的设置为吏部、度支、左民、都官、五兵、祠部、起部七尚书，共分领二十曹，其中吏部尚书领吏部、删定、三公、比部四曹，三公、比部曹皆具有司法功能。

萧梁时期

梁朝时期，尚书省共置吏部、祠部、度支、左户、都官、五官六尚书，下有吏部、三公、比部、祠部、仪曹、虞曹等郎

---

[1]《南齐书》卷16《百官志》。

第三章 传统政治体制变迁下的中央司法机构：司法权的嬗变

共二十三人。其中比部、三公具有司法功能。

廷尉一职在梁朝初建时，曾被称为"大理"。天监元年（502年），则改名为廷尉。天监四年（505年），置胄子律博士，地位视同员外郎，并附有廷尉正、廷尉监、廷尉平三位辅官。元会时，建尉三官与建康三官，皆着法冠玄衣朝服，以监东、西、中华门。故在齐朝，中央司法审判机构依然归于廷尉。

值得一提的是，九卿的设置在梁朝有所恢复，但在形式上出现了变化。梁武帝在天监七年（508年），模仿古制对原有的九卿进行了改革：依照春、夏、秋、冬的传统，将九卿重新归类如下：

春卿	太常卿、宗正卿、司农卿
夏卿	太府卿、太仆卿、少府卿
秋卿	卫尉卿、廷尉卿、大匠卿
冬卿	光禄卿、鸿胪卿、太舟卿

改革之后，遵循"周礼"，将掌理司法、刑狱事务的官员归于"秋官"体系。梁朝恢复廷尉设置后，出现了与尚书省机构并存的局面。此种局面说明尚书省体系和"廷尉"（更准确地说是"九卿"体系）正处在一个博弈阶段，但本质上则是新旧两种国家机构之间的交锋：前者（尚书体系）背后是"配套"君权一元化的科层体制，后者（九卿体系）是传承于"礼制"、分封制国家时期的政治体制。

南陈时期

陈朝廷尉的设置与前三朝在名称上稍有不同，但是就分工职能而言，并无实质变化。陈朝的国家政务归于中书省。中书省共有中书舍人五人、领主事十人、书吏二百人。下设二十一局事,相当于尚书诸曹。"九卿"中亦保留了廷尉一职,故它仍是名义上的中央最高专职司法审判机构。

4. 尚书台与廷尉的关系

南朝时期,尚书省掌理司法的诸曹与廷尉在职能上有着部分交叉。与前朝相比,两个机构形式上并无太大变化。但从官员品阶的角度而言,却在一定程度上反映出与皇权更为密切的"内廷官员"的逐渐崛起与廷尉等"外朝官员"的逐步衰落,这为隋唐时代刑部与大理寺的分工格局埋下了伏笔。

下表就是关于南朝时期尚书诸曹与廷尉品阶变化的对比:

时期	尚书诸曹	廷尉
宋	尚书令:第三品 尚书:第三品 左右丞:第六品	从三品
齐	尚书令:第三品 尚书:第三品 左右丞:第六品	从三品
梁	尚书令:十六班 六部尚书:十四班至十三班 左右丞:九班至八班	第十一班 (第十八班至第一班, 地位依次递减)
陈	中书令、吏部尚书:第三品	第三品

注:梁朝时期,九卿根据自己的职能,位列不同的班次,从第十四班到第九班不等。

从上述粗略的对比来看,南朝廷尉地位已逐步产生了动摇,而尚书省官员群体品阶上升较为迅速。

从战国到南北朝时期,尚书省就其职能而言,主要经历了三次重大的飞跃,"先从君主的内侍变为君主的办公厅,再由君

第三章 传统政治体制变迁下的中央司法机构：司法权的嬗变

主的办公厅变为国务院行政总署"。[1] ①最初"尚书"一职出现于战国,当时设置在九卿之一的"少府"之下,主要负责管理君主的文书收发,具有侍从服务的性质。到了汉武帝时期,实行尚书与中书并置,尚书居宫中前廷,负责接发奏章、诏书等工作,但仍没有直接发布诏书,乃至执行具体行政事务的制度性权力。直到东汉时期,"（尚书）则优重,出纳王命,敷奏万机,盖政令之所由宣,选举之所由定,罪赏之所由正,斯文昌天府,众务渊薮,内外所折衷,远近所禀仰"。[2] 尚书甚至可以绕过丞相、御史等前朝重臣,拥有（承纳王命之下）直接发布诏书命令的权力。但值得注意的是,此时尚书正式的官位品阶仍不过是"千石",而廷尉等九卿则是秩比二千石。尚书仍属于低级官员的行列,"九卿"是其名义上的上级。②到了魏晋时期,中书开始崛起,并负责出纳王命,替代原有的尚书省成为君主的办公厅,而尚书省则渐渐脱离内朝,转入外朝,并在职能分工上进一步完善,正式成为一个涵盖军事、财政、司法、人事等几乎无所不包的综合性政务处理机构。尚书省不断侵夺包括廷尉在内的九卿职能的同时,尚书官员的地位也得到了极大的提升:部曹尚书与当时九卿几乎同时位列第三品。领导关系上两者处于一个微妙的时期:虽然在政府实际运行中,"九卿"也需要接受尚书的命令,但从礼制上,尚书并不能直接领导"九卿"官员,尚书也并非"九卿"的上级。之所以能通过尚书下达诏令,"九卿"只能负责执行,是因为尚书更为接近君主而获得的便利,而非尚书本身的规范性职能。③随着尚书省权力的进一步扩大,情况又发生变化。尚书可以开始直接以自己的名义下达命令给各卿,作为尚书省的首席长官（如尚书令）

---

[1] 陈长琦:《六朝政治》,南京出版社2010年版,第279页。
[2] 《通典》卷22《职官四》。

在品阶上也已经远远高于九卿，尚书正式成为九卿的上级机构。

在司法权的分割上，也遵循了上述基本过程。当时负责司法事务的曹郎与廷尉的职能多有重叠。在西晋时期，一些政治家甚至开始讨论"九卿"存在的必要，充分印证了当时尚书体系"后来居上"的格局。[1]九卿虽然最终并没有被取消，但是命运却各有不同：宗正、卫尉最终被废置，太仆、大鸿胪最终蜕化为临时性、礼仪性的机构，唯有廷尉、太常二卿从未被根本动摇过。廷尉曾在短期内被废止，但最终又被迅速恢复设置。综合上述，尚书（法曹）与廷尉之间强弱格局的形成一定程度上预示了隋唐时期乃至后世刑部与大理寺之间的格局，这也是中国古代"司法机构行政化"趋势的重要结点。

尚书省中，与执掌刑狱有关的官员还有"三公郎中"和"二千石郎中"。北魏道武帝初建尚书台时，曾设立过三公郎中一职，但其后就废罢了。直到孝文帝末期才复置该职位。为三公曹的主官之一，隶属于殿中尚书。《隋书·百官志》中对北齐时期的三公曹职能有如下记载："掌五时读时令，诸曹囚帐，断罪，赦日建金鸡等事。"二千石郎中则最早见于孝文帝太和十七年（493年）所颁布的《前职员令》的前夕。在宣武帝所宣布的《后职员令》中，二千石郎中已经为二千石曹的主官，并由此形成定制，隶属于都官尚书，而后北齐沿用了这样的设置。《隋书·百官志》中对该职能的记载为"掌畿外得失等事"。

总体而言，虽然三公郎中与二千石郎中的职能皆与司法断狱有关，但三公郎中主理断罪仅仅为其职能的一种，故并非专职。由于其隶属的殿中尚书此时已由原来的主理军队事务转为

---

[1]《晋书》卷39《荀勖传》中记载了荀勖的观点："若欲省官，私谓九寺可并于尚书，兰台宜省付三府。"而裴秀认为："尚书三十六曹统事准例不明，宜使诸卿任职。"

第三章 传统政治体制变迁下的中央司法机构：司法权的嬗变

礼乐之事，所以作为属官的三公郎中更多从事礼乐范畴的事务，例如对于囚犯的赦免等。二千石郎中则更多负责一种纠察官员的角色，并不具有实质的审判权。

（四）小结：尚书机构：君权的强势介入

本质上，尚书省（台）等一系列机构的建立和发展是皇权扩张、君主权力强势介入固化政府的集中体现。尚书省（台）原本并非正式的国家机构；它最初仅仅是作为皇帝私人的秘书班子存在，职能以掌管文书奏章为主，但却在后期发展成为下设有三十六郎曹，处理军事、财政、司法、礼仪、行政、税收等无所不包的综合性机构。尚书省的崛起大大地侵占了外廷"三公"的权力，并与"九卿"原有的职权形成了某种程度的重合。学者杨鸿年在其所著的《汉魏制度丛考》一书中，将三公九卿定为"外官"、中书诸官为"省官"、尚书诸官则为"宫官"，他们与皇权的密切程度由浅及深，各自权力大小的走向也同样符合这样的规律：离皇权越近的机构距离国家权力中心越近，离皇权越远的机构越容易被边缘化。当然，国家正式律法中规定了廷尉（大理寺）和尚书台各自的职能，但各类机构处理事务时受到皇权干预的情况也时有发生。毕竟从礼制上，所有的机构均为天子治理国家、处理政务的辅助性机构。

总之，魏晋南北朝时期中央政府权力系统的构成，通过下图或许可以看得更为清晰：

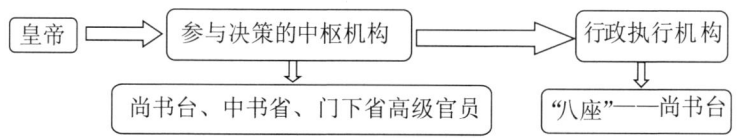

注：1. 尚书八座：一般指的是尚书令、尚书仆射以及尚书六曹的长官；南朝时期尚书省仅为五曹，则称尚书令、尚书左右仆射为八曹。

2. 尚书省的长官为尚书令；中书省的长官为中书监；门下省的长官为侍中。三人皆作为核心官员参与朝廷重大事务的决策。另有参与决策的高级官员包括"三公"，但有时三省的长官由三公兼任。[1]

首先，就中枢决策机构而言，已经从原本的"三公"逐步转移到皇帝的近侍官员。这充分体现出皇权扩张之下，新机构设置的基本规律。曹魏时期，皇帝对国家重大事务的决策仍然需要征询三公的意见；日常事务则可以由尚书上奏并提出处理意见，经侍中审核后交由皇帝批阅，再交由三公执行。该时期重大的变化在于三公丧失了对官吏选任的权力。"魏初，三公无事，又希与朝政。"[2] 与此同时，尚书、侍中的职能却在逐步扩张，不再仅仅限于对公文的处理，而是深入到日常政务运行的流程中，且逐步制度化。[3] 西晋时期，尚书台已经正式成为皇权之下国家最高的决策机构、实施机构。遇到军国大事通常会有"八座"集中讨论决定，而后上报皇帝；公卿集议的地点也从原来的司徒府转移到尚书台。该细节从侧面说明了决策权（或军政事务中心）的转移。

随着尚书台的兴起，同为中朝官的侍中，其职能和地位也发生了变化。原本仅仅需要"受尚书事"的侍中在东汉末年已经成为一个独立官署，称为"寺"；人员编制与职能也呈现出制度化、规范化。该机构主要负责参与国家大事的谋议、谏诤，以及对尚书奏事给予审议，然后上禀。侍中在国家日常政务决策中日渐重要——成为"百寮之中，莫密于兹"的近臣而深刻地影响着皇帝的决策。故世人也常将尚书与侍中并列。西晋时

---

[1]《晋百官名》："尚书令、尚书仆射、六尚书，古为八座尚书。"
[2]《三国志》卷24《魏书·韩崔王传》。
[3] 包含掌建六材，以考官人；综理万机，以考庶绩；进视惟允，以考谠言；出纳王命，以考赋政；罚法，以考典刑等。(《太平御览》卷212《总叙尚书》)。

第三章 传统政治体制变迁下的中央司法机构：司法权的嬗变

期，在侍中寺的基础上设立了门下省，主要职能是"问对、拾遗补阙"，负责为皇帝提供对策咨询，具有皇帝私人顾问班子的色彩，但尚不能直接给行政机构下达命令。至东晋时期，门下省已经在制度上取得了对上奏文书的审核权：尚书必须将文书首先交予门下，经审核后才能交予皇帝。对下诏书的审核制度化则完成于南朝。门下省最后也成了决策中枢中的重要一环。

当尚书逐步外化成为国家正式的行政机构（执行机构），诏书起草等职能则只能交由其他秘书完成。于是，曹魏时期从该秘书机构中分化出中书（长官称为中书监），专司此事。西晋时期，中书省的职能为"……诏令、记会时事、典作文书也"。[1] 中书省官员在负责起草诏书的过程中，极易取得参政的实际权力，中书省也逐步从内朝走向外朝。甚至到东晋时期，中书监还兼任了尚书事。至南朝时期，起草诏书的工作主要由中书舍人完成，"凡国之政事并由中书省。省有中书舍人五人，领主书十人，书吏二百人（书吏不足，并取助书），分掌二十一局事，各当尚书诸曹，并为上司，总国内机要，而尚书唯听受而已"。[2] 由此，尚书省、门下省、中书省相互配合制约，形成了新的中书决策体系。

南北朝新决策中枢形成的过程，在一定程度上，可以看到对中央司法体系后世发展的重大影响：第一，皇权扩张始终是中国古代政治体制变迁的基本走向。它可以将代表自身意志的私人服务机构逐步制度化，并最终镶嵌在前朝的制度中，成为国家正式体制的一部分。所以，尚书台的崛起（当然也是刑部逐步形成的过程）是古代政治体制发展不可避免的趋势。第二，皇权扩张虽不可避免，但也并非全然没有边界。从权力单向流

---

[1]《太平御览》卷220《中书令》。
[2]《文献通考》卷51《职官考五》。

动的规律而言，它的终点往往是该机构被纳为国家正式机构，成为制度化、规范化体制的一部分，并且与原先的职能机构衔接密切，成为前朝政府运行不可缺少的环节。但就权力运行的内部条件而言，为了有效地控制权力的单向流动，在这个过程中，也形成了相对专业化的分工。例如，在三公体制下，决策机制相对简单；但是在三省体制下，一个完整的决策需要经过起草（相当于提议）——审核（相当于讨论复议）——下诏（相当于决议）——再审核（相当于再复议）——执行。决策过程被细化，各个环节之间有着相互制约的技术，这本身也是政府运行科层化的重要体现。所以政治体制上、政府运行整体上都有行政化的趋向，而司法权同样也会受到此种影响——实际的审判事务与司法机构内部管理之间形成某种分工制约。在这个意义上，似乎可以看到传统司法权一分为三的雏形：审判权、司法行政权、司法监察权。它们体现出政府整体运行行政化之下，机构与机构之间、机构内部之间分工制约的基本做法。当然，与其他行政权相比，三种权力（审判权、司法行政权、司法监察权）相互之间制约的程度更深，审判权被渗入监察权则是该种趋势的集中体现。

其次，从尚书台内部的设置而言，上下级关系日渐规范，反映出整个官僚体系正走向成熟。在三公的背景下，除了总领关系，长官对于其他属官有着绝对的人事权力，私人依附关系浓厚。但至东晋时期，尚书令、仆射与诸尚书、丞、郎之间皆为国家的正式官吏，除了尚书令由皇帝亲自任命，其余属官皆由吏部提名，皇帝批准。左丞甚至可以监督、弹劾尚书令在内的"八座"。长官私人色彩减弱，国家官僚的属性更加突出。

同时在尚书省的整体运行中，尚书令虽然职权很重，但一般也不轻易干涉具体的事务，尤其是各曹尚书处理事务仍保留

第三章 传统政治体制变迁下的中央司法机构：司法权的嬗变

有较大的独立性，这也为日后六部制度的完善奠定了基础。这种弹性式的隶属关系其实对未来刑部的运行风格具有重大影响：一方面，这个部门相较于大理寺具有更加成熟的官僚制度，上下级之间职权更加明确；另一方面，为了便于管理，它的科层化程度往往会更深：较之前长官开府、其余属官皆为其选定的"私人化"风格，尚书各曹国家官僚的属性更加容易形成内部分工、彼此制约的运行机制。

最后，尚书台崛起的同时，诸卿依然存在，所掌的职能虽多有重复，但从政府未来的发展方向上看，诸卿的职能正逐步被架空、吸收于（尚书台）各部。具有浓厚帝王私臣色彩的机构设置风格正逐步没落，代之兴起的是更具制度性、规范性的百官体系和中央政府。为此，后世大理寺的职能日渐收缩，刑部职能日益扩张；当然，这本身就是国家官僚制度逐步成熟，君主权力与政府权力边界逐步清晰的集中体现和结果。

三、三省六部制时期：平衡和挑战

经历了魏晋南北朝的动乱，最终以军事方式统一于隋唐，中国又进入到一个相对长期稳定的时代。隋唐集南北朝政治制度之大成，基本完成了由三公九卿制到三省六部制的转变。将政府权的科学、规范运行与帝王个人的宏观、灵活执政相互结合，使得政府和君主之间形成了一个相对"和谐"的关系；尤其是前期治世，堪称君臣互动的典范。投射到司法领域中，源于九卿的大理寺和属于尚书台的刑部之间也总体呈现为，相互合作多于相互制约。当然，随着后期中央权力逐步旁落甚至失控，大理寺和刑部也面临着如何有效帮助君权控制地方司法的挑战。当然历史证明，更具科层化的刑部最终获得了君主的青睐。

隋代的统治过程和结局，使得唐王朝不仅在思想意识上有所警觉，且从制度层面上及时进行了调整，令各方权力达到一个最为合适的状态，从而使中华法系达到了一个新的高峰。就具体制度的创新而言，隋朝实则更甚，但却碍于享国时间过于短暂而无法进一步推行。唐朝则以其开明的政治态度、优秀的统治集团令隋代制度改革的成果得以延续。

隋唐中央政府已形成了以三省六部为核心、各寺署为辅助的政治体制。魏晋南北朝时期各曹职能不清、尚书与九卿之间界限不明的状态有所遏制。中央处理司法事务的机构集中于刑部和大理寺，且两者之间又有着明确的分工——前者着重于处理司法行政事务，后者着重于处理审判事务。但在某些特殊情况下，这两个机构的职能又在相互配合。

隋朝司法机构的设置虽更具初创意义，但真正成熟并稳定运行是在唐朝。形式上，唐代对于后世的影响也更为深远。故本节将主要围绕唐代刑部、大理寺展开。

（一）隋朝时期的中央审判机构

大理寺

南北朝时期，尚书机构的壮大在一定程度上侵夺了包括廷尉在内的"九卿"的职权，这甚至在当时还引发过关于如何处理两者之间关系的争议。隋初年，这样的争论仍然在继续，甚至更进一步了。开皇初年，已经开始有了关于大理寺废除问题的争论。可见，从另一个角度似乎可以推断，以中书、尚书为代表的机构职能继续扩展。当时的内史侍郎卢思道就上奏，坚决认为大理寺不可废除，理由是"省有驾部，寺留太仆；省有刑部，寺除大理。斯则重畜产而贱刑名，诚为未可"。[1] 该提

---

[1] 《隋书》卷57《卢思道传》。

第三章 传统政治体制变迁下的中央司法机构：司法权的嬗变

议最终得到了隋文帝的支持，这才令大理寺得以保留。

根据史料记载，至南朝北齐时代，已有御史台、都水台、谒者台、卫尉寺、大宗正寺、太仆寺、大理寺、鸿胪寺、司农寺、太府寺、国子寺、长秋寺、昭玄寺等机构。隋初在延续这一传统的同时，至大业三年（607年）恢复了太常、卫尉、宗正、太仆、大理、鸿胪、司农、太府等九寺以及国子、将作、都水、长秋和少府五监的设置。

相关官员品阶亦有所变化。炀帝时期，将文帝时期的十一寺改为九寺，大理寺卿品阶降为从三品（原来为正三品），大理寺少卿增设二人，为从四品。包括大理寺在内的"诸寺上署令，并增为正六品，中署令为从六品，下署令为正七品",[1] 从而在官阶上正式明确了诸卿为尚书六部的下级，行政科层划分更为规范。

刑部

隋政权承袭北周，根据前文可知，当时北周大兴复古之道，在官员的设置上也依据《周礼》，设有天、地、春、夏、秋、冬六官。其中秋官府以大司寇卿为长，小司寇、上大夫二人为副，主掌内容包含司法刑律狱政监察。所辖的二级机构以及职能主要有：刑部掌刑法；掌朝典朝仪，司察非违；布宪掌治安；藩部掌诸侯觐见；宾部掌宾客接待；司隶掌盗捕执囚。之下还设有司要、司调、田正等官吏，但职能不详。各个官署也设置有中大夫、下大夫主理其职。例如，大小司寇"掌刑邦国"，其下刑部中大夫"掌五刑之法，附万人之罪"。[2]

隋文帝在开皇三年（583年）对中央机构进行了改革，废除北周六官之制，代之以"汉魏旧制"，复用北齐之制，逐步确

---

〔1〕《隋书》卷28《百官志下》。
〔2〕《通典》卷25《职官七》。

定了三省六部制在政府的中枢地位。隋初中央政府包括三师、三公、五省、二台、十一寺、十二卫府等机构。其中门下省负责诏书的出纳，内史省负责诏书的起草，尚书省负责诏书的执行。三省的基本职能划分较前代更为清晰，也是国家政务运行的中枢。在尚书省内部，分设有吏部、礼部、兵部、都官、度支、工部六部，其中在开皇三年将度支部改为民部，都官部改为刑部，由此定制。

整个尚书省设置左、右仆射和六部尚书为常置行政首脑，地位高于内史、门下省的长官，为正三品。六曹尚书之下设有侍郎，各主一事。"都官尚书统都官侍郎二人，刑部、比部侍郎各一人，司门侍郎二人。"[1]后隋炀帝在大业三年（607年）又再次进行了改革，形成了五省、三台、九寺、五监、十二卫的体系。就尚书省而言，正式形成了吏、民、礼、兵、刑、工六部。文帝时期，各部内置共有三十六个侍郎，分领二十四司，侍郎是各司的长官而不是六部的次官；炀帝则于六部各置一名侍郎作为尚书的副贰，而诸司侍郎均改称为"郎"。刑部郎称为宪部郎，其余皆以都官郎、比部郎、司门郎称之，此奠定了后世刑部下属四司的做法。

在职能上，各司分工也开始逐步清晰明确。"刑部郎曹掌刑法。"都官曹最初执掌"非违得失事"，后改都官尚书曹曰刑部，其职能也有所改变，负责"簿录配没官私奴婢，并良贱诉竞、俘囚之事"。[2]比部曹掌"诏书律令勾检等事"，司门曹掌"门籍、关桥及道路、过所阑遗物事"。[3]总体而言，此时的刑部主掌包括起草律令、管理司法文书、负责社会治安等在内的综合

---

[1]《隋书》卷28《百官志下》。
[2]《唐六典》卷6《尚书刑部》。
[3]《通典》卷23《职官五》。

第三章 传统政治体制变迁下的中央司法机构:司法权的嬗变

性司法行政事务。

隋初期,刑部与大理寺虽在实践中各自分工不同,但也存在模糊的情况。例如,在死刑复核程序上,直到开皇十二年(592年),文帝下诏才正式区分了刑部与大理寺之间的分工:"诸州死罪,不得辄决,悉移大理按覆,事尽,然后上省奏裁。"[1] 这表示,若当时地方州一级官员审理有可能判处死刑的案件,并无权终审;初审之后必须移送大理寺处理,待大理寺审理完毕,移送尚书省刑部等待复核。从此程序可以看到,虽然大理寺与刑部对死刑案件的诉讼程序皆有参与的权力,但大理寺类似取得一个形式上的终审权,刑部类似取得一个行政复核权,死刑案件的诉讼程序在技术上需要由"初审+复审+复核"三个环节共同组成。刑部所复核的内容更多针对大理寺先前的审判工作展开,大理寺复审的权责则更多针对案件本身的展开。

隋朝复杂的死刑复核程序对后世的影响很大,之后的宋元皆有部分继承,明清时期更是形成独特的"会审"制度,将死刑案件从普通案件中区分出来。该传统直到当下依然被延续。隋朝确立针对死刑案件的特殊诉讼程序,这对当时司法体系的内部关系同样也是一次考验。首先,司法系统内部对死刑复核程序开始有了明确的分工。至此之后,历朝均至少有两个以上机构参与其中。就权力性质而言,往往体现为司法审判权与司法监察权的结合。其次,本质上,死刑的最终裁决(形式上必然需要皇帝批准)以大理寺的审判活动为先,刑部的复核裁决为后,这也在一定程度上反映出审判权与(司法)行政权在逐步分野的同时具有了高下之分。审判权虽为处理案件的核心步

---

[1]《资治通鉴》卷178《隋纪二》,亦见《隋书》卷25《刑法志》。

骤，但单独适用并不具有实际的既判力；复审之后，依然需要经过行政权的裁决。尽管当时的司法复核权并不完全针对案件本身，而是对大理寺和其他审判机构的判决结果（包括整个审判过程）进行复查。由此也可以一窥我国古代司法活动行政化的倾向。

（二）唐代的中央司法机构

从国家机构设置与权力博弈的角度而言，唐代的君主权力与政府职能恰好处在一个相对平衡的位置——将行政型政府之高效管理与开明君主之宏观主导的优点相互结合，令该种国家管理模式的功能得到最大限度的发挥。

关于本章节的讨论，需要注意两点：①由于古代社会政府运行模式的特殊，即使是审判事务也不仅限于当下理解的那样纯粹，许多程序需要将审判与行政事务交叠在一起才能形成一个完整的流程（诉讼程序），才具有法律效力。为此，不应简单割裂他们各自的职能。②本书仍然需要对当时政府权力运行的整体情况进行简单梳理，尤其是最为重要的"三省"中枢。"三省"尽管不是专门的司法审判机构，但我国政治中枢自古具有集中议事的传统，在实践中这往往对审判事务具有重大影响——尽管它仅仅出于一种政治传统，而在书面典籍中并无特别明确规定。

1. 三省的运作与司法权

代隋而起的唐高祖李渊为隋炀帝的亲表哥，两家皆为北周关陇勋贵将门之后，故立国的指导思想上有着相似的习惯，为关中本位政策。在政府体制上，大体采用的是"官名称位，皆依隋旧"，"随时署置，务从省便"。[1] 故《新唐书·百官志一》在一开头就提道："唐之官制，其名号禄秩虽因时增损，而大抵

---

[1]《旧唐书》卷42《职官志一》。

第三章 传统政治体制变迁下的中央司法机构：司法权的嬗变

皆沿隋故。其官司之别，曰省、曰台、曰监、曰卫、曰府，各统其属，以分职定位。"至唐开元二十六年（738年），唐玄宗下令主编的《唐六典》，其中正文详细地介绍了盛唐时期各级政府机构的建制以及职能，由此作为唐前期官制变革的总结。

唐朝时期，"六省"是整个中央政府运行的中枢部分，其中"三省六部"则是整个权力中枢的核心。如图所示，唐中央政府主要机构的基本构成有：

另有：①一台：御史台；②九寺：太常、光禄、卫尉、宗正、太仆、大理、鸿胪、司农、太府；③其他：三师[1]三公[2]五监[3]诸卫[4]诸卫府。[5]

总体而言，唐代三省作为朝廷处理政务的中枢核心，其分工已经相对明确。"唐初每事先经由中书省，中书做定将上，得旨再下中书，中书付门下。或有未当，则门下缴驳，又上中书，中书又将上，得旨再下中书，中书又下门下。若事可行，门下即下尚书省，尚书省但主书填'奉行'而已。"[6] 唐太宗也曾

---

[1] 三师：太师、太傅、太保。
[2] 三公：太尉、司徒、司空。
[3] 五监：国子监、少府监、军器监、将作监、都水监。
[4] 诸卫：左右卫、左右骁卫、左右武卫、左右威卫、左右领军卫。
[5] 诸卫府：左右金吾卫、左右监门卫、左右千牛卫、左右羽林卫、诸卫折冲都尉府等。
[6] 《朱子语类》卷128《本朝二》。

表示说："中书、门下，机要之司"。[1] 三省的实际长官分别为：门下省门下侍郎（正四品上）、中书省中书令（正三品）、尚书省左右仆射（从二品），为当时当然的宰相之一。

三省的最高长官有权参与对死刑案件以及其他重大案件的审理，通常采用"集议"等非程序的方式进行。唐太宗在贞观三年（629年）曾下诏："自今天下大辟罪，皆令中书门下四品以上，及尚书议之。"[2] 这里的四品以上官员包括中书令、门下侍中以外的两省副贰、中书侍郎、门下侍郎与谏官左右散骑常侍。[3] 故在当时，若需要对死刑案件进行最高一级复议，需要有尚书省左右仆射、左右丞以及六部尚书等九个方面的官员参与，这就是后世所谓的"九卿议刑"制度。后在贞观五年（631年），出于对死刑案件的重视，太宗下诏："比来有司断狱，多据律文，虽情在可矜而不敢违法，守文定罪，或恐有冤。自今门下省复有据法合死，而情在可矜者，宜录状奏闻。"[4] 从此，对上报中央的死刑案件除了"九卿集议"之外，还需要经过门下省的复议。

中书省

中书省的主要职能是负责起草诏书和批劄章奏，其性质相当于为君主立言。中书省的三级政务官（中书令、中书侍郎、中书舍人）可以皇帝的名义批劄各司的奏章，书草诏令制敕。当然，这都需要经过门下省的反复讨论，"旨宣署申覆，然后行焉"，[5] 指的是向上级或者有关机构申请审核，这里是指起草

---

[1]《资治通鉴》卷193《唐纪九》。
[2]《唐会要》卷40《君上慎恤》。
[3]《唐会要》卷54《省号上》。
[4]《贞观政要》卷8《刑法第三十一》。
[5]《新唐书》卷47《百官志二》。

第三章 传统政治体制变迁下的中央司法机构：司法权的嬗变

官员需要向他的上级申请审核草拟诏命，经门下省长官讨论同意后，方能以门下机构的名义下发。中书令和侍郎以丞相的身份负责诏书的把关，具体运笔的为中书舍人。中书舍人的工作主要为"专掌诏诰，侍从，署敕，宣旨，劳问，授纳诉讼，敷奏文表，分判省事"。[1] 唐代中书省在司法运行中的作用和影响主要体现为以下几个方面：

第一，"五花判事"制度和"六押"制度。即中书舍人先对各类文书进行批阅浏览，提出初步的意见，再移送中书令等高级官员定夺。"故事：凡军国大事，则中书舍人各执所见，杂署其名，谓之五花判事。中书侍郎、中书令省审之，给事中、黄门侍郎驳正之。"[2] 由于当时"杂署其名"的标注是通过各个舍人以按手印的方式，故五个"商量状"的标志恰似五朵金花，而得此雅号（一人提议，其余五人按手印的表示同意）。

《唐六典》虽没有具体记载"五花判事"，但详细记载了"六押"制度——"六人分押尚书六司，凡有章表皆商量，可否则与侍郎及令连署而进奏"。[3] 当时，共设有中书舍人六人，分别各自负责尚书六部呈送的"章表"，"故事：舍人六员，各押尚书省一行，天下众务，无不关决"。[4] 负责对口刑部的中书舍人，自然也会对司法事务多有介入。正常情况下，各部上奏皇帝的奏章，需要对口的中书舍人、侍郎等堂官连署。

第二，与给事中、御史大夫一起组成"三司"，受理天下留滞的案件，"凡察天下冤滞，与给事中及御史三司鞫其事"。[5] 胡三省在《资治通鉴》中注明："唐制：凡国之大狱，三司详决。

---

[1]《通典》卷21《职官三》。
[2]《资治通鉴》卷193《唐纪九》。
[3]《唐六典》卷9《中书舍人》。
[4]《通典》卷21《职官三》。
[5]《唐六典》卷9《中书令》。

三司,谓给事中、中书舍人与御史参鞫也。今令三省与大理参鞫,重其事。"[1] 例如,贞观年间发生了太子承乾谋反一案。该案就是由长孙无忌、房玄龄等重臣与大理寺、中书、门下共同参与鞫之。

中唐以后,中书省对于司法的实际干预有所减弱。故元和元年(806年)曾下诏重申,凡大理寺、刑部详细审理裁决过的案件都必须报中书省裁量,"今后先付法司。具轻重闻奏。下中书令舍人等参酌。然后据事例裁断"。[2] 穆宗时期,又下诏:"长庆初,上以刑法为重,每有司断大狱,又令中书舍人一员,参酌而出之。百司呼为'参酌院'。"[3] 太和四年(830年),下诏再次强调案件经大理寺结断,刑部详复后,但仍然需要"委中书舍人。举书其轻重出入所失之事。然后出"。[4] 综合上述可知,对于案件审理,尤其是重要案件,纯粹的司法审理往往是第一步,之后还需要一个乃至更多行政机构的复核才能够保证整个司法判决的生效和执行,才是实际意义上诉讼程序的完整过程。相关复核机构往往是通过对司法官员本身、案件的卷宗、公文往来等进行监督。从技术上,这一方式更多是出于对案件审理机关工作的监督,具有事后司法监察性质,从而保证他们之前所处理案件结果的公正。

门下省

唐代门下省的主要职能是"出纳帝命"。门下省的工作流程在《唐六典》中描述得颇为简单:

> 覆奏书可讫,留门下省为案。更写一通,侍中注"制

---

[1]《资治通鉴》卷197《唐纪十三》。
[2]《唐会要》卷55《省号下》。
[3]《唐国史补》卷下。
[4]《唐会要》卷55《省号下》。

第三章 传统政治体制变迁下的中央司法机构：司法权的嬗变

可"，印缝，署送尚书施行。[1]

简单而言主要包括：来自中书省的重要敕令需经过门下三级政务官（侍中、门下侍郎、给事中）审阅，然后向皇帝复奏，由皇帝"画可"（皇帝亲笔在中书诏书上写"可"或"敕"，表示同意）。经由此的诏书需要在门下省存档，经门下书吏抄写后交予侍中画押，再交由所有的审议者，包括侍中、侍郎、给事中分别署名，此诏书方才成为门下敕诏。在交由尚书省执行之前，还需要"印缝"，即盖上皇帝玉玺，密封好下达到尚书省。

门下省的主要执行官员是给事中，"掌侍奉左右，分判省事。凡百司奏抄，侍中审定，则先读而署之，以驳正违失。凡制敕宣行，大事则称扬德泽，褒美功业，覆奏而请施行；小事则署而颁之"。[2] 对于司法事务而言，门下省除了通过对诏书的封驳给予间接影响之外，最为直接的参与就是给事中以"三司"之一的身份正式参与案件审理，并拥有监督、谏诤等权力。白居易有云："给事中之职，凡制敕有不便于时者，得封奏之；刑狱有未合于理者，得驳正之；天下冤滞无告者，得与御史纠理之；有司选补不当者，得与侍中裁退之。"[3]

总体而言，门下省对当时司法事务的介入主要体现有四：①门下省的长官（侍中）与其余二省的长官等参与"九卿议刑"——作为全国死刑案件或其他重大案件的最高审级进行审理。太宗曾在贞观元年（627 年）下诏："自今以后，大辟罪，皆令中书、门下四品以上及尚书九卿议之。"②参与复核死刑案件。太宗在贞观五年（631 年）又下诏曰："比来有司断狱，多

---

[1]《唐六典》卷 8《门下省》。
[2]《唐六典》卷 8《门下省》。
[3]《白居易集》卷 48《郑覃可给事中制》。

据律文，虽情在可矜而不敢违法，守文定罪，或恐有冤。自今门下省复有据法合死，而情在可矜者，宜录状奏闻。"[1] ③以"封驳"的形式给予司法事务监督。"刑狱有未合于理者，得驳正之。"[2] 例如，贞观十六年（642年），刑部曾奏议要修改《唐律》中的《盗贼律》，要求对反逆者兄弟株连，并处死刑。当时此事被要求"八座详议"。[3] ④对于天下滞冤的案件给予监督，甚至可以驳回审理结果，要求重审。"天下冤滞无告者，得与御史纠理之。"[4] 对刑部、大理寺审理裁决的案件，若认为在适用罪名或者量刑上有所不当的，给事中皆可予以驳回，案件会被退回原机构重审。"凡国之大狱，三司详决，若刑名不当，轻重或失，则援法例退而裁之。"[5] 这往往以"三司受事"的形式进行：

> 每日令御史一人其给事中、中书舍人受辞讼。若告言官人事书政者及抑屈者，奏闻；自外依常法。[6]

"三司受事"是唐代日常性的司法活动，主要指的是给事中、中书舍人、御史各一人每日在朝堂轮流值班，负责接收词状、理问怨滞，承担上诉的职能。主要针对的是刑部、大理寺以及地方政府核办的案件，若有程序或者实体不妥之处，可以直接驳回原单位重新审理。当然，此时的"三司受事"更多为一个日常审判监督机构，故一般不进行直接审理，而是采用书

---

[1] 《贞观政要》卷8《论刑法》。
[2] 《白居易集》卷48《郑覃可给事中制》。
[3] "八座会议"是当时唐代中央政府集体办公共同行使职权的组织形式。
[4] 《白居易集》卷48《郑覃可给事中制》。
[5] 《唐六典》卷8《门下省》。
[6] 《唐六典》卷8《门下省》。

第三章 传统政治体制变迁下的中央司法机构:司法权的嬗变

面审理的方式。[1]

尚书都省

尚书省是唐代最为核心的政府机构,主要由尚书都省、六部、二十四司等机构组成,没有文属。其中尚书都省为尚书省的直属办公厅,又称都尚、都司、都台。主要官员以及品阶、职能如下:

官名	品阶	数量	其他
尚书令	正二品	久阙	由于太宗曾担任此职,为避讳,故后不以此授官。
左丞相	从二品	1人	即左仆射,"掌统理六官,纲纪庶务",但不久后便逐步虚化为荣誉性质的虚衔。
右丞相	从二品	1人	即右仆射,同上。
左丞	正四品上	1人	都省的实际领导者,掌辖诸司,纠正省内,勾吏部、户部、礼部十二司,通判都省。
右丞	正四品下	1人	掌理兵部、刑部、工部十二司。
左、右司郎中	从五品上	各1人	左司为左丞额副贰,协助左丞管理所令诸司事,省署钞目,勘稽失,知省内宿直之事。右司郎中为右丞副贰,掌同左司郎。
左、右司员外郎	从六品上	各1人	武后时期新置,郎中、员外郎各掌付十二司,"以举正稽违,省署符目"。

注:其余人员编制有:都事六人、主事六人、令史十八人、书令史三十六人、亭长六人、掌固十四人,整个尚书都省正式在编官吏人数共计约九十四人。

初唐时期,左右仆射地位尚隆,被视为正宰相之一。尚

---

[1] 参见陈玺:"唐代司法'三司'制度考论",载《云南大学学报(法学版)》2007年第4期。

都省的日常工作中刑狱占据了重要的位置。太宗曾说："公为仆射，当须大开耳目，求访贤哲，此乃宰相之弘益。比闻听受词诉，日不暇给，安能为朕求贤哉!"[1] 可从侧面反映当时左右仆射忙于刑狱之事。高宗时期，左右仆射仍忙于词讼，"戴至德为右仆射。每遇伸诉冤滞者。仁轨辄美言许之……由是时誉归于仁轨。常于仁轨更日受词讼"。[2] 后来尚书都省日常工作实际负责人为左丞和右丞，"尚书细务属左右丞，惟大事应奏者乃关左右仆射"，[3] 左右仆射成为一种荣誉性的官职，并不负责具体事务。

尚书都省的内置机构主要由都堂以及左右司组成，都堂为会议大厅，是召开"尚书八座"会议的地方。左右二司为职能机构，是六部的上级，分别由左右丞统领。都省的左右司并不直接干预各部的具体事务；对各部的影响主要通过"勾检"制度来完成。"勾检"为一种行政督导的手段。尚书左右仆射、左右丞还具有司法监督职能。若有人（例如当事人）对地方州县的判决不满，可上诉至尚书都省左右丞，再不满，则继续上诉至中央的三司。唐代律法规定，"如未经尚书省，不得辄入于三司越诉"，[4] 这说明对于有争议的案件必须先经过尚书省的复核监督，而后才得进行"三司审理"。在武后期间，曾记载狄仁杰有上奏，称"左、右丞，徒以下不句；左、右相，流以上乃判"。[5] 可见，当时尚书省对各地移送案件的处理已经开始有着初步审级分层的色彩：较低品阶的官员无权处理重大案件，必须移交高级官员处理。此种模式的优点是：有利于提高效率，确保案件审办的质量。故有唐人盛赞左右丞："纪纲中省，赞贰

---

[1]《大唐新语》卷1《匡赞第一》。
[2]《唐会要》卷57《左右仆射》。
[3]《唐会要》卷57《左右仆射》。
[4]《唐会要》卷57《尚书省》。
[5]《资治通鉴》卷204《唐纪二十》。

六卿，掌决百事，枢辖六曹。"[1]

2. 大理寺、刑部、御史台

大理寺与刑部同是唐代的中央司法机构，就该机构内部以及具体职能分工，本书会在第四章、第五章着重展开，在此仅作简略描述。

刑部为尚书省六部之一，排名第四。负责司法狱政，领有刑部、都官、比部、司门四司。刑部司负责辅佐尚书、侍郎掌律法；按覆大理寺以及全国所有死刑判决的案件；与御史中丞、大理寺卿组成"三司"，会审重大案件；代表国家发布赦令。都官司负责对俘虏、奴隶簿录的管理，并给予衣粮医药，负责其诉讼的案件。如果为造反谋逆类的政治类案件，都官司负责没收其家口为官奴或免除其奴婢身份等事务。比部司掌理内外赋敛、经费、俸禄、勋赐、缺乏物资，以及军用物资、器械、勾复审计等事务。

唐代依然保持有"九寺五监"的传统设置，并且在《唐六典》中明确界定为中央政府的办事机构，视为六部的下级机构。从机构的人员编制上可知，当时尚书省的正式编制一共才1291人，但是九寺五监由于管理事务庞杂，上至审判，下至供膳，故人员编制共计约11 312人。[2] 大理寺为中央审判机构，专掌审判刑罚事宜，凡罪犯至流刑以上，皆需要移送大理寺详而质之，后申报刑部。大理寺人员编制共计约258人，长官为大理寺卿一人，从三品；少卿二人，从四品上；大理寺丞六人，从六品上。卿、少卿、丞总掌判刑的轻重。大理寺正二人，负责刑法科条参议用刑之轻重。大理寺司直、大理评事若干人，主

---

[1] 《文苑英华》卷285《孙逖撰制文中语》。
[2] 鹿谞慧、曲万法、孔令纪主编：《中国历代官制》（增订本），齐鲁书社2013年版，第197页。

要负责案件的推按，接受命令出使地方审理案件，具有钦差大臣的身份。若遇到重大案件，往往采用大理寺、刑部、御史台三司长官或者高级官员会审的形式。

唐代以前，御史台之前身（长官）为"御史大夫"，其作为"三公"之一，具有匡正君主言行的职能，对朝廷百官有监督弹劾的权力。刑部、大理寺作为从事司法事务的部门自然也在御史台的监督范围之内。但与前代有所不同的是，随着君主权力的加强，朝廷的监察体系虽整体上得到了加强，但却并非平均用力。从中央到地方监察体系的膨胀更多着力于加强君主对政府运行的控制（对下式的监督），但大臣对君主言行施政提出建议的监察方式却被削弱了（对上式的建议）。

（三）小结：部寺关系：新旧机构背景下的磨合

综合上述，我们大致可以明确在唐代三省六部的体系下，六部（包含刑部）与寺监之间多有职能的重合，但这并非制度的刻意设计，而是多有历史的遗留问题。

寺监从汉代的诸卿发展起来，而尚书台的前身则是皇帝的秘书机构，为此整个中央政府就形成了两大板块：作为国家正式官制遗产的外官系统——寺监；作为皇帝个人权力扩张推动形成的内官系统——三省六部。随着处理国家事务的日渐繁杂，这两大块机构之间的磨合程度也逐步加深。就"都省"的运行而言，左、右丞长官代表都官省管辖的并不是六部，而是部下所设的司。唐代六部一共设有二十四司，六部在实际运作中的基本单位是"司"而并非"部"，各司均拥有各自管辖范围和独立官印，相互之间不隶属，直接向都省而非部级官员负责。故尽管形式上，尚书省在组织结构上呈现出"都省—部—司"的三级架构，但是实际运转的却是"都省—司"两级结构。所以，六部二十四司与寺监之间形成了业务对接。下表就是唐代

第三章 传统政治体制变迁下的中央司法机构：司法权的嬗变

二十四司与各寺监之间的职能对口情况[1]：

六部	吏部	户部		礼部				兵部		刑部	工部	
诸司	司封	仓部	金部	主客	膳部	礼部	祀部	库部	驾部	刑部	工部	
寺监	宗正	司农	太府	鸿胪	光禄	国子监	太常	卫尉	太仆	大理寺	少监府	将作府

综合上文，从唐代六部处理日常事务的基本模式，本书大致可以得出如下观点：

第一，唐代六部在具体事务处理中有虚化的趋势。虽然六部之下设有二十四司，但是即便在一个"部"，其下司所统辖的职能之间并无十分密切的联系。以刑部为例，除了刑部司主管司法审判之外，尚有比部司掌理财政、审计事务。这与司法事务并无直接统辖关系。所以虽然此时形成了六部格局，但具体到下属各司，却仍然保留了尚书台形成初期各曹分类理事的部分传统；而在此基础上形成的六部也并非一个具有严格对口、职能紧密衔接的高度一体化机构。二十四司的统辖原则依然建立在对国家政务初步分类的基础之上；在实际事务中六部与各司之间依然是一个零散的格局。当然，这并不表明二十四司之上的六部划分无意义，它恰恰反映了那个时代国家对各类政务处理轻重缓急的一个大致看法。

从该时期中央政府的机构设置可以推测，此时的"三法司"，与后世所言的"三法司"并不完全相同。至少在刑部的运行方式上，行政机构的科层设置尚没有后世那样严密，刑部尚书对于各司具体运作的影响也并不深刻，在司一级尚能保持一

---

[1] 参见吴宗国主编：《盛唐政治制度研究》，上海辞书出版社2003年版，第103页。

定的独立性。所以，从本质上来说，尚书机构与寺监之间的磨合在此时期并没有全部完成。隋唐更多体现了对魏晋南北朝时期官制的继承、总结。真正将六部职能整合完毕，形成以"部"为基本行政运行单位则是通过"使职差遣"制度，最终到宋代才得完成。

第二，在寺监与六部二十四司之间的关系上，学者们的观点颇有不同。有学者从行政学政务分工的角度认为，六部属于政令机关，寺监属于事务机关。[1] 但两者在统辖上并无直接关系。在六部虚化的背景下，"司"一级往往通过尚书省与寺监沟通。从这个意义上，大理寺至少与刑部保持在一个职能上的相互配合，但在具体的人事管理上并无从属关系。所以可以在一定程度上认为，此时大理寺与刑部的关系，相互配合的程度大于相互制约的程度。

第三，正如前文中提到，寺监的职能更具有为皇帝提供私人服务的色彩，尚书台的职能更能体现国家机构进行社会治理的角色定位。但这样的趋势到了唐代也出现了某种变化：一部分寺监与诸司在工作中形成了对口关系，两者在具体职能上越来越体现出趋同性。例如，刑部司与大理寺之间形成的对口关系就是一个典型例子。司法权作为一种对内管理的有效手段，越来越具有共通性（无论是针对百姓还是官吏，都可以采用律法治理），律法已经成为统治者驾驭国家权力和治理社会的基本手段，这本身也是司法权在国家权力体系中日渐重要的根本原因。

---

[1] 严耕望："论唐代尚书省之职权与地位"，载严耕望：《严耕望史学论文选集》，联经出版事业股份有限公司1991年版，第321页。

第三章 传统政治体制变迁下的中央司法机构：司法权的嬗变

四、二府三司制时期：一次尝试和回归"传统"

经历了隋唐时期，新旧机构之间在经历漫长的磨合期之后呈现出更为成熟、完善的职能关系。宋代特殊的地缘政治，使得财政和军事地位凸显，为此在三公九卿制的基础上形成了"重点突出"的二府三司制。宋代君主以"强干弱枝"的统治原则对抗新崛起而又强势的文官集团。在司法领域，君主发动手中的权力，尝试设立一个崭新的机构——审刑院，直接对司法权进行控制。审刑院的设立打破了原有司法体系的平衡，经历不到百年，最终因为种种原因被废罢。宋中后期，形式上虽恢复三司建制，但实际职能却早已"貌合神离"。

（一）强干弱枝的权力设置

由于宋朝统治建立时所具有的政权割据背景和其创立者的特殊经历，都使宋代在立朝开端，就从制度设计上严防上述事件的重演。这也令宋朝形成了有别于唐代的特殊治国理念：一为权力配置上推行"强干弱枝"，防止地方势力坐大威胁中央；二为强调"文人治国"，防止军人手握重兵篡夺权力。

在此基础上，一方面，庶民伴随着"文人治国"的要求，历经科举考试，不断进入到统治集团中。另一方面，北方政权的军事威胁始终伴随着宋代，使得宋朝政府对内统治的方式不得不相应地作出调整。司法事务作为政治统治的重要支柱，也必然深受此背景的影响。统治集团的"文官化"，使得各项制度的操作更加精细，令文牍之风盛行。但同时也带来了党争背景下，官员犯罪"集团化"的倾向。这固然与唐以来门阀贵族统治衰落、平民精英统治崛起有直接关系，但也与宋代机构设置强调"分权制约"的运行模式息息相关。例如，在司法系统设置上更加精细化，审判技术被一分为二，出现"审断分离"等断案技术。

有宋初年,依然延续了唐代中央司法体系的基本格局,以刑部、大理寺、御史台三方作为最核心的司法机关。淳化二年左右(991年),该格局出现了某种变化——新设了一个崭新的司法机构——审刑院。当时审刑院主要负责对地方移送案件的详议。即成立审刑院后,地方案件移送中央的基本流程是:地方—审刑院—大理寺—刑部—审刑院。但该机构存续时间不到百年,最终在元丰三年(1080年)被并入刑部,中央司法体系最终从形式上恢复为传统"三司"的格局。

宋代中央政府的权力运作是了解当时司法系统政治地位和与其他机构关系的重要背景。唐代后期随着禁军势力的崛起,代宗永泰年间(727年至779年),设立了由宦官充任长官的"枢密院",代表皇帝负责掌领禁军。五代时期的后梁将其改名为"崇政院",仅仅参与内廷的事务,"未始专行事于外也"。[1] 至后周时期,枢密院逐步不干预民政。

北宋建立之初,尚沿袭五代遗风,以宰相兼任知枢密院事。至乾德年间(963年至968年),太祖改革中央体制,将民政与军政分开,建立了中书门下、枢密院两省。中书门下设立在朝堂之西分别掌理行政事务;枢密院则设立在中书门下省的背面,掌理"天下兵籍、武官选授及军师卒戍之政令"。[2] 太宗即位后,北宋人口不断增加,财政的地位日益凸显,将原本中书门下、枢密院的"二府"结构改为"凡政事送中书,机事送枢密院,财货送三司,覆奏而后行"[3] 的财、政、军"三府"制。后熙宁年间(1068年至1077年),王安石主持了一系列的改革,

---

〔1〕《新五代史》卷24《安重海传》。
〔2〕《宋会要辑稿·职官一十四》。
〔3〕《续资治通鉴长编》卷31"淳化元年庚寅"。

第三章 传统政治体制变迁下的中央司法机构：司法权的嬗变

其中就包括设置"三司条例司"等措施，用以分割三司的职能，打破了宰相不干预财政的惯例。同时扩大了中书省的权力，其中包括将刑狱权归于中书。当时宰相曾公亮以"中书论正刑名为非"为由，表示坚决反对。但王安石表示："有司用刑不当，则审刑、大理当论正；审刑、大理用刑不当，即差官定议；议既不当，即中书自宜论奏，取决人主。此所谓国体。岂有中书不可论正刑名之理。"[1]

在神宗主持的"元丰改制"中，罢黜三司归于户部，枢密院得到保留；以三省（尚书、中书、门下三省）取代中书门下省，形成了三省与枢密院共掌朝政的中枢体制。

根据宋代中央政府的基本权力运行方式和原则，本书总结大致如下：

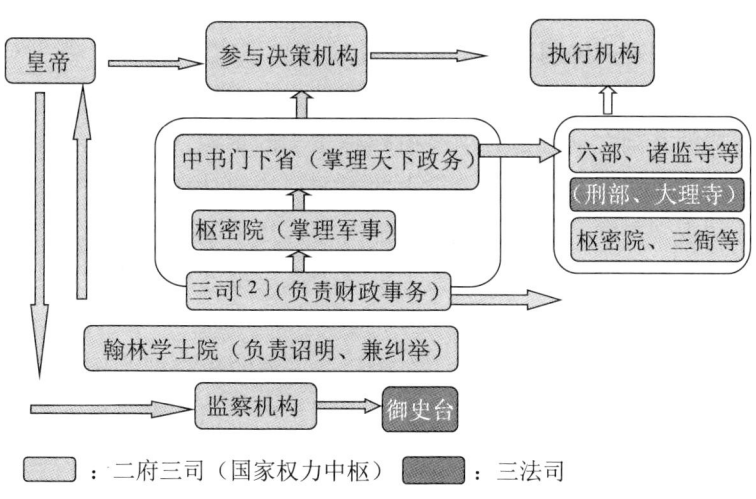

――――――――――

[1]《宋史》卷201《刑法三》。
[2] "三司"是指盐铁司、度支司、户部司。元丰改制之后，三司被罢废，其执掌归于户部、工部等。

· 091 ·

综合上述图文可知，宋代政府运行中，军事、财政地位日益凸显，打破了原来三省为朝政中枢的模式，形成了行政、财政、军事三大管辖机构，这与后世明清皆有不同。关于宋代特有的政治体制，需要注意以下几个方面：

第一，关于中央决策体系：主要为中书门下、枢密院、三司的长官以及翰林学士。直到"元丰改制"之后，皇帝废除"三司"，又恢复到唐代的三省制度。在宋朝，门下省主要负责：①收纳全国的案牍，然后分送到各个机构；②需要审议中书省、枢密院所拟的政令；③对尚书六部所上奏的事务进行驳正违失，最后送皇帝批准后颁下执行。中书省主要负责起草皇帝诏令，交付门下审复，然后交由尚书执行。翰林学士负责诏、令、诰等撰述之事。凡是皇帝需要的宫禁文书都由他们负责，且需要常侍身边，以备咨询顾问。

根据宋朝体制，但凡军国大事都需要形成"制书"。制书对诏令的格式和制作、发布程序皆有要求，否则不能生效。制书形成的基础之一就是必须经由翰林学士的草拟，所以翰林学士往往能对皇帝的决策产生重大的影响。从翰林学士院的具体职能与现实影响，似乎又可以看到尚书台从中朝官逐步变为外朝官的基本规律，即服务、辅佐皇帝个人决策的机构在实践中深刻地影响着国家政府的运行。

第二，集体宰相制度。在唐代，三省的长官即为国家的宰相。在"元丰改制"之前，宰相主要指中书门下平章事（即中书门下省的长官），下设中书令、枢密使、三司使分掌政、军、财大权；同时为了牵制宰相的权力，又设置了"参知政事"作为副职，形成了宋代的"宰执制度"。后又恢复唐代的三省制度，但此时的三省长官仅仅具有虚衔，尚书左右仆射代替尚书令的职权，是尚书省的真正长官。其中，尚书右仆射（兼任中书侍郎）

第三章 传统政治体制变迁下的中央司法机构：司法权的嬗变

即为实际的宰相。之后宋制对宰相、参知政事屡有改制，但基本原则是三省长官皆为虚衔，中书省的左右仆射兼任中书与门下的长官事务，被视为正宰相。最后将门下省并入中书省，且中书长官兼有尚书省之长，三省合于一省，六部直属于宰相。

相较于唐代三省之间有序的、"流水作业式"的分工合作，宋代的中枢权力大有集中的趋势。随着时间的推移，中书出诏、门下封驳的职能逐步减弱，代之以长官（宰相）集议的形式，不但程序上逐步简化而失去政务监督的初衷，而且令国家决策更具个人色彩。更为重要的是，宋代实行"官、职、差遣"分离制度（即官员形式上的品阶、正式的官职与实际处理事务的权力三者并非绝对一致，可以相互分离），使得皇权更容易绕开正式机构的运行程序，专于个人意志的传达，由此控制大权。这种运行模式造成三省六部二十四司，虽有正官，但非有特旨不治本司之事，"事之所寄，十亡一二"，这充分显示了当时差遣制度之下，实际政务关系的混乱。这一制度下，三省六部和九寺五监等机构因不能适应新制度的需要而日益变成闲散的机构。"百年之忧，一朝之患，皆上所独当，而群臣不与也。"[1] 皇帝可以通过差遣的形式掌握对具体事务乃至案件的控制，而使国家正式机构固有的运行机制逐步废弛。关于集中体现君主意志的"差遣"制度，或许也可以从另一个侧面推断：宋代政府机构的组织、运行皆实现了相对规范化、制度化，这本身就是对君主权力的一种有效的限制，从而导致君主不得不通过这种方式另辟蹊径，保证其意志的贯彻和实现。

第三，宋代的寺监虽然沿袭了唐代的传统，保留了九寺之名，但此时大部分已经成为闲散务虚的机构，仅就大理寺、太

---

[1] （宋）叶适：《水心别集》卷10《实谋》。

常寺还保留有效职能。南宋时，又把光禄寺、鸿胪寺并入礼部，卫尉、太仆并入兵部。汉代以来的九卿制度历经南北朝时期的衰落、隋唐时期与三省六部制的磨合，已经逐渐步入消亡。实践中，寺监越来越多的职能归于六部执掌，直到最后被彻底边缘化或兼并消失。故就大理寺而言，其职能从廷尉时期一直保持到明清时期实属难得，这一方面显示了司法权在国家事务中的重要性；另一方面说明，大理寺职能被分割侵蚀，逐步流失；审判权逐步向刑部乃至都察院转移，是政治体制整体变迁下不可避免的趋势，也是国家新旧机构整体变迁的缩影。

（二）审刑院的设置与三司回归

刑部在宋初是全国最高的司法机构之一，主管全国的刑狱，并复审大理寺所审理的大辟案件。淳化二年（991年），该死刑复核程序出现了变化——以刑部覆大辟案，并在皇宫中增加了审刑院，"设立知事一人，以郎官以上至两省充"。[1] 此后，政府将刑部复审的权力转移到审刑院，由此产生了除大理寺、刑部、御史台之外又一个崭新的司法机构。审刑院设立于太宗淳化二年，神宗元丰三年（1080年）归于刑部。审刑院存在期间，其实际地位职能皆高于刑部和大理寺，以至于当时大理寺寺卿因为掌理无多而仅以兼任的形式存在。审刑院性质上属于皇帝设立的辅助其处理司法政务的非正式机构。实践中，"狱讼之事，随（审刑院）官吏决劾"，直接导致大理寺沦为"慎刑"机构。通说认为，太宗设立审刑院是为了限制宰相权力，分割中书省的司法权。

在审刑院中，负责复审的主要官员是"详议官"，基本以京朝官员充任。他们负责"掌详谳大理所断案牍而奏之"。[2] 凡是地方移送的案件都需要经审刑院的审谳。到了大中详符二年

---

[1]《宋会要》卷52《职官考六》。
[2]《宋史》卷116《职官志三》。

第三章 传统政治体制变迁下的中央司法机构：司法权的嬗变

时期（1009年），又增置了负责纠察的刑狱司，主要负责"详正驳奏在京刑禁徒以上罪者"。[1]

审刑院的设立打破了原来三司的分工与平衡，并且有君主的强力支持，很快就侵夺了刑部、大理寺的权力。依照当初的设计，审刑院的功能是接到地方上奏（给大理寺）的案件，之后发送给大理寺进行复审，然后再转交于刑部复核，之后再交回审刑院详议。所谓的"详议"更多是针对移送书牍文件进行类似书面审理，一般不直接讯问犯罪人。与之前唐代刑部承担的复核功能相比，它更多起到一个监督司法运行的作用。审刑院详议后，若发现案件审断有误，仍需要交还大理寺等审判机构进行审理，这也说明审刑院形式上纯粹为一个监督机构而无直接审理职能。

审刑院设置两年之后，原本大理寺断理的案件一般就不经过刑部的审核，而是直接移送到审刑院，而刑部仅仅保留了对官员进行行政处理（类似行政处罚、行政处分）的职权。故此时的刑部实际上已丧失对移送案件的复核权。审刑院的出现，极大地挤压了刑部和大理寺的职能。"审刑院—大理寺—刑部—审刑院—中书—皇帝"案件流转程序，不但在繁杂程度上较唐代三司分工更甚，并且某种程度上已经影响到整个诉讼程序的效率。故在实践运行中，刑部的复核程序最终被绕过。刑法和审刑院的"双重复核"机制虽然显得慎重，但却不符合司法运行的基本规律，属于效率太过低下。审刑院设置于禁中，性质上类似于协助皇帝控制司法事务的私人机构，并不隶属于中书门下省，审刑院也只需要向皇帝一人负责。虽然对于当时司法系统而言属于一个全新机构，但是就机构设置的规律而言，依然没有打破原有"内廷官逐步转移到外廷"的基本路径。审刑

---

[1]《宋会要》卷52《职官考六》。

院从设置到最终归于刑部的整个过程，一方面体现出皇权不断扩张的趋势，审刑院就是其在司法领域的重要表现；另一方面似乎在实践中证明了一个基本规律：对于案件进行审理、复核的流程设置应当相对平衡，轻审判，重复核，过分强调事后监察，以至于高度仰赖"行政式"的复核以实现司法公正的目标，长久看来并不可行。当然，宋代如此倚重复核机构，司法公正并非唯一的目标，这背后有通过对各署官员的监督以保障司法公正，最终维护皇权安全稳定的考量。

（三）大理寺、御史台

大理寺自汉唐以来，作为中央的专职审判机构，负责"掌鞫狱、定刑名、决诸疑谳"。[1] 到了宋代，虽然大理寺仍然具有审理的职能，但其所管辖案件的范围已大大缩小了。依照北宋初期的制度，大理寺几乎已经沦为一个"慎刑"机构。地方上奏的案件首先由审刑院进行备案，后移送大理寺进行书面审理，然后转交给刑部进行详讫，最后还需要返回审刑院"详议"，在确定案件无虞后，大理寺和审刑院共同署名上奏（当然，此处的上奏并不表示直接上奏皇帝。根据相关史料，审刑院详议后需要上报中书省，由中书省上奏皇帝作最终裁决），"凡狱讼之事，随官司决劾，本寺不复听讯，但掌断天下奏狱，送审刑院详讫，同署以上于朝"。[2]

唐代以来由于君权的扩张，代表监察权的御史台也开始进一步介入到审判事务当中，形成了刑部、大理寺、御史台"三司"并举的局面。宋代君主权力较唐代以来愈发集中，而文官集团的逐步形成则令朝廷体系内部的监督事务愈加繁重。宋代御史台在规模、职能上都有所扩张；尤其形成"台谏合一"的

---

[1]《文献通考》卷56《职官十》。
[2]《宋史》卷165《职官志五》。

第三章　传统政治体制变迁下的中央司法机构：司法权的嬗变

体系后，这种劝诫于上（针对君主）的传统逐步被监督于下（针对官员）的做法所替代。

（四）其他特殊审判机构

宋代政府运行的一个重要原则就是"强干弱枝"——分割（臣）权，巩固君权。在权力设置上表现为各机构之间分职置事，相互制衡，这对当时司法机构的运行也同样有影响。除去传统的刑部、大理寺、御史台，还有其他特殊审判机构存在，各自管辖某类特殊的案件。

登闻鼓院

登闻鼓院，又简称为"鼓院"，隶属于谏院。宋代初期就设有鼓司，在真宗景德四年（1007年）将鼓院改为登闻鼓院。凡有诉讼不公、朝政有阙、冤案昭雪都可以到登闻鼓院直接向皇帝进状。但是具体实践中又规定，民间的田宅细故若要上诉，则应当先归登闻鼓院管辖，不得向登闻检院进状。如仁宗天圣八年（1030年）曾下诏：

> 登闻检院今后诸色人投进实封文状，仰先重责结罪状，如委实别有冤枉沉屈事件，不系婚田公事，即与收接投进。如拆开却夹带婚田公事在内，其进状人必当勘罪，依法断遣。所有争论婚田公事，今后并仰诣登闻鼓院投进，依前后条贯施行。[1]

根据上文，从侧面可以看到宋代司法机构对田宅细故的一般纠纷和其他诉讼案件有着明确的管辖区别。

登闻检院

登闻检院又被称为"检院"，隶属于谏院。宋初时，依照唐

---

[1]《宋会要辑稿·刑法三》之一十七。

制设立知匦使；太宗雍熙元年（984年），改匦为检，改匦院为登闻院；后在真宗景德四年（1007年），改登闻院为登闻检院。在"元丰改制"之后，登闻检院隶谏议大夫。登闻鼓院与登闻检院各有分工配合：

> 凡言朝政得失、公私利害、军期机密、陈乞恩赏、理雪冤滥，及奇方异术、改换文资、改正过名，无例通进者，先经鼓院进状；或为所抑，则诣检院。[1]

但若检院仍不予受理或者受理不当，则可向御史台进状；否之，再以"邀车驾"的途径直接向皇帝求得救济。

仁宗天圣七年（1029年），曾另设立匦函，以御史中丞为专门理检使。该机构主要负责处理长期以来虽经申诉但仍积压未处理、申诉而尚未辨明的案件；若申诉案件事关机密则也归于其处理。"其称冤滥枉屈而检院、鼓院不为进者，并许诣理检使审问以闻。"[2] 后期，该机构也归于谏院。

军头引见司

它的主要职能是掌理禁军拣阅、引见、分配之事。通过"邀车驾"直接向皇帝上诉的案件，军头引见司负责代收代接词状，但是自诉人不得冲撞皇帝的车驾仪仗，否则会受到处罚：

> 每遇车驾行幸，有唐突人所诉事不经次第，本司降奏指挥从杖一百断罪。乞自今有似此唐突人，令临安府断罪讫，报军头司照会取旨。[3]

---

[1]《宋史》卷161《职官志一》。
[2]《续资治通鉴长编》卷107"天圣七年己巳"。
[3]《宋会要辑稿·刑法三》之三十五。

第三章　传统政治体制变迁下的中央司法机构：司法权的嬗变

上述三个特殊的审理机构，主要负责受理虽经过正常审判（终审）程序，但当事人对审理结果仍不满意而进一步提出申诉的案件。从某种意义上，可以被视为常态司法之外的又一个救济程序，多少有点类似当下的"上访"。综合上文，以上机构受理申诉案件的基本流程是：登闻鼓院——登闻检院——理检院——御史台——军头引见司——皇帝。

值得注意的是，这个体系在当时的政治体制中并不隶属于司法系统而是隶属于监察系统。可见，在宋代乃至后世，虽然经常以三法司并称，监察机构的官员在技术上也参与审判；但从本质上，其在官僚系统中扮演的仍是"监察"的角色。前者（司法官员）属于执行命令的"事务性"官员系统，后者（监察官员）属于监督执行、不处理实际事务的"言官"系统。宋朝对司法机构的监督，不仅存在以复核方式进行内部监督，而且以提供（正式司法体系外）单独救济方式给予外部监督。但无论何种方式，司法权本身都不是纠纷解决的终局性手段。这恰恰反映出当时司法事务与行政事务的关系——司法事务无非是众多行政性事务中的一种，两者并非平行关系。当然，这也从另一个层面说明司法事务在传统政治治理中的本质。

五、元朝时期：司法权的"惯性"

元代有两个显著的特点：第一，国土面积空前庞大；第二，中国历史上第一个由少数民族建立的统一政权。为此，元朝的各项制度无不渗透着这两个特点，其司法制度当然也毫无例外地受此影响。元代政权逐步接受"儒家化"统治技术和理念的同时，也极力保留具有自身民族特色的司法习惯，这些都令元代司法制度与宋代有着显著不同。

元代司法领域最突出的变化就是大理寺的废罢，这直接导致明代初期延续了不设大理寺的传统，即便后期复置大理寺，也由于权力运行的惯性，令大理寺的权力"覆水难收"。

(一) 中央司法机构

由于蒙古建国之初尚处于奴隶制时期，故当时的成文法甚少，许多事务的处理还依照本民族的习惯法。"国俗淳厚，非有庶事之繁，惟以万户统军旅，以断事官治政刑，任用者不过一二亲贵重臣耳。"[1] 成吉思汗曾命大断事官失吉·忽秃忽编制了一部《大扎撒》（"扎撒"在蒙古语是"法令"的意思）作为断案的依据，主要内容既包括背叛君主等重罪，也有盗窃牲畜等普通罪名，甚至还有各种民族习惯和禁忌等内容。

总体而言，在元代正式建制之前，司法制度整体上比较粗糙、混乱。无论是中央官员或地方管理者都无十分明确的司法职能划分。元代建制之后，才仿效唐宋建立起一系列政治乃至司法制度；但是由于民族矛盾始终存在，并且延续了几百年的科举基本处于废弃状态，也使得传统儒家的治理思想始终无法全面贯彻。为此，尽管元代政权的各项制度较之前的蒙古国时代有所规范，但在体制规划上仍欠整齐，整个司法系统体现为：机构多头，职能重叠。当然，这也如实反映了元代统治下民族、阶层乃至宗教等多重矛盾。

元代正式的中央司法机构主要有大宗正府、中书省、御史台、枢密院、宣政院等。

大宗正府

大宗正府又称为"宗正府"，是元代重要的中央司法机构。蒙古国时期，总揽朝政事务的是大断事官（有点类似秦汉朝时期的宰相），宗正府则起源于它的办事机构。依照世祖至元元年

---

[1]《元史》卷85《百官志一》。

第三章 传统政治体制变迁下的中央司法机构：司法权的嬗变

（1264年）的规定，当时断事官负责掌理"诸王驸马投下蒙古、色目人等"所犯的"一切公事"，以及"汉人奸盗诈伪、蛊毒厌魅、诱掠逃驱、轻重罪囚"[1]等相关的案件审理。至元二年（1265年），政府正式下旨建立大宗正府为断事官的官署，由此大宗正府正式建立，同时从南北朝延续下来的中央专职审判机构——大理寺被废除。

大宗正府作为替代大理寺的中央司法审判机构，长官一般由蒙古贵族担任，通常为亲王，品阶上为"秩从一品"，与最高行政机构中书省以及最高军事机构枢密院并列平级。这也体现了统治者对司法审判事务的重视。

中书省

元朝的政府中枢继承了宋代的基本布局，以中书省、枢密院和御史台最为重要。在元建制之前，蒙古大汗一般任用各族的文士作为必阇赤起草文书，并协助可汗和蒙古官员处理各地政务，著名的耶律楚材就曾是其中之一，且依照汉地的习惯就以中书省的官衔称之。

忽必烈建国之后正式建立中书省，其最高长官为"中书令"，必定以皇太子任之。"中书令一员……世祖以皇太子兼之。至元十年，立皇太子，行中书令。大德十一年，以皇太子领中书令。延祐三年，复以皇太子行中书令"[2]。但皇太子仅仅领有虚衔，实际政务的处理由左、右丞相负责；蒙古人尚右，故以右丞相为上，并且规定只能由蒙古人担任。左、右丞相之下有平章政事四人，为从一品，掌机务，为丞相之副；凡军国重事，无不由其决之。其下还有右左丞各一员，正二品，辅佐宰相处理庶务。此外，还有参政二人，从二品，辅佐宰相以参

---

[1]《元史》卷87《百官志三》。
[2]《元史》卷85《百官志一》。

大政。

中书省下设有六部,分为吏、户、礼、兵、刑、工,其顺序为后世所保留。刑部机构及其执掌在元代前后变化较大。在元代初期,中书省下设左右司办事机构,其中右司设郎中二人,正五品;员外郎二人,正六品;都事二人,正七品。右司下设有兵、刑、工三房,其中的刑房主掌"法令、弭盗、功赏、禁治、枉勘、斗讼"六事。到了至元七年(1270年)才正式设置刑部,第二年又改为兵刑部,直到至元十三年(1276年)复设刑部。至元二十年(1283年),在原有刑部的建制上又增设了职官和署吏,直到成宗大德四年(1300年)才形成了较为固定的机构和人员编制。

御史台

御史台是元最为核心的政府中枢之一,是中央监察机构,主掌职能甚广。根据记载,元代御史台主要职能有,"诸台官职掌,饬官箴,稽吏课,内秩群祀,外察行人,与闻军国奏议,理达民庶冤辞,凡有司刑名、赋役、铨选、会计、调度、征收、营缮、鞫勘、审谳、勾稽,及庶官廉贪,厉禁张弛,编民茕独流移,强暴建并,悉纠举之"。[1] 其中,就包括对于立法、审判乃至司法监察类事务的执掌。

忽必烈曾听从汉人张雄飞的建议,建立御史台以"为天子耳目";同时也听取了西夏儒者高智耀的进言,仿效前朝,于至元五年(1268年)初正式立御史台。当时以中书省右丞相塔察儿兼任御史大夫。依照当时的惯例,御史台的长官必须为蒙古人,"六年,拜御史大夫。故事,台端非国姓不以授,太平因辞,诏特赐姓而改其名"。[2] 可见,在当时御史大夫一职为蒙

---

[1]《元史》卷102《刑法志一》。
[2]《元史》卷140《太平传》。

第三章　传统政治体制变迁下的中央司法机构：司法权的嬗变

古人所垄断的传统还是很浓厚的。

元建国初期，朝廷曾设立提刑按察司四道：为山东东西道、河东陕西道、山北东西道、河北河南道，分别隶属于御史台和行御史台。"统制各道宪司，而总诸内台"，在辖区内，按察使监察范围涵盖普通民间纠纷，也包括官员履行的职务范围：

> 诸行台官，主察行省宣慰司已下诸军民官吏之作奸犯科者，穷民之流离失业者，豪强家之夺民利者，按察官之不称职任者，余视内台立法同。[1]

至元二十八年（1291年），朝廷改称按察使为肃政廉访司。后来将全国除京畿之外的地域划分为二十二道：内八道，隶属于御史台；江南十道，隶属于江南行台；陕西四道，隶属于陕西行台。至此，从中央到地方建立起一个严密、统一的监察系统。

枢密院

蒙古在建国初期，由大汗以及各宗王自行掌兵，并未专设总领全国军务的机构。元朝建制后，仿造宋、金旧制，于中统四年（1263年）设立枢密院，专掌军务。"枢密院，秩从一品，掌天下兵甲机密之务。"[2] 枢密院的最高长官为枢密使，一般由皇太子领其虚衔，《元史·世祖本纪二》中记载："乙酉，初立枢密院，以皇子燕王守中书令，兼判枢密院事。"《元史·裕宗传》中也记载道："十年二月，立为皇太子，仍兼中书令，判枢密院事。"

宣政院

---

[1]《元史》卷102《刑法志一》。
[2]《元史》卷86《百官志二》。

宣政院是元代一个很特殊的机构，颇具民族特色。它既是管理全国佛教事务的最高机构，同时也是直接统领吐蕃政务和军务的机构；且与僧侣有关的司法案件均由其管辖。在至元六年（1269年），当时吐蕃的国师八思巴奉命创制了"蒙古文字"，由忽必烈正式颁布，并追加八思巴为帝师、大宝法王、统领全国佛教。后朝廷设立总制院，管理全国的佛教僧徒事务和吐蕃境内事务，仍以帝师八思巴统领之，此为宣政院的前身。根据史料的记载，"二十五年，因唐制吐蕃来朝见于宣政殿之故，更名宣政院"。[1]

（二）小结：监察权的优势

元代政府的运行机制与前朝相比，无论是官员水平或者具体制度设计都有部分差距，显得相对粗糙和不规范，但君权集中的趋势并未因此停止。于是，在保持原有执政习惯的基础上扩充监察机构的做法，既保证了君主意志的贯彻，又无需对原有机构进行大规模改革。不失为一种短期内优化统治的优先选择。

上文是对元代中央政府以及中央司法机构的简单介绍，通过下图或许可以更加清楚地看到元代中央政府权力运行的基本脉络：

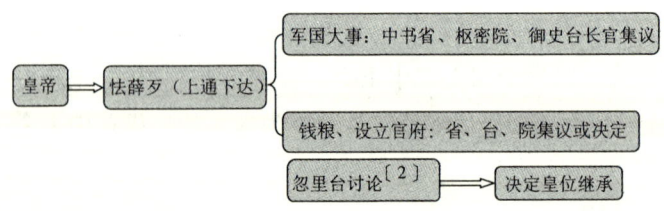

---

〔1〕《元史》卷87《百官志三》。
〔2〕忽里台主要由蒙古各族的贵族组成，针对内政外交的讨论更多是形式上的认可，只有在决定国家继承人问题上具有"定国是"的作用。

第三章　传统政治体制变迁下的中央司法机构：司法权的嬗变

总体而言，元代中央政府的权力运行仍然延续了宋代中书省、枢密院与御史台为中枢的基本格局，同时有着以下变化：

第一，"怯薛歹"成为君主和政府机构之间重要的权力纽带。"怯薛歹"在蒙古语为"卫士"的意思，实践中主要由蒙古贵族子弟担任。在制度上他们仅仅起到程序性的作用。例如，群臣奏事都需要事先通报他们才能进入帐内。尽管他们并非正式的国家官员，但其在实践中往往对决策有很大影响。由此，可以再一次看到中国政治权力运行的某种基本规则：只要与皇权足够接近，即便不是国家正式的官员，都可能对整个国家的事务产生足够的影响，这是"皇帝制度"与生俱来的特征。部分怯薛执事会出任省、院、台要职，直接参与决策。怯薛歹群体存在的背景下，为了能更有效地与皇权沟通，不少官僚都尽量把自己的意见通过他们直接传递给皇帝，而不是依照当时的正式程序——通过中书省上递奏章。

元代将三省合为一省，即中书省，令其同时具有决策与执行的功能，这与唐代"三省"体制相比，大大提高了决策与执行效率。但是，这也导致权力更为集中，尤其皇帝侍从等群体的存在，令皇帝更容易绕开正式机构实现其意志。

元代政权的任官制度存在明显的民族歧视。根据元制，将政府部门的官员区分为三个等级，分别为正官、首领官、吏。正官与首领官皆有一定的品阶。一般而言，正官为一品到六、七品不等；首领官为五品到八、九品不等，依据其所在机构的高低而定。整个元朝，没有汉人、南人为正官者。[1] 吏本身并没有正式的品阶，从形式上而言并非国家官僚。在前朝制度中，吏与官泾渭分明，各有晋升通道，互不重合。但是到了元代，

---

[1] 李世愉、孟彦弘撰：《中国古代官制概论》，中国社会科学出版社 2009 年版，第 192 页。

"官"与"吏"并无严格界限，他们仅仅在升迁程序上有所不同。元代官员中吏员出身的官员恰恰最多。通常，中上级国家机构中的吏主要从下级机构的吏员中遴选任用。这很大程度上缓解了当时统治集团的重大技术性问题：人数较少的蒙古官员不熟悉政事，需要借助汉人、南人的文书、律法等知识来维持国家机器的运转。

第二，从整体上而言，在军政事务的管理中更多保留了本民族的特色。例如，重要事务需集中议事、立储需蒙古贵族组织批准等。但在司法、行政领域则更多以"汉制"为主，例如对中书省的继承。当然，这始终离不开"民族分而治之""汉人治汉"的基本国策。实践中，中书省主要管辖的是汉人的司法事务。宋朝中后期三法司的格局，使得大理寺地位不再，从而在继承司法体制时，元代政府显得更加务实。大宗正府、枢密院、宣政院等机构具有特殊管辖的色彩，各自负责具有特殊身份当事人的司法案件。其背后的价值逻辑在于"分而治之"的属人性质——不同民族、身份的人适用不同的律法。元代这种浓厚"属人法"性质的治理思路，一方面体现出短期内以军事征伐实现统一的元帝国在司法适用时所面临的种种不适应和妥协，另一方面则显示出当时各个民族法律体系发展的巨大差异和不平衡。

第三，元代监察机构的膨胀对明清两朝政府的运行方式产生了重大影响。与前朝相比，元代监察机构的地位大大提高了。最为直接的体现就是御史台的品阶有所提升，仅仅比中书省低了半级，同时在机构规模上有明显扩张。行御史台的出现，使得监察机构能够实现从中央到地方的严密控制，极大地增加了中央集权的力量，从而令监察权成为一种不可或缺的统治技术，被后世明清所继承。例如，明代将刑部下设机构从原来依照职能划分改为依照地域分化，直接与监察权的运行相契合；同时原本应当由司法官独立完成的审判程序，却因为监察权的渗入需要在审判后增加复核的环节才得完整，单纯的直接审理并不具有既判力，有时甚至在整个审判过程中都需要监察权同步，方能实现审判的正当性与有效性。

在古代封建社会，监察权可以被认为是最有特色的权力表现形式之一。监察权在实际运行中，可以表现为行政化的人事考核，也可以表现为司法化的审判监督，还可以表现为政治化的纠举弹劾。随着君权的强化和集中，监察机构系统最终得以与行政机构体系并行，成为维护君主权力的两大支柱。当然，与前朝相比，元代还面临着一个特殊的考验：如何实现并维持占人口少数的蒙古政权对"地域广袤、民族多样"国家的统治。为此，无需对原有的国家机构系统进行重大改革就可以直接"配置"的监察权成为统治者可以依赖的治理技术。

六、内阁六部制时期：司法权的"内耗"

明清时期的政治体制具有高度的相似性，君主权与政府权的角逐清晰可见，也互有胜负。政府运行越规范，某种意义上，"律法"在政治、社会中的作用就越大。为此，明清两朝是司法系统高度发达的时期。同时，司法权也在扩张之后呈现出一种自我消耗式的"边界"，多个司法机构之间是一种"制约多于分工"的核心关系。这种君权之下的平衡之术，最终令传统司法机构无法走得更远。

（一）明代的中央司法机构

明代刑部、大理寺、都察院"三司"在机构设置上又恢复了唐宋以来的格局，但是司法系统内部的具体职能已经发生了重大的变化。"三司"不再鼎足而立，大理寺作为中央专职审判机构的地位再一次被弱化,代表司法行政权与司法监察权的刑部、都察院成了国家司法运行的重心。

明初发生的"三大案"[1]直接导致朱元璋废除宰相制度,直接接管六部。在此局面下,"君权"与"相权"之间原有的平衡再一次被打破,国家机构设置也相应发生了变化。以文官集团为代表的政府与君主之间不断展开各种形式的角逐,使得原本整体划一的政府机构在实际运行中多受掣肘——无孔不入的监察系统、凌驾律法的特务机关都是这种角逐的具体表现。为此,司法领域也同样表现为割据、凌乱的局面。除了传统的刑部、大理寺、都察院三法司之外,还有给事中、通政司等非专门司法机构,以及垄断军事审判管辖的五军都督府和由宦官掌控的厂卫机构,它们虽然并非正式审判或司法机构,但却可以左右具体的案件判决。为此本书也会作简单介绍。

1. 内阁

明代内阁设立的直接原因是朱元璋废除宰相制度、直接接管六部之后,面临着一个实际难题:皇帝一个人如何有效处理大量国家政务?根据史料记载,当时朱元璋处理政务的规模是"八日之间,内外诸司奏札凡一千六百六十,记三千二百九十一事"。[2] 面对如此大的工作强度,太祖不得不在洪武十三年(1380年),依据上古礼仪设立了"四辅官",协助处理政事。但当时这四位儒生来自民间,并不能十分有效地处理政务;之后皇帝将目光投入到了年轻、品阶不高的翰林身上,"命法司录囚,会翰林院给事中及春坊官会议平允以闻",[3] 翰林院相关官员由此获得了参与司法等政务的机会。此时的内阁尚在雏形,

---

[1] 明初三大案是指:胡惟庸谋反案、蓝田谋反案、郭桓贪污案。
[2] (明)孙承泽:《春明梦余录》(上册)卷23。
[3] 《明史》卷2《太祖本纪二》。

第三章 传统政治体制变迁下的中央司法机构：司法权的嬗变

"虽设有殿阁大学士，官仅五品，特以备顾问而已，于政事无与也"，[1] 内阁成员不仅官阶不高，参与度也很低，仅在必要时提供一些咨询意见。直到明成祖时，内阁才成为一个较为稳定的参议机构，阁臣入值者有多人，且朝夕左右，参预机务，内阁也由此得名："以其授餐大内，常侍天子殿阁之下，避宰相之名，又名内阁。"[2] 至明代中后期，阁臣尤其是首辅"兼官屡加至师傅，于是官阶益尊，虽无相之名，而已有钧衡之重"。[3] 此时内阁的重要程度与初期相比，已大大增加。

综合而言，明代内阁具有参与决策的权力，具体表现为起草诏书、封驳诏令，参议国政备顾问、献替可否、奉陈规诲等大权。内阁设有议事厅，每遇到朝廷大事都需要集议，有时甚至皇帝也会参加。内阁议政成为国家政务处理中的重要环节。通常情况下，需要集议的事务涵盖国家治理的各个方面，司法事务也是其中的一部分；针对特殊或者重大的案件，如何定罪量刑也是内阁集议的内容。所以，从案件最终处理结果而言，内阁具有一定的"审断权"。参与廷议的官员通常包括内阁成员、六部堂上官、大理寺、通政司、都察院的长官、六科给事中等，然后将廷议的结果上报皇帝以闻。

2. 三法司：刑部、大理寺、都察院

明代刑部、大理寺、都察院的组织设置以及职能，本书会在第四章、第五章展开讨论，本章主要关注的是明代政治体制中，司法系统整体地位和权力的某种变化。简言之，①明代司法系统出现了一定的膨胀。②厂卫机构的出现打乱了原有的司法体系布局。③审判权在三法司之间进行了调整，重新得到了

---

[1]《廿二史劄记》卷33《明史》。
[2]《明史》卷72《职官志一》。
[3]《廿二史劄记》卷33《明史》。

分配。④监察权进一步渗入司法权。在明代，刑部成为国家审判机构，主要掌理刑名、狱政；大理寺为中央复审机构；都察院为全国监察机构；司法重心由大理寺转到了刑部。

刑部

明代初期，中央官制仍然沿用唐宋旧制，在中央设立中书省，又设左右丞相总领吏、户、礼、兵、刑、工六部。明初，当时中书省的左丞为胡惟庸。洪武十三年（1380年），太祖借助胡惟庸一案废除中书省以及宰相制度，将中书省以及丞相的权力分归于六部，同时提高六部的品阶地位，并扩大他们的职权；六部尚书直接向皇帝负责。洪武二十八年（1395年），太祖御奉天殿，敕狱群臣表示："我朝罢相，设五府、六部、都察院、通政司、大理寺等衙门，分理天下庶务。彼此颉颃，不敢相压，事皆朝廷总之，所以稳当。"[1]

刑部为六部之一，主要负责审核诉讼、管理狱政，参与或组织各类会审、解释法律以及决囚等事务，下辖十三个清吏司，对口负责全国地方十三个辖区以及京府、直隶地区的司法事务。

大理寺

明朝初期并不直接设置大理寺，但在洪武三年（1370年）设立了"磨勘司"，并规定"凡诸司刑名、钱粮，有冤滥隐匿者，稽其功过以闻"。[2] 洪武三年（1370年）四月，置磨勘司。"上尝以中外百司簿书填委，思所以综核之，因览宋史，见磨勘司而喜。至是，遂设其官。"[3] 至洪武十年（1377年），再次下诏复至磨勘司，成为专门的司法监督机构，钱粮之事则

---

[1]《明太祖实录》卷239"洪武二十八年六月癸亥朔"。
[2]《明史》卷73《职官志二》。
[3]《明太祖实录》卷51"洪武三年夏四月己未朔"。

第三章 传统政治体制变迁下的中央司法机构：司法权的嬗变

归于户部。四年后（1381年），"复置大理寺及审刑司，以平庶狱"。[1] 上述史料说明，虽然明初期并没有设立大理寺，但是依然存在一个负责审判的机构，只是该机构对于司法事务并非专司，而是具有审判、审计、监察等多种职能的综合性机构。复置大理寺后，当时司法机构的基本分工为：大理寺主掌审判，审刑司主掌复核，磨勘司主掌司法监察。

直到洪武十七年（1384年），朝廷正式下诏：

> 名天下诸司刑狱皆属刑部、察院详议平允，又送大理寺审覆，然后奏决。其直隶诸府、州、县刑狱，自今亦准此令，庶几民无冤抑。[2]

由此，明朝初步奠定了刑部主审、大理寺复核的分工。地方重大案件自动移送到刑部、都察院复审，然后交由大理寺复核，确定案件判决无疑之后才得上奏皇帝。洪武十九年（1386年），朝廷再次罢黜审刑司；一年后，废置磨勘司。洪武二十九年（1396年），再次废罢大理寺，直到建文初年又再次设立。但明代大理寺稳定的建制直到永乐初年才得以确定。所以，与唐宋时期相比，明代大理寺地位受到极大的削弱，不仅表现为这个机构本身几经废罢，一直存在被裁撤的风险和可能，直到开国几十年后才得确定；并且即便在勉强保留时期，其职权也难与鼎盛时相提并论。

都察院

明代都察院并非是一个全新的机构，而是与御史台颇有渊源。明代在吴元年（1367年）设立了御史台，后在洪武十三年

---

[1]《明太祖实录》卷104 "洪武九年二月乙酉朔"。
[2]《明太祖实录》卷167 "洪武十七年闰十月乙未朔"。

(1380年),朝廷下诏废罢御史台;但在洪武十五年(1382年),又设立都察院行使原御史台的职能。明代都察院号称"风宪衙门"。根据史料,明代都察院的职能在于"职专纠劾百司,辩明冤枉,提督各道,为天子耳目风纪之司"。[1] 从上可知,明代都察院在形式上继承了御史台的角色,负有监察重责,但从实际运行中,都察院不论在内部组织,还是外部职能上都与御史台不完全相同。关于都察院的组织、职能部分,本书第四章、第五章会有详细论述,故不再赘述。

3. 六科给事中

洪武六年(1373年),国家设立对口六部的给事中制度,这是除都察院之外,监察体系的重要组成部分,几乎是明代中后期给事中制度的雏形。到了洪武二十四年(1391年),六科给事中制度逐步定型,是为一个独立机构。在此过程中值得注意的是,给事中除在人员定额、品阶等方面有所变化外,具体职能更凸显它从传统的"言官",转变为言官与监察官的双重角色。

根据史料记载,洪武六年(1373年),朝廷在给事中改革中规定的基本职能包括"看详诸司奏本及日录旨意等事"。[2] 这主要是指凡中书省、大都督府及诸司奏事,给事中各随所掌于殿庭左右,执笔记录,将皇帝可否旨意记在奏本之后,并签上自己的姓名,以防有关部门壅遏欺蔽。此时,给事中的职能权力虽然已开始针对百官,但是彼此之间的分工并不十分明确,属于普通的文秘机构,并无纠察的权力。洪武十五年(1382年)后,据《明史·职官志三》记载:

---

[1]《明史》卷73《职官志二》。
[2]《明太祖实录》卷80。

第三章 传统政治体制变迁下的中央司法机构:司法权的嬗变

> 六科,掌侍从、规谏、补阙、拾遗、稽察六部百司之事。凡制敕宣行,大事覆奏,小事署而颁之;有失,封还执奏。凡内外所上章疏下,分类抄出,参署付部,驳正其违误。

至此时,可以大致看到,六科给事中的监察范围已扩张到对中央诸司日常的具体工作,它不再是一个简单的以言论、劝诤来对君主的言行、命令进行匡正的传统言官机构,而是一个拥有具体化、制度化的权力对百官进行有效监督的监察机构。

根据《明史·职官志三》的记载,明后期更进一步将原本笼统规定的六科事务,分别具体地规定在律典中,"虽分隶六科,其事属重大者,各科皆得通奏。但事属某科,则列某科为首",充分凸显明代对监察体系的重视。从上下级关系来看,明代给事中在建制初期曾一度隶属于承敕监,甚至通政司,并非一个独立机构。

后明太祖设有谏院以及左右司谏和言正,但是不久就罢黜掉了。这至少也可以看出,太祖在当时确有保留言官以匡正君主言行规矩的想法;而后又称"给事中"为"源士",这是取自"为政事本源"之意,其中希望给事中言谏清流的意图不言而明。但最后又恢复"给事中"一名,给事中的角色也日益向监察官员靠拢。

面对这样的趋势,当时的朝臣们也表现出对言官职能淡化的担忧。许多朝臣曾多次建议朝廷重新设置规谏官员,但都被驳回。明人孙承泽曾为此发表看法:

> 六科即唐之补阙,拾遗,宋改补阙为司谏,拾遗为正言。唐制,谏官随宰相入阁,此最得为政之要。至明革中书省,乃并谏官裁之,惟设六科以掌封驳。宣德中,廷臣请设谏官,不允,于是谏无专职,此为缺典。后世有纠劾

而鲜规正,盖以言官、察官浑之一也。[1]

这说明在古人的价值观当中,规劝君主、匡正其言行的谏官与都察百官的监察官有着明确的高下之别,不可混为一谈。前者为古制,是政治清明的关键所在;监察官则并非古已有之的政治传统。

4. 特殊司法机构:厂卫组织

明代厂卫组织是"锦衣卫"和"东厂、西厂以及内行厂"的合称,是直接向皇帝负责的特殊侦缉和司法机关。根据明代的定制,锦衣卫是皇帝亲自执掌的禁卫军十二卫中的一卫,规模大约在四、五万人,主要负责掌管皇帝出行的礼仪和日常警卫。后来由于太祖皇帝为了加强对朝臣的监察,特别赋予锦衣卫对重要案件侦查缉捕的权力,令其逐步成为内廷的监察机构。太祖晚年曾下令焚毁锦衣卫的刑具以安民心,更命令内外刑狱都必须经由国家正式的司法机构受理裁断,不再依赖锦衣卫。但是,成祖以武力夺取皇位之后,不仅恢复了锦衣卫的设置,更开始倚赖宦官这个特殊利益集团,设立东厂,强化控制。

有明一代,锦衣卫定制变化如下:

年代	部门名称	主要官员的品阶
至正二十四年 (1364年)	仪鸾司 亲卫指挥使司 都尉司	正七品 正三品 正三品
洪武三年 (1370年)	亲军都尉府(管左、右、前、后五卫军士,下设仪鸾司)	正五品

---

[1] (明)孙承泽:《天府广记》卷10《六科》。

第三章 传统政治体制变迁下的中央司法机构：司法权的嬗变

续表

年代	部门名称	主要官员的品阶
洪武十五年（1382年）	罢仪鸾司改为锦衣卫 都指挥使一人 指挥同知二人 指挥检事四人 其下有"御椅"等七人	从三品 正六品

从锦衣卫的设立过程来看，它在设计之初并非一个监察机构，更多属于军事性质的单位，其所承担的职能也与皇帝的出行警卫、仪仗有关，后期才成了一个具有司法监察性质的机构。更为特殊的是，锦衣卫从获得缉捕侦查权开始就只听从皇帝的直接命令，而不必经过外廷三法司（仅早期还需要获得刑部的手令），且所办理的案件，刑部与大理寺都无权更改其结果（这个结果不一定是判决结果）。

起初，锦衣卫中有专门执掌刑狱的衙门，即镇抚司。洪武十五年（1382年），设置锦衣卫不久，朝廷就在镇抚司之外再设北司，由此锦衣卫有南北镇抚司之分：南镇抚司专理本卫范围内的法纪军纪之刑名；北镇抚司则掌管"诏狱"，主要负责重大案件的侦查缉捕职权。镇抚司独立于都指挥司的管辖，皇帝特逾给予镇抚司信印，以便工作，直接向皇帝负责。当时有史料记载：

> 镇抚司职理狱讼，初止立一司，与外卫等。洪武十五年添设北司，而以军匠诸职掌属之南镇抚司，于是北司专理诏狱。然大狱经讯，即送法司拟罪，未尝具狱词。成化元年，始令覆奏用参语，法司益掣肘。十四年，增铸北司印信，一切刑狱毋关白本卫，即卫所行下者，亦径自上请

可否，卫使毋得与闻。故镇抚司职卑而其权日重。[1]

由此，锦衣卫镇抚司演化成一个特殊的军事司法机关。锦衣卫组织性质的转变与皇权的扩张有直接联系。因为稽查官员职务犯罪，普通的侦查、审判组织无论从效率上、保密性上，还是手段上、安全性上都无法与军事组织相比；为此直接动用皇帝亲掌的锦衣卫介入调查，赋予他们极大的办案权限，不失为在政府运行之外贯彻君主意志的有效手段。

（二）小结

综合上文以及相关史料的记载，明代中央政府权力运行的基本模式大致如下图：

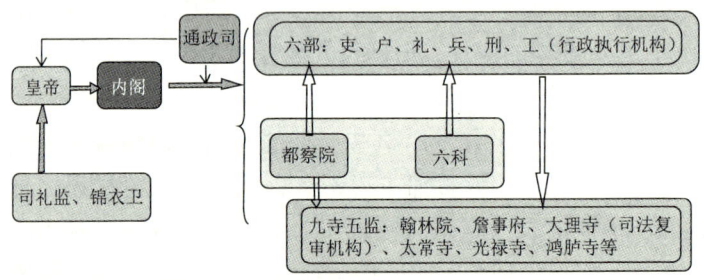

注：1. ▢监察机构 ▢执行机构 ▢决策机构

2. 明代"九寺五监"[2]与六部之间并非正式的上下隶属关系，其职能上既有分工也有重合。但对国家权力运行而言，六部是处理政务的中心。

3. 通政司在明初时地位盛隆，对各部寺奏章进行分类并转呈皇帝；明中后期，皇帝疏于朝政，往往将政务交于内阁和司礼监，内阁大臣往往绕过通政司采用密疏直达御前。再加上厂卫机构多有情报，导致皇帝怠于批阅前朝常规奏章，通政司地位逐步下降。

---

〔1〕《明史》卷95《刑法志三》。

〔2〕明代"九寺五监"指的是：大理寺、太常寺、太仆寺、卫尉寺、鸿胪寺、光禄寺、宗正寺、司农寺、太府寺；国子监、军器监、少府监、将作监、都水监。

第三章 传统政治体制变迁下的中央司法机构:司法权的嬗变

根据上图,有以下几个方面值得注意:

首先,内阁逐步制度化,地位不断上升,成为处理政务的中枢。在废除中书省的背景下,皇帝为了应对骤然增加的工作量,逐步开始挑选得力之人为其处理各种公文奏章;且仿效宋制,设立殿阁大学士作为顾问,协助皇帝批阅奏章,执行封驳,逐步形成定制,这便是内阁制度的由来。随着时间的推移,其职能由"备顾问"扩张为"参预机务"。但此时的内阁没有形成机构,也不置官署,地位也在六部之下。而后内阁出色、高效的政务处理能力使皇帝倍加重视,阁员地位也一路上升;到了仁宣时期,内阁官员品阶上虽低于尚书,但却已经是整个朝廷政令的中枢。阁员实际地位远高于六部官员。嘉靖以后,内阁的班次已正式位列六部之上了。

明代内阁的形成被认为是皇帝废除宰相制度的直接后果。在封建制度发展的后期,皇帝对应前朝的政务,显然不是一个个体可以承受的;相反,"皇帝"本身也越来越制度化、规范化,而形成一个实质意义上的机构。历朝以来,每次皇权集中程度加深,都会在君主身边出现新的侍从班子,直接听命于君主意志,并对接前朝的事务。与此同时产生的矛盾是,该机构一旦被制度化(例如,由内廷转为外朝机构),就会丧失了皇帝最初设置该机构的意义,转而再次形成新的助手班子。在明代的政治格局下,虽然内阁权重,具有一定的决策权,但皇帝也会对其加以制衡,具体执行者就是后宫的宦官体系以及从属皇帝亲军的锦衣卫。他们可以绕开正式的司法机构,直接贯彻皇帝的意志。从整体上看,非正式司法机构锦衣卫的出现,一方面体现出明代司法体系的混乱,另一方也恰恰体现出前朝政府机构运行制度的成熟度——高度制度化的运转令政府有脱离君主掌控的风险,为此皇帝意志需要通过非常手段才能渗入。

其次，皇帝直接接管六部，使六部的地位得到提高。明代尚书不但在品阶上从原来的正三品提高到正二品，且脱离了中书省长官僚属的身份，可以作为一个独立机构的长官办理机构内部事务。各部长官对本署机构内官吏的约束更为有效。这也促进了包含刑部在内的"六部"加强自我管理的力度，使得机构结构更为紧凑，职能更加清晰。当然，它的行政化色彩也随之更浓。

从内部设置而言，明代六部一改唐宋六部二十四司的传统，充分显示出当时中央政府对地方进行有效控制的基本手段：财政与司法。明代将刑部与户部根据地域的不同划分为十三清吏司，更加凸显了当时朝廷对于地方财政、司法事务的控制力度。当然，这与明代地方治理机构职能一分为三（督抚总领，区分行政、司法、军事，分由承宣布政司、提刑按察司、都指挥司执掌），科层化程度不断加深，使得地方政务规模不断扩大有关。为了保证对地方的有效控制，明代司法审判权上移，大量案件需要移送中央处理，这与当时处理司法事务的重心转移至刑部有直接的关系。从实践中可知，当时大理寺的规模，例如官员编制（本书第五章具体论述）等已经难以应对全国上下数量庞大的司法案件，而刑部十三清吏司"中央—地方"纵向科层设置，在结构和规模上更符合应处理全国范围内司法事务的职能要求。

最后，监察权已成为君主权力的重要表现，这深刻地影响着当时司法权的运行。相较元代，明代对朝廷机构运行的监察更为严密。都察院针对中央、地方监察的内容更为完善，监察系统内部也存在相互的制约。例如，"刑科"与"都察院"同为监察体系，皆对刑部工作有监督职能：前者主要通过深入到刑部日常运行的各个环节给予事中、事后监督，后者通过对官员的考核进行事后监督。同时，六科和都察院之间也存在相互监察的关系。六科属于谏官体系，原则上可以对政府的任何官员

第三章 传统政治体制变迁下的中央司法机构：司法权的嬗变

进行弹劾纠举，体现"以下制上"的制衡机制；（都察院）监察御史为监官体系，可以通过正式考核制度对所有官员进行监督，体现"以上制下"的制约关系。两者相互配合，彼此制约，共同形成一个严密、纵横交错的监察网。

在此意义上，司法审理工作就同时承载着履行社会治理职能和实现皇帝对官员监督的双重意义与价值。这也是封建社会成熟期（明清时期），司法机构运行的基本特征——司法监督权的凸显。在该特征之下，审判权仅仅在技术上被赋予独立的价值，司法事务独立于其他行政事务；但在权力性质上，审判权运行中具有多种性质权力参与的行政色彩，并且无法摆脱自上而下的科层化趋势。

（三）清代的中央司法机构

1. 入关前的司法状态

清代处于中国封建时代的末期，又是少数民族政权，故兼有"制度完善"与"民族特色"的双重特点。从努尔哈赤统一女真各部到皇太极时代被视为清代制度的草创时期，并无严格意义上的司法机关，也无清晰明确、系统化的成文法。如遇到矛盾纠纷，则由下设的"扎尔固齐"（断事官）处理。且扎尔固齐还掌理国政、统帅军队。

万历四十三年（1615年），努尔哈赤创立八旗制度，司法上也开始具有雏形，初步形成从中央到基层的不同审级，分别为：牛录、按都堂、五大臣、诸王、可汗。"凡事，都堂先审理，次达五臣。五臣鞠问，再达诸王。如此循序问达。令讼者跪于太祖前，先闻听讼者之言，犹恐有冤抑者，更详问之，将是非剖析明白，以直究问。故臣下不敢欺隐，民情皆得上达矣。"[1]

---

[1]《清太祖武皇帝实录》卷2"乙亥年正月"。

天命十一年（1626年），皇太极即位并依照明制，对金的司法机构进行了改革。为了巩固权力，在原本拥有一定自治权的八王（即八大臣、各旗旗主）之外，又设立了十六大臣负责辅佐国政，审理讼狱。金于天聪五年（1631年）仿明制设立刑部，当时由济尔哈朗负责管理，下设有"满洲承政二人、蒙古承政一人、汉承政二人，参政八人，启心郎一人"。[1] 同年，皇太极下令取消旗一级的审判权，案件将视严重程度分送刑部以及牛录（基层司法机关）审理。《清太宗实录》记载："天聪六年八月廿九日下令八旗八固山额真，于所属各旗，察问民间贫乏疾苦，并悉心审断罪犯。"根据当时史料可知，清初期的司法体系依然比较粗糙，行政事务和司法事务的区分并不十分清晰，实践中没有形成严格的审级，刑部审理的案件需要在每月逢五的日子上奏，等待皇太极最后裁决。

除上述基本建制之外，许多具有民族特色的审理机构也得到保留。例如，传统的诸王贝勒大臣会议，虽然属于临事而议的形式，但往往是奉旨进行，所审议的案件大多涉及皇亲或者案情重大，但案件最后裁决仍取决于皇帝。还有专门处理皇室犯罪的"觉罗会议"。此时的金（清）已初步具有六部机构的设立，兵部、户部、礼部对于违反本部律令的诉讼具有专属管辖权，部分情况下也出现过联合审理的做法。对于外藩蒙古地区的案件，则由理藩院大臣会同外藩蒙古贝勒大臣共同审理。

总体而言，入关之前，金从一个原始狩猎部族发展成为威胁明朝统治的政治军事组织（准国家形态），司法机构发展也十分迅速，但距离一个成熟稳定的司法体系仍有很大差距。

---

[1]《清太宗实录》卷50。

第三章 传统政治体制变迁下的中央司法机构：司法权的嬗变

2. 军机处：总领政务的秘书机构

在清代中后期，中央政府的权力运行基本延续了明代的传统，但也不乏有一些调整：以军机处替代内阁，六部之上又设立了管理大臣，以求加强对六部的监管与控制。

清朝初期延续了明代的传统，保留了内阁制度，职能为"掌议天下之政"；但在实践中，清代"内阁"与明代相比，权力多有削弱。并且，当时清朝还保留了颇具民族特色的"议政王大臣会议"制度，"凡军国重务不由阁臣票发者，皆交议政大臣会议"。[1] 康熙时期，曾一度设立南书房，架空了内阁的职能。雍正七年（1729年），皇帝为了迅速处理西北军务而设立了军机房，被视为军机处的前身。军机房的成立即取代了议政王大臣会议和南书房的地位。雍正十年（1732年），改称为"军机办理处"，设有军机大臣、军机章京，均为大臣兼职。后乾隆时期又再度设立军机处，是为定制，一直延续到清末。

军机处的职官主要有军机大臣和军机章京，前者是皇帝从满、汉大学士、尚书、侍郎中挑选出来的；后者为前者的僚属。军机大臣并无定额，最初为三人，最多时候为十一人。其中一人领班，总揽诸事务，一般由满大臣担任。军机处的主要职能包括两个环节：①收集信息，包括中央各部、寺监、内务府等各个部门以及地方十八省、边疆将军、办事大臣等，皆无需经过内阁，直接交往军机处，具体的文书工作由军机章京分类负责。②为皇帝出谋划策，具有智囊的职能。军机大臣会根据皇帝旨意，在掌握大量信息的基础上提供方案，供皇帝最终决策。一般而言，日常事务军机处可以根据律典或谕旨直接作出决定，重大事务必须由皇帝决定。本质上，军机处已经成为皇帝掌理

---

[1] （清）昭梿：《啸亭杂录》卷4《议政大臣》。

朝政的秘书机构，当然皇帝的决策也处处有着军机处的影响；同时，军机处则完全处在皇帝严密的监控之下。待决策完成，皇帝可以选择绕过内阁乃至中央各部直接向地方传达命令，称为"廷寄"；或者经由内阁公开正式颁布，称为"明发"。这种政务运行模式，一方面使得政府行政的整体效率有所提高；另一方面则使得皇帝专断的权力无所节制，容易出现决策的失误。

3. 刑部、大理寺、都察院

清代中央司法机构依然为三司；依据权重大小，它们依次为：刑部、都察院、大理寺。

刑部

清代刑部延续了前朝传统，为六部之一；仍然以尚书、侍郎为正、副长官，具有满汉联合执政的色彩。一般而言，尚书为满、汉各一人。在清朝前期，满族官员的权力大于汉官，但是中期之后，汉官有了实际的权力。左、右侍郎也为满、汉各一人，与尚书同属堂官，拥有向皇帝直接奏疏的权力，也是军机处大臣的来源之一。故这些堂官之间并没有十分严格的从属关系。

至雍正年间，在尚书、侍郎之上设立管理大臣，但由于他们并不熟悉政务，所以容易造成下属司员的弄权。刑部在原来十三清吏司的基础上增加了四个，改为十七清吏司，各司的长官为郎中、员外郎，具体负责各司的事务，在实际运行中起了很大的作用。另有清档房、汉档房、司务厅、督催所、当月处等辅助性、事务性机构。

与前朝相比，清代刑部职能更加复杂（具体内容会在第四章展开）。清代对于许多重大案件的审理已经形成了比较完善的会审制度，例如最为典型的"秋审制度"。作为一年一次对全国死刑案件（包括判处斩监候、绞监候的犯罪人）的复核程序，

第三章 传统政治体制变迁下的中央司法机构：司法权的嬗变

其本质上具有审理与监察的双重意义。刑部作为地方司法机构对口的中央机构，在秋审中起到最为重要的作用——全国范围内死刑案件的分类、卷宗移送等事务性工作都是在刑部（秋审处）的主持下进行的。刑部利用各级审判机构的层层递送，对全国死刑案件拟判的结果加以审核并提出法律意见。为此，刑部虽然形式上是最高的司法机构，但是具体职能运行更符合行政机构的工作风格。

大理寺

大理寺正式建制于清廷入关之后，总体上依明制而建。顺治初年，设大理寺卿满、汉各一人；少卿为满一人，汉二人。康熙四年（1665年），定制大理寺卿为正四品，远低于当时的刑部尚书和左都御史。康熙九年（1670年），定大理寺卿为正三品。与明代相比，清代大理寺的职能范围更为收缩，彻底沦为一个"慎刑"机构，丧失了独立审判，乃至复核的权力。

都察院

清朝的都察院最早设立于崇德元年（1636年）的盛京，当时设有"承政"和左右参政等官员，其余则无定员。入关并定都北京之后，清朝依照明代体制，对于原本的中央机构作了一系列调整：改承政为左都御史，为都察院最高长官；改参政为左副都御史，无定员；右都御史、右副都御史皆不设专员，而通常以各省督抚、漕运总督、河道总督坐衔。顺治三年（1646年），定左副都御史为满、汉各二人；二年后，定左都御史为满、汉各一人。[1]顺治十年（1653年），定左都御史为正二品；康熙二十九年（1690年），将左都御史列为议政大臣；雍正八年（1730年），左都御史以至从一品，与六部尚书同。以

---

[1]《大清会典事例》卷20《吏部》。

上的左都御史、左副都御史为都察院的堂官。除了上述堂官之外，还设有左佥都御史为都察院副官，但在乾隆十三年（1748年）被裁撤。

定制后，都察院以"左都御史"为长官，左副都御史为副主官；右都御史、右副都御史由各外省督抚兼任，而非京官。与明代相比，都察院很大的变化在于将"六科"并入其中。都察院的下设机构主要有：十五道监察御史、六科给事中、五城察院、宗室御史处、稽查内务府御史处，负责对前朝乃至后宫的全面监察。

七、小结：新旧国家机构的转化：君权和政府权的博弈

本章的主题是"在政治体制背景下讨论历代中央司法机构的变迁规律"，研究该主题的意义就在于通过描述以审判权为核心的司法权在传统君主一元制体制下的基本运行规律，为后续进一步剖析和探讨传统司法权的构造和行政化趋势提供必要的基础。下文就以"三法司"在政府机构中的地位变迁为研究对象，展开分析。

正如本书第二章所述，中国早期的官署基本都是围绕首席长官建立起来的，尽管后世国家机构的设置、职能都已经十分规范、完善，但仍然可以看到最初这种习惯的影响——最高长官与其所在机构政治地位高低的相对一致性。当然，在封建官职成熟时期，出现了官员品阶和执掌分离、机构长官与机构品阶分离等现象。例如，空有品阶但不掌职能的散官制度，差遣制度等。但通常情况下，政府机构与其最高长官的品阶地位仍然会保持一致。下面用两个表格对秦汉到明清时期"三法司"最高长官的品阶变化作一个粗略的统计，从侧面反映其所领导机构本身政治地位的变化。

第三章 传统政治体制变迁下的中央司法机构：司法权的嬗变

朝代\机构	汉	魏晋南北朝	隋唐	宋	元	明	清
大理寺（廷尉）	中二千石	第三品	从三品	从三品	——	正五品、正三品	正三品
刑部	——	第三品	正三品	三品、从二品	正三品	正二品	从一品
御史台（都察院）	第二等	从三品（第四品）	正三品	三品	从一品	正二品	正一品

注：1. 汉代官制共分二十四个等级：（丞相，大司马，大将军）、御史大夫、中二千石、真二千石、二千石、比二千石、千石、比千石、八百石、比八百石、六百石、比六百石、五百石、四百石、比四百石、三百石、二百石、比二百石、百石、斗食、佐史、佐史以下。

2. 晋朝采用的是九品正中制，官制共分九个级别：上上、上中、上下、中上、中中、中下、下上、下中、下下。北魏在九品的基础上又把每品分为正、从两种，成为十八等；自正四品以下，每品又分上下阶，这样总共三十等。

3. 隋唐官制共分九品十八阶：正一品、从一品；正二品、从二品；正三品、从三品；正四品、从四品；正五品、从五品；正六品、从六品；正七品、从七品；正八品、从八品；正九品、从九品。

4. 宋代在元丰改制前文官共分三十等级，改制之后沿用九品十八阶的制度。

5. 元代、明代、清代官阶实行九品十八阶的制度。

朝代\机构	秦汉	魏晋南北朝	隋唐	宋	元	明	清
大理寺（廷尉）	57	52	48	48	0	36	48
刑部	0	52	52	56	52	60	64
御史台（都察院）	60	48	52	52	64	60	64[1]

[1] 该表格通过统计各个朝代中三司长官的官阶排名，然后根据不同时期官阶的数量求出最小公倍数（例如汉代为24等，明清为18等）综合计算得出。元朝不设大理寺、秦汉时期无刑部，故为0。

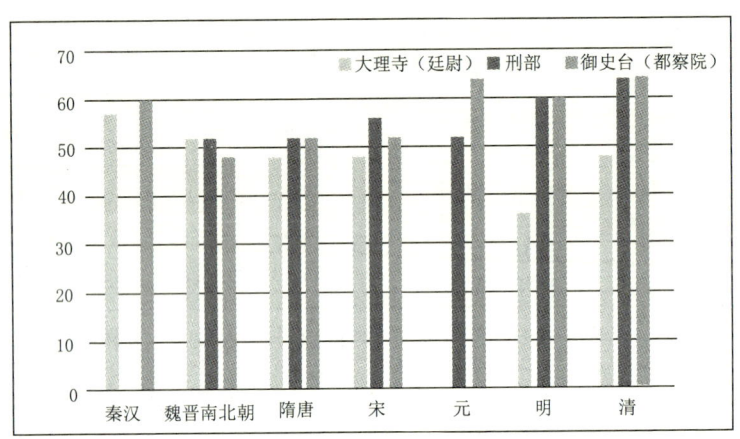

通过上图关于中央各司法机构位阶的变化,似乎可以从外围看到审判权(或严格而言是司法权)在中国政治治理体系中的某种嬗变:

第一,作为传统社会治理的重要手段之一,越来越成为政治治理体系中的重要组成部分。与西方早期文明相比,中国政治成熟得较早;当其他民族还在依靠宗教巫术等先验力量统治国家时,华夏早期文明关注的重心就逐步开始从"神鬼"转移到了"天",再从"天"转移到了"礼制"。而"礼"本质上就是人们日常生活方式的总结。所谓"礼从俗",这里的俗即为与百姓日常生活息息相关的风俗习惯。它极少涉及宗教式的"来世",更多关注类似婚丧嫁娶等现实的秩序。为此,世俗社会的规则就成为统治者维持统治的重要支柱。

第二,从三个机构的品阶而言,整体上呈现上升趋势。如果再进行同时代三法司地位的横向对比,可以明显看到大理寺地位的相对下降,刑部、都察院地位绝对提升的趋势。

对于大理寺(廷尉):与之同时期存在的其他诸卿寺监的职能,其中很大一部分执掌与祭祀礼制等为皇室宗亲提供的某种

第三章 传统政治体制变迁下的中央司法机构：司法权的嬗变

专项服务有关；这些机构在六部制度确立的过程中逐步或被兼并，或被废止，或成为闲散衙门，只有负责司法审判职能的廷尉（大理寺）机构从春秋到清末时期一直存续。尽管其职能有所缩减，官署名称有所变化，但作为一个"司法机构"的地位始终未被动摇过。但与此同时也应该观察到，大理寺位阶变化总体呈现下降趋势，尤其到了明代，是大理寺品阶的历史最低点，至清代虽有恢复，但其与刑部、都察院的差距进一步被拉大。

对于刑部：该部门作为一个从中朝官（署）转变而来的机构，在逐步走向前朝的过程中符合并满足了封建集权下，皇帝分类、安全、高效处理政务的现实需要——根据轻重缓急处理各类政务。刑部的官阶从其诞生以来除却元代相对有所下降，一直稳步有升，尤其以明清时期提升最快。

刑部作为一个专司司法事务的机构正好体现出司法事务处理的专业性。当然，这里的"专业性"并不是形成西方法学意义上的专业分工，而是统治者显然把司法事务作为一类特殊的行政事务，单独予以归类处理。如果把吏、户、礼、兵、刑、工六部执掌的对象高度抽象，或许可以得到以下对应关系：吏——官；户——财；礼——皇帝宗室；兵——军；刑——民；工——城。从这个意义上说，这也与西周以来"礼不下庶人，刑不上大夫"的原则近似。为此，虽然司法权（审判权）在整个封建社会发展过程中日益受到其他权力的干预，但是从政治体制整体演化的角度而言，司法权整体在国家权力中的比重是日益上升的。

对于御史台（都察院）：御史台的变化呈现一个较为明显的"U"形。魏晋时期处于一个低谷，之后地位上升迅速，元代成为御史台位阶的顶峰，至明清时期稍有回落，但总体趋势依然为上升。这是因为元代少数民族政权颇倚重监督，御史台规模、职能不但得到扩张，且垄断监察事务。但至明清时期，原有的御史台被都察院所替代，监察系统更具多元化，都察院一家独大、总览监察的局面不复存在。

第三，皇权一元制背景下，司法权内部出现了分化；其本质是基于"权力分割、自我削弱、内耗"的技术让皇权的运行更加安全和集中。从传统社会中央机构运行的趋势而言，基本呈现出如下特征：①权力单向流动，②职能不断分割。对中枢机构，从原来"三公"集议的形式，到中书省、尚书省、门下省依次崛起，虽有部分决策权，但任何一个机构对国家事务的处理都不拥有完整的权力。任何机构的实际运行，无论从价值目标还是最终结果，其指向的唯有皇权。同时此过程中，任何诉讼程序（严格而言应为流程）均被赋予了执行与监督执行的双重色彩。

由于监察权的不断扩大，以及职能分割的影响，司法权内部将权力从技术上一分为三：审判权、司法行政权、监察权。当然，这样的区分是建立在现代法学理论基础之上的。对照当时背景下中央司法机构的划分可知，这并不是以单个"机构"为单位分掌这三种权力，而是有所重合，所以这也并非简单的分工。例如，明清时期，刑部就同时拥有这三种权力。但无论怎样变化，审判权始终是司法权的核心，审判权的转移是导致司法重心变动的直接原因。这点在"三法司"地位变迁的过程中体现得最为充分。这种变化说明：①从技术上而言，掌理审判职能的机构自然就成为三法司的中心，这是由司法权本身的特征和性质决定的。②三法司执掌三种司法权，这本身也体现对审判权的某种分割。从处理事务的具体对象上，三法司管辖案件的范围和性质本质上并无特殊之处，仍然主要以普通刑事案件为主；就审判技术或者表现而言，体现为多个司法机构的

第三章 传统政治体制变迁下的中央司法机构：司法权的嬗变

联合办公。单纯由审判机构作出的案件处理结果既无既判力，又无终局性。在此流程之后，还需要司法监察机构适时予以复核确认，某些特别重大的案件则形式上需要经过多个其他机构（未必皆为司法机构）参与会审，才能最终确定。本质上，这整个过程综合起来才是现代法学范畴上的"审判程序"，才可能具有既判力。

在人类历史发展的过程中，各个早期文明均出现过审判机构，并呈现多种形式。例如，两河流域时期具有浓郁宗教色彩的神判，古希腊时代具有民主色彩的陪审团制度，当然也包括被后世认为是西方司法制度之滥觞——罗马时期职业司法官的独立审判。在中国司法文明的发展史上，审判形式也随着政治权力的演变而演变。这是因为司法权自始至终都存在于一元制皇权的大格局下，就必然受到该权力环境的影响：形式上表现为司法重心的转移、司法机构的分工；但最本质的规律仍然是通过对审判权运作自觉或不自觉地调整，以求得与当时的政治体制相适应。故传统社会后期的审判形式越来越具有"群体审判""商议审判"的特征，这在一定程度上丧失了对"审判本质上为司法官适用法律之技术"的强调。

同时，本书将用"司法行政化"来描述司法机构的运行日益陷入行政机构科层式的运行模式之中，以及监察权在技术上不断渗透、形式上不断覆盖审判权的基本规律。

第四，司法重心从原来的"廷尉"逐步转移到"刑部"，这本质上是国家新旧机构整体变迁的一部分——政府机构从皇帝的"私人官员"向国家正式机构转换。这是君权和政府规范运行之间相互博弈的结果。同时，君权扩张之后，地方治理机构部分权限上移于中央政府，这也对一整套行政科层技术提出了高效、安全的新要求。

"三公九卿"制原本是对西周以降、春秋诸国政治传统的继承和发展。这套制度早期具有明显的君主私臣色彩：例如，诸卿中定向为君主提供服务的官署就占一半以上，廷尉几乎是唯一一个面向社会，提供公共产品的机构（大司农、大鸿胪勉强可以算上）。与"三公九卿"制相匹配的政治环境是：采用分封制，地方拥有高度自治权力，并与中央政权保持着松散的统治关系。秦代存续时间太过短暂，无法验证这套体系的效果，但是汉代统治者奉行政治上的大一统，将地方管理权逐步上移中央的过程中，就恰好证实了这套体系在权力运行中的效率、安全性皆不足以满足权力高度集中下，皇帝领导中央政府治理（国土辽阔、人员众多）国家的迫切需要。为此，统治者开始倚重身边的"私人机构"，为其处理政务提供便利、高效的服务，并且能保证彻底贯彻君主意志。这些机构在运行一定的时间后，就会在与前朝的对接中逐步获得正式的权力，由内廷走向前朝，成为国家正式机构的一部分。而后，君权则又开始新一轮的扩张，周而复始，最终直到国家机构可以承载的极限。

随着政务繁多，处理权日益集中在中央，诸卿这种专司诸侯国事务的机构显然不能满足科层化后的需要，这不仅仅在于机构的规模，更在于这些机构缺乏维系科层制之下政务运转的技术。历史实践证明，最初六部作为君主私人的辅助机构，其行政化的工作方式更高效、更具执行力，也符合与地方事务相对接的技术要求。某种意义上，刑部就是中央集权科层制下诞生的机构，它具备了"司法机构被行政化"后，"工作对下高效，权力唯上安全，中央压倒地方"的基本特征。

第四章 传统中央司法机构职能的变迁：审判权的量变和质变

在对本章主题展开分析之前，首先需要明确一组既有关联又有区别的概念，即"司法"与"审判"。简单来讲，审判是司法事务的核心，但是司法事务又不限于审判事务。"审判"通常指的是，审理案件并给予判决。"司法"通常指的是司法机关以及司法机关的工作人员依照法定职权和法定程序，具体运用法律处理案件的专门活动。

就审判的"原始结构"而言，是控辩双方具备，判决者居中持平，并根据一定依据处理双方的争议纠纷，得出一定的处理结果，且该结果拥有既判力和强制执行力。法家的集大成者韩非子曾断言法律最大的功能在于"定分止争"，而审判不过是践行这项功能的其中一种主要形式。审判最基本的组成环节，包括找寻（法律或者真实）事实视为"审"，根据前述的事实、结合某种规则给予一定的处理结果视为"判"。在这层意义上，审判更多体现为一种解决纠纷的处理手段，而并非首要强调其公平、公正的价值理念。

所以，在我国古代封建社会中，对审判事务的安排更多以一种依据管理对象本身不同，分别进行配套设计的方式展开，由此作为解决争议纠纷的一种常规手段。但西方法律语境下，根据权力运行模式的不同而将审判（或者司法）事务作为一个足以单独运行、具有自洽逻辑乃至终极权威的独立领域。

在中国政治体制的设计中,至少包含着"分工"和"分权"两种技术。前者主要是各部分之间以平行、配合为主,后者是各环节之间以叠加、制约为主;前者侧重"效率",后者侧重"安全。"

例如,在封建体制中存续了一千多年的"六部制度",在原则上即是一种针对不同管理对象,平行式的分工。六部之一的刑部虽然主理全国的律法狱政事务,但其余平行的五部,在一定的范围内也都保留有审判的权力,各自皆有管辖范围,互不干扰牵制,亦无上下级区分。刑部从无到有,大理寺则一直作为国家司法机构存在(元代除外),这更加表明了在中国古代的法律传统中,审判与司法(刑狱)的关系并非西方法律语境中那样纯粹。

在传统司法领域的三种权力中,若从行政化程度高低的角度,从低到高依次排序应当是:审判权、司法监察权、司法行政权。审判权要求能排除其他权力的干预,公正地作出判决;司法监督权作为一种事后监督也需要独立完成;司法行政权则更多是一种对司法实务的组织性、管理性权力。

如何从权力分割的角度理解中国古代"司法机构行政化"是本书主题展开的线索。这可以从以下分析路径进行:三个司法机构职能之间彼此消长,尤其需要关注审判机构(审判权)的变化。该种变化主要体现在:①审判权的转移:从品阶较低的大理寺向品阶较高的刑部转移,看似审判权在政治体制中有所提升(刑部),但在本质上却是下降(大理寺)的。②审判权的内部分化:直接审理机构作出的判决不再具有既判力和执行力,而是需要监察机构的再次复核才可生效。故此时的审判权空有其运行的技术,而丧失了审判固有的价值和效果。更为重要的是,通过把审判效果从审判技术上剥离,而将其牢固地

第四章 传统中央司法机构职能的变迁：审判权的量变和质变

纳入政府行政化运行的流程中。

在这此过程中，传统的司法机构由一而二，二而三，形成了一整套技术上相互分工，体制上相互制约的工作模式。关于这个过程，结合相关史料，笔者认为基本可以区分为三个阶段：

第一个阶段：审判机构逐步建立，主要对应的时期为秦汉至南北朝。在该时期，社会事务日渐繁杂，律法激增，中央司法机构逐步由一法司向二法司过渡。虽然有着尚书机构对原廷尉机构职权的侵夺，但本质上却彰显了该时期，司法事务在数量和质量上不断扩张的事实，以及司法事务运行的专业化程度不断提高的趋势。此为法律治理的上升期。

第二个阶段：司法权运行平衡阶段，主要对应的时期是唐宋。该时期，三法司职能之间实现了一个大致的平衡，司法权一分为三，分属三个不同的部门，彼此之间既有分工又有制约，由此形成了一个颇具中华法系特色的审判+复核的双重运行模式。

第三个阶段：中央三法司之间的失衡阶段，主要对应的时期是（元）明清。在该时期，三法司中以刑部最重，都察院次之，最末为大理寺。刑部同时掌握了司法行政权与审判权。原本的审判机构"大理寺"蜕变为"慎刑"机构，仅仅具有非独立意义上的复核权和审判权。明清时期"会审制度"的发达，使得许多案件的审理在形式上不具备审判的技术含义，更多以一种混合各方官僚（非职业法官）观点、讨论式的方式得出最终结果。监察体系的膨胀使得司法审判的每个环节几乎都被渗入监察权。但从政治治理目标而言，这符合对司法"正义"和效率（最主要是"正义"）的追求。因为在中国传统文化中，司法正义的终极判定与权力本身层级的高低密切相关——数量越多、层级越高的国家机构介入越意味着形式上具有正当性。

· 133 ·

但从审判技术而言,该过程却日益受到包括行政机构在内的各方权力介入。

一、秦汉时期:一法司

秦是中国历史上第一个封建中央集权制国家,汉代初期对秦代制度有着高度的继承。廷尉是秦汉时期中央最为核心的司法审判机构,它与西周时期的中央司法机构(秋官体系)最大之不同,就在于它专司审判,更具专业性。随着汉代地方郡县制度的完善,[1] 中央审判机构的职权大大扩充,最终形成了一个以审判权运行为核心业务的政府部门。廷尉署不仅需要直接审理上方指定管辖的案件,还需要审理地方政府移送的重大、疑难案件。当然,廷尉署的最高长官作为中央政府的一名高级官员,位列"九卿"之一,也需要参与朝廷重大事项的讨论。针对某些重要案件,当皇帝认为需要进一步讨论,则同时意味着该机构丧失了对此案的独立管辖,需要与其他政府机构一同分享对案件的处理权。与此同时,它自身运行是否必须保持独立,多大范围、多大程度上保有独立,似乎从该机构设置初始就不是人们关注的重点。

秦汉时期,御史台得以保留并进一步规范化。此时的御史台拥有针对百官的弹劾权,以及针对皇帝的谏议权。对后者,更多需要依靠帝王自我修养、社会舆论压力、祖宗家法习惯等维持;对前者,具有风闻言事的传统,但尚未形成刚性制度,也不具有司法权的属性。故在此将御史台(监察御史)排除在外。此时,真正形成刚性制度和相对稳定、规范职能的中央司法机构即为廷尉,故称为"一法司"时期。

---

[1] 汉初,国家虽然实行"郡国并行"制度,但最终还是在武帝时代"推恩令"的颁布下回归到郡县制度。

第四章　传统中央司法机构职能的变迁：审判权的量变和质变

由于资料限制，对秦代中央廷尉的职能，本书在此不予重点展开。汉代对秦代制度多有继承，且享国时间较长，各项制度运行更为规范、稳定，史料也更为丰富，所以本节的讨论以汉代中央司法机构职能为主。

汉代初期延续了秦代中央官制，"廷尉"仍为中央一级专职审判机构（或者是司法机构），位列九卿之一，地位颇为尊贵。《汉书》中曾有记载翟公"门可罗雀"的典故："下邽翟公，为廷尉，宾客填门，及罢，门外可设雀罗，后复为廷尉，乃署其门曰：一死一生，乃知交情，一贵一贱，交情乃见，一贫一富，方知交态。"[1] 该典故从侧面说明，廷尉在当时实属炙手可热的要职。

廷尉职能在《汉书·百官公卿表》中的记载十分简单，即"掌刑法、管讼狱"，以及遇到重大疑难案件时必须"廷狱必质诸朝廷，与众共之"。[2] 综合其他各类史料，总体而言，汉代廷尉的主要职能包括以下几个方面：

第一，拥有一定的律法起草权。严格而论，汉代百官正式职权内容中并没有该项权力，但史料中却有关于廷尉官员参与甚至单独起草法律的记载。故对当时政府而言，虽继承了秦代改"命"为"制"、改"令"为"诏"的做法，皇帝拥有无上的立法权，但具体的立法工作则依然需要相关机构承担。

汉初，各项制度均不够完善，需要大量立法补充空白。例如，汉武帝时代，曾命当时的廷尉张汤制定《越宫律》，其内容主要是关于宫廷警卫事务方面的律令。事实上，汉朝初期，不但律法凌乱，有时甚至还直接沿用秦代律法；在起草法律方面也没有严格的程序。例如，《九章律》由丞相萧何起草、《傍章

---

[1]《艺文类聚》卷49《职官部五》。
[2]《汉书》卷19上《百官公卿表》应邵注引。

律》由儒生叔孙通起草,《朝律》由赵禹起草,"韩信申军法,张苍定章程"。[1] 这都表明在当时的情况下,针对某项具体事务的立法起草并无一个专职机构,更多是依赖零散的官员个体。张汤作为当时的廷尉,他所起草的律法也与廷尉"审判刑狱"的工作并无严格对应关系。当然,这也表示,若长官接受起草某项律法的任务,则意味着整个机构也需要相应承担一定的工作。

第二,作为中央最高司法审判机构,掌理地方移送的疑难、重大案件。这也是廷尉署日常运行中最为重要的工作之一。当时的史料也记载了廷尉熟悉律法、善于断案的情况,"光武时有疑狱,见廷尉,曹史张禹所问辄对,处当详理,于是策免廷尉,以禹代之。虽越次而授,亦足以厉其臣节"。[2]

《汉书·刑法志》曾记载了著名的高祖七年的诏制:

> 狱之疑者,吏或不敢决,有罪者久而不论,无罪者久系不决。自今以来,县道官狱疑者,各谳所属二千石官,二千石官以其罪名当报。所不能决者,皆移廷尉,廷尉亦当报之。廷尉所不能决,谨具为奏,傅所当比律、令以闻。[3]

当时汉代品阶为秩比二千石的官员很多,这里特指地方的郡守。从上述的诏命可知,中央廷尉接受移送的案件主要是指地方县令上报郡守,郡守亦无法处理的疑难案件。根据出土的张家山汉简《二年律令》记载,移送至廷尉的案件主要包括两种情况:

---

[1]《汉书》卷1下《高帝纪下》。
[2]《通典》卷25《职官七》注引。
[3]《汉书》卷23《刑法志》。

第四章 传统中央司法机构职能的变迁:审判权的量变和质变

一是,地方郡守所移送的疑难案件。这里主要区分两种情形:

情形一"移谳":经过复审仍然需要上谳的县级受理案件:县令—郡守—廷尉。《奏谳书》中记载了县一级疑难案件移送到郡守的情形。案例中郡守对案件进行复审,但仍有疑问,则上报廷尉,这样的做法一般被称为"移谳"。《定谳书》中记载了一则相关的案例:

> 十一年八月甲申朔。己丑,夷道(冷)丞嘉敢谳之。六月戊子发弩九诣男子毋忧,告为都尉屯,已受致书,行未到,去亡。毋忧曰:'变(蛮)夷,大男子。岁出五十六钱以当县(繇)赋,不当为屯,尉窑遣毋忧为屯。行未到,去亡,它如九。窑曰:南郡尉发屯有令,变(蛮)夷律不曰勿令为屯。不智亡故,它如毋扰。诘毋扰:"律,变(蛮)夷男子岁出賨钱,以当繇(繇)赋,即复也,存吏,毋解。"
> 问:如辞,鞫之:毋扰变(蛮)夷大男子,岁出賨(cong),以当繇(繇)赋,窑遣为屯,去亡,得,皆审。疑毋扰罪,它县论,敢谳之,谒报。署御史曹发。吏当:毋扰当要(腰)斩,或曰不当论,廷报:当要(腰)斩。

在这一则《奏谳书》中可以看到,官员们对于案件事实并没有太大的争议,争论的关键在于适用法律中的量刑问题——是否应当处以腰斩。司法官们对此争执不下,无法定论,于是最后上报到廷尉。廷尉给予回复,肯定了"腰斩"的量刑。其中关于"它县论,敢谳之"的含义,有学者认为是指直接由县级上报致廷尉而没有经过郡守一级,另有学者认为是经过了郡守一级的复审而上报到廷尉。

根据当时汉代《具律》的规定："县道官守丞毋得断狱及谳。相国、御史及二千石官所置守、叚吏，若丞缺，令一尉为守丞，皆得断狱、谳狱，皆令监临卑官，而勿令做官。"[1] 从该条律文可知，在一般情况下，复审地方县级移送的案件由郡守主持；同时郡丞、郡守丞皆有此资格，并需要"以其罪名当报之"于廷尉。所以，从现有的资料而言，该案件经过郡守复审再上报廷尉的可能性更大。

情形二"奏谳"：由郡一级直接受理案件中因案情有疑问或适用法律有争议而上报廷尉的情形：郡守—廷尉。通常我们称这种程序为"奏谳"，以示与"移谳"的区别。出土的《奏谳书》也记载了部分"奏谳"案件：第六至十三的案例就属于这类情况。下述八个案件皆是地方郡守对于直接受理的案件在定罪上存在疑问而上报至中央廷尉，廷尉则针对定罪量刑问题，直接给予了答复。

案例六：汉中守谳：公大夫昌苔（笞）奴相如，以辜死，先自告。相如故民，当免作少府，昌与相如约，弗免，已狱治，不当为昌错告不孝，疑罪。廷报：错告，当治。

案例七：北地守谳：女子甑、奴顺等亡，自处彭阳。甑告丞相：自行书。顺等自赎。甑所赃过六百六十，不发告书，顺等以其故不论，疑罪。廷报：甑、顺等受、行赇狂（枉）法也。

案例八：北地守谳：奴宜亡，越塞道。戍卒官大夫有署出，弗得，疑罪。廷报：有当赎耐。

案例九：蜀守谳：佐启、主徒令史冰私使城旦环，为

---

[1] 张家山二四七号汉墓竹简整理小组：《张家山汉墓竹简（247号墓）》，文物出版社2001年版，第148页。

第四章 传统中央司法机构职能的变迁：审判权的量变和质变

家作，告启，启诈簿曰治官府，疑罪。廷报：启为伪书也。

案例十：蜀守谳：采铁长山私使城旦田，舂女为馈，令内作，解书廷，佐恬等诈簿为徒养，疑罪。廷报：恬为伪书也。

案例十一：蜀守谳：大夫犬乘私马一匹，毋传，谋令大夫武裔舍上造熊马传，箸（著）其马识物，弗身更，疑罪。廷报：犬与武共为伪书也。

案例十二：河东守谳：邮人官大夫内留书八日，诈更其徼（檄）书辟留，疑罪。廷报：内当以为伪书论。

案例十三：河东守谳：士吏主大夫，盗书系隧亡，狱史令贤求，弗得。系母媅亭中，受豚、酒赃九十，出媅，疑罪。廷报：贤当罚金四两。[1]

二是，特殊情况下县一级机关直接移送的案件。根据汉初文献记载，县道令、掌、丞除了对部分严重的刑事案件没有终审权之外，其他普通的刑事案件基本可以采用"一审终审"的程序结案。若要究其背后原因，则可能是西汉距离于西周时代分封而治的治理模式并不遥远。县制起源于春秋时期的楚国，郡制起源于秦国，直到秦朝统一后才将郡县制推广至全国。当时地方政府的自治权远比后世同级政府要大，郡守一级甚至可以自行办理、审结死刑案件，无需移送中央。同时，汉代初期诸侯国、郡县并存，中央在习惯上还保持着给予地方较大自治权的传统，这与后期大一统（尤其明清）时期各级政府采用严格的分级转审制度大有不同。

---

[1] 彭浩、陈伟、[日]工滕元男主编：《二年律令与奏谳书》，上海古籍出版社2007年版，第34~35页。

根据汉代《兴律》规定："县道官所治死罪及过失、戏而杀人，狱已具，毋庸论，上狱属所二千石官。二千石官令毋害都吏覆案，问（闻）二千石官，二千石官丞谨掾，当论，乃告县道官以从事。彻侯邑上在所郡守。"[1]可见就当时县一级地方政府而言，它对死罪案件、过失杀人、戏杀案件仅仅具有初审而并无判决的权力。该些案件，县官只能依照职权逐级移送到上级郡守处。但是在汉初的时候，由于全国行政区划呈现出诸侯国与郡县并行的局面，所以地方的司法重心在"县"不在"郡"。政治史学家廖伯源得出了"汉初地方行政的重心在县"的基本论断。[2]

汉初律典对县级司法官的职能多有论述，张家山《二年律令》简103记载道：

  县道官守丞毋得断狱及谳。相国、御史及二千石官所置守、假吏，若丞缺，令一尉为守丞，皆得断狱、谳狱，皆令监临卑官，而勿令坐官。

从上文可知，即使是候补的县丞（假吏）都有断狱、谳狱的职能，正式官员则更不言自明。所以在汉初时期，中央廷尉有受理县级机关移送案件的职能。当然，在高祖七年的"谳疑狱诏"下达之后，县级官员在理论上就丧失了向廷尉直接移送案件的权力，而必须逐级上报郡守。

第三，廷尉在某些特殊情况下，可以成为私人越级上诉、喊冤的机构。虽然，正式的典籍中并没有明确该项职能，但是，可以根据散落于史料中的众多案例推测出当时廷尉的该项职能。

---

[1] 张家山二四七号汉墓竹简整理小组：《张家山汉墓竹简（247号墓）》，文物出版社2001年版，第186页。

[2] 廖伯源：《简牍与制度》，广西师范大学出版社2005年版，第49页。

第四章 传统中央司法机构职能的变迁：审判权的量变和质变

例如，在《汉书·冯奉世传》记载：

> 池阳令并素行贪污……野王部督邮掾赵都案验，得其主守盗十金罪，收捕。并不首吏，都格杀。并家人上书陈冤，事下廷尉。都诣吏自杀以明野王，京师称其威信，迁为大鸿胪。

该案说的是，当时左冯翊下属的"池阳令并"长期贪污不法，由冯野王主政管理的郡府督邮掾赵都对这个案件进行了调查，并证实了"池阳令并"确有"主守盗"的行为，于是对他进行逮捕，汉代称为"系颂"。但是"池阳令并"居然以武力拒捕，结果为赵都所杀。此时"池阳令并"的家属上书给中央廷尉，请求给予干预。虽然，文中并没有写明廷尉对此案是如何干预的，但从案情的发展，至少可以从侧面知晓，在某些特殊的状况下，对于一些比较重大的案件（例如涉及的人员为官员或者贵族），廷尉可以不必被动等待地方政府的移送，直接对该案件进行干预（如何干预，此案例中并未呈现）。廷尉在一定程度上成为一个接受当事人"喊冤"的机构。

第四，对于一些特殊案件，廷尉可以与相关地方司法部门配合，共同"杂治"。例如"东平王云狱"，由廷尉梁相与丞相长史、御史中丞及五二千石（此处指的是五名二千石官员）杂治，"丞相王嘉狱"，则由将军以下与五二千石杂治等。后世的三堂或者五堂会审皆源于此做法。[1]"杂治"主要是对一些特殊案件的调查和审判工作，然后将判决结果上报皇帝。例如，当事人身份特殊，涉及王侯公卿等。若案件发生在京师之外的偏远地区，同时案情又十分重大，中央会派包括廷尉在内的高

---

[1]《史记》卷86《王嘉传》。

级官员奔赴地方与当地官员一起办案。例如，武帝时代，江充"诣阙上书"告发赵国太子丹。武帝接到上书后，便直接派遣使者下诏郡国官吏逮捕太子丹，并将太子丹押送至魏国诏狱；由中央廷尉与地方郡守共同调查并审理，所谓"与廷尉杂治，法至死"。[1]

第五，审理皇帝直接交付的案件，即所谓的"诏狱"案件。秦始皇称帝时曾"改命为制，改令为诏"。故"诏狱"的首要意思就是，皇帝直接交付廷尉审理的案件，"狱"也不单单指监狱的意思，而是有法律案件的含义。

东汉顺帝时期，大司农李固就当时选举人才中出现的种种弊病上书奏言。顺帝接纳其建议，于是下诏各个州县太守县令等人，诏书中称："政有乖枉，遇人无惠者，免所居官；其奸秽重罪，收付诏狱。"[2] 从诏旨内容中可以看出："诏狱"主要以经纠察为非作歹的官吏为主要对象。这一点也应是"诏狱"的特性所在，即适用的对象或者针对的行为具有一定的特殊性：或对象身份特殊，或案件性质比较严重。

当时的"诏狱"往往作为皇帝打击诸侯王的重要手段之一。对那些王侯公卿而言，虽然不必与普通百姓适用同一套诉讼程序而显示出某种特权，但也恰恰是这种超逾常规的特殊司法程序才具有巨大的威慑力。对此，王侯公卿心知肚明且心有余悸——江都王刘建就有"我为王，诏狱岁至"的怨言。[3]

综合上述，本书将汉代廷尉署的主要职能总结如下：

---

[1]《汉书》卷45《江充传》。
[2]《后汉书》卷63《李固传》。
[3]《汉书》卷53《景十三王传》。

第四章 传统中央司法机构职能的变迁：审判权的量变和质变

基本性质	内　容	案件性质	程　序
立法	根据皇帝命令，起草相关法律文本		
审判（独立）	①移谳、奏谳②诏狱	①疑难、重大案件②皇帝下旨指定管辖案件	①被动移送②被动接受
审理（参与）	"杂治"	当事人身份特殊、案情重大的案件	因事而设；可根据诏令奔赴地方，与当地官员共同审理
越级受理	接受当事人及其亲属的"鸣冤"	当事人不服判决越级上诉案件	

从上文可知，此时廷尉的核心业务就是对相关案件的审理，包括皇帝交付的案件、地方主动移送的案件、作为某一机构参与审理的重要案件等。这里需要注意的是，在地方移送审理的案件中，并不包含后世形成定制的死刑案件，而仅仅是一些疑难案件；并且廷尉署在通常情况下，并无主动管辖地方普通案件的习惯。这也可以从侧面看出，此时中央审判机构甚少主动干预地方司法事务。

二、魏晋南北朝时期：二法司

三国两晋南北朝是中国历史上政治格局不断变化的时期：一方面，政府机构在面对外部战争时需要不断完善内部治理；另一方面，面临国内门阀贵族势力的威胁，皇权需要不断加强和巩固。

当尚书机构从后廷逐步转移到外朝，传统"九卿"的地位日益沦陷，甚至部分机构被撤并；但在此期间，廷尉机构却始终存在，并且在北齐时期正式建制为"大理寺"，再次确定了它作为中央审判机构的重要位置。与此同时，尚书台逐步成为朝廷的中枢机构，分割了部分司法权。总体而言，此时廷尉（大理寺）的职能依然比较稳定。尚书官员由于各国官制有别，加上政权更迭频繁，显得相对杂乱无序，但其职能基本是相同的。此外，除去廷尉（大理寺）之外，尚书机构（曹郎）也开始执掌一部分司法行政职能。

（一）廷尉（大理寺）

此时的廷尉作为中央专职司法审判机构，其主要职能仍然延续了秦汉时期的基本特征，以审判案件为核心业务，管辖的案件主要包括三类：①皇帝亲自交付办理的案件，通常被称为"诏狱"的案件。②地方上报符合要求的案件，一般是重大或者疑难案件。③发生在特殊人群之间的各类案件。如发生在朝臣之间的各类刑事乃至民事案件。就司法性质而言，第一类案件显示出皇权之下，廷尉审判作为一种政务分工的本质；第二类案件才切实体现出作为一个国家最高审判机构日常运行的基本特征。从权力运行上看，廷尉的职能和地位，体现了审判技术被"镶嵌"在皇权一元化的政治体制中。对于中国传统审判机构而言，它一开始就建立在君主制的基础之上，无论是最初掌理司法事务的官员，还是演化为专门的审理机构，它背后所体现的第一要务就是提供一种自上而下面向各类不同身份人群（或官吏或百姓）的不同管理模式——而不是简单提供化解社会纠纷矛盾的公共产品——这点与西方审判机构的渊源有着很大的不同。

以下是关于廷尉受理这三类案件的具体情况：

第一类：通常而言，这类案件主要是政治性案件——犯罪

第四章　传统中央司法机构职能的变迁：审判权的量变和质变

人身份往往比较特殊，或者案情比较严重，程序上类似于当下的"指定管辖"。审理皇帝亲自交付的案件，在技术上并不属于主动管辖的范畴，同时由于审理过程中会受到各方权力的介入，最终的判决结果并非廷尉个人能左右。根据案件事实正确适用律法固然是廷尉的本职工作，但是最终的判决结果往往更为复杂，法律显然不是唯一的依据。例如，史料中曾记载了魏文帝在黄初七年时（226年），曾将其所怨恨的鲍勋下诏狱，示意当时的廷尉高柔将其处死。但是高柔依据当时的律法认为鲍勋罪不至死，故拒绝执行皇帝的诏命，最后"帝怒甚，召柔诣台，遣使者承指至廷尉诛勋。勋死，乃遣柔还寺"。[1]

当时，皇帝亲自参与案件审理的做法也并不罕见。魏明帝在太和三年（229年）就曾"听讼观"，并说道："狱者，天下之性命也"，每逢重大案件便"常幸观临听之。"[2] 晋武帝在泰始四年（268年）也曾"临听讼观，录廷尉洛阳狱囚，亲平决焉"。[3]

第二类：从地方司法机关移送至中央廷尉的案件，主要集中于疑难或重大案件。后世惯常做法中的死刑案件当时不在必须之列（但在魏明帝时期已开始有所变化）。具体原因，可能在于，一来处于国家政权的动荡时期，中央对于地方事务的控制尚不够严密，二来则是延续了秦汉时期的传统，地方郡守拥有较大的管理权。《晋书·江统传》曾记载道："迁廷尉正，每州郡疑狱，断处从轻。"[4]《宋书·谢庄传》中也有处理这类案件的记载：

---

〔1〕《资治通鉴》卷70《魏纪二》。
〔2〕《三国志》卷3《魏书·明帝纪》。
〔3〕《晋书》卷3《武帝纪》。
〔4〕《晋书》卷56《江统传》。

> 旧官长竟囚毕，郡遣督邮案验，仍就施刑。督邮贱吏，非能异于官长，有案验之名，而无研究之实。愚谓此制宜革。自今入重之囚，县考正毕，以事言郡，并送囚身，委二千石亲临核辨，必收声吞艹，然后就戮。若二千石不能决，乃度廷尉。神州统外，移之刺史；刺史有疑，亦归台狱。必令死者不怨，生者无恨。[1]

第三类：有身份的官员公卿之间所发生的各类特殊案件，有些类似于现代诉讼程序中的特殊管辖。从史料来看，廷尉审理该类案件主要有以下几类情况：①当事人是中央高级官员。《晋书·庾旉传》中记载道："旉草议，先以呈父纯，纯不禁。太常郑默、博士祭酒曹志并过其事。武帝以博士不答所问，答所不问，大怒，事下有司……旉父纯诣廷尉自首：'旉以议草见示，愚浅听之。'诏免纯罪。"[2] 晋代的周嵩因为贬低朝士而触怒于当时的皇帝，皇帝召见并当面斥责了他，周嵩跪拜谢罪说道："昔唐虞至圣，四凶在朝。陛下虽圣明御世，亦安能无碌碌之臣乎！"[3] 皇帝甚感震怒，于是将其交付廷尉。当时的廷尉华恒将其定为"大不敬"罪而判决弃市。②针对有爵位的人。《晋书·王彪之传》中记载；"彪之以球为狱主，身无王爵，非廷尉所料，不肯受，与州相反复。"[4] 当时廷尉以王彪之不具有爵位而拒绝受理。可见依照律法的惯例，若当事人具有爵位身份，则该案件理应由中央廷尉直接受理。需要说明的是，由于该类案件的定罪量刑兹事体大，故往往采用"平议"的诉讼程序，最后的结果也往往会从轻发落。例如，晋朝时期的庾旉

---

[1]《宋书》卷85《谢庄传》。
[2]《晋书》卷50《庾旉传》。
[3]《晋书》卷61《周嵩传》。
[4]《晋书》卷76《王彪之传》。

第四章　传统中央司法机构职能的变迁：审判权的量变和质变

就因为平议而免于死罪；《晋书·卞敦传》中曰："诜以杨骏故吏被系，俊时为尚书郎，案其狱，诜惧不免，俊平心断决正之，诜卒以免。"[1]

作为中央司法机关的廷尉还具有类似起诉的职能，史料上多有记载："光为廷尉时，韬受货赇，有司奏案之，而光不知"，[2]"廷尉刘颂又奏勇等大不敬，弃市论，求平议"。[3]

（二）其他中央司法机构的职能

1. 魏晋时期

三国时期，设置了都官郎以辅佐监督军事。晋代初期又设立了三公尚书以掌理刑狱。后至晋武帝时期由于机构调整，又无三公尚书一职，由吏部尚书来兼理三公尚书的职能，掌理刑狱。东晋承袭西晋的官制，并无三公尚书一职集中处理刑狱，但尚书分曹中设有的三公、比部、都官三曹皆与司法有关。这也说明当时尚书台的机构设置处在比较粗糙的阶段，司法事务也并非完全是专职。

2. 北魏时期

北魏的尚书省在道武帝皇始年间就已经建立。学者严耕望根据研究认为："近规北方五胡诸国，远绍西晋之绪。"当时尚书已设曹分工，"曹"就相当于后世的"科"。北魏时期的尚书根据史料的记载分设为三十六曹。[4]其中的"都官尚书"为诸曹中掌理刑狱最为重要的官员。

3. 南朝时期

南朝由于政权更迭频繁而令官制多有杂乱，且不稳定，除

---

[1]《晋书》卷70《卞敦传》。
[2]《晋书》卷41《高光传》。
[3]《晋书》卷50《庾勇传》。
[4]《魏书》卷113《官氏志》。

廷尉掌理之外，其他司法事务的处理也在多个机构间流转。根据相关史料，"都官尚书"是当时一个相对比较稳定，执掌刑狱的机构。

南朝宋时开始设立都官尚书，《通典》记载其职能为"主军事刑狱"；《唐六典》在追溯刑部前身的时候也称之为"掌京城非违得失，兼理刑狱"。北魏在太武帝时期才初见有都官尚书一职，史料有载："征为殿中、都官尚书……世祖亲待之……从征盖吴……还京，复为殿中、都官，典左右执法。"〔1〕窦瑾曾任两任殿中都官尚书，但成帝之后就未见冠有"殿中"二字。都官尚书的属官主要有都官郎和左士郎。《魏书·裴宣传》记载："高祖初，征为尚书主客郎……转都官郎……迁都洛阳……转司州治中。"〔2〕在《唐六典》中也有关于左士郎的记载："后魏《职品令》：太和中改定百官，都官尚书管左士郎。北齐《河清令》，改左士郎为膳部。"

总体而言，由于史料的限制，该时期尚书诸曹的职能记载比较简单和笼统，廷尉与尚书之间如何具体分工、运行也不得而知，但需要明确的是，此时廷尉（大理寺）审判职能整体得到了加强，大理寺内部机构得到了扩充，这些内容本书会在第五部分具体展开。该时曹郎职能的基本表述为"掌刑狱，主法制"。具体事务包括有：都官尚书需"掌京师非违得失事，兼掌刑狱"，北齐尚书三公曹则需"掌五时读律令，诸曹囚帐，赦日建金鸡等事"等。可见，尚书官员更多掌理诸如赦免、纠察官员违反国家律令等司法行政性质的事务，而廷尉（大理寺）最核心的职能依然是案件审判。

该时期由于尚书台的崛起而在中央形成了另一个处理司法

---

〔1〕《魏书》卷46《窦瑾传》。
〔2〕《魏书》卷45《裴宣传》。

第四章 传统中央司法机构职能的变迁：审判权的量变和质变

事务的机构，为此中央政府大致就形成了以处理审判事务为中心的廷尉（大理寺）和以处理司法行政事务为主的尚书机构，形成了所谓的"二法司"时期。

三、隋唐时期：三法司

（一）三法司的初创：隋朝时期中央审判机构的职能

隋朝作为南北朝之后首个大一统朝代，制度法令很大程度上继承了北齐的传统，但是在机构设置上却大致沿用北周的传统——同时保留了尚书机构和大理寺。

在《隋书·百官志》中并未有记载大理寺的执掌。文帝时期，由于政权承继自北周，故在大理寺（廷尉）的设置上与北齐的"大理寺"有所不同。例如，虽设置有大理寺，但"不统属"，大理寺正、监、评各一人，司直十人、律博士八人，明法二十人。开皇三年（583年），又下令"罢大理寺监、评及律博士员"。[1] 二年之后，再次下诏："其大理律博士、尚书刑部曹明法、州县律生，并可停废。"[2] 开皇九年（589年），隋军南下灭陈，一统中国。同时，依照当时南朝的体制，对大理寺进行了改革。炀帝将"大理寺丞改为勾检官，增正员为六人，分判狱事"。[3] 司直人数增为十六人，品阶却降为从五品。又置评事四十八人，执掌与司直颇为相同，但是在品阶上仅为正九品。从上述大理寺整体规模的变化，尤其是评事人数的大大增加，一定程度上可以推断当时大理寺的审判职能有所增加。但大理寺在整个中央机构中的品阶、地位却随着刑部的上升有所下降。

隋朝，虽然大理寺、刑部执掌大部分司法事务，但御史台

---

[1]《隋书》卷28《百官志下》。
[2]《隋书》卷25《刑法志》。
[3]《隋书》卷28《百官志下》。

对案件的审理也有着重大影响，尤其是作为御史台高官的御史大夫。例如，炀帝时期的御史大夫裴蕴，"善候伺人主微意，若欲罪者，则曲法顺情，锻成其罪。所欲宥者，则附从轻典，因而释之"。[1] 但是这更多体现为一种非制度性的"干预"，而不是"机构对机构"的职能划分结果。御史台高官往往更多借助于个人对君主的影响力。这与后世的都察院作为监察机构正式参与整个诉讼程序，形成制度性、规范性的监察有着很大区别。

"谒者台"与"司隶台"皆是为了制衡御史台的职能而设，因为此时的御史台依然延续着秦汉以来的价值传统——对帝王言行过失和百官的履职品行皆有所监督。至于明清时期都察院等监察系统的崛起——其主要功能是代表君主对百官进行自上而下的监督，而非官员自下而上对君主行为的匡正。谒者台主要负责"掌受诏劳问，出使慰抚，持节察授，乃受冤枉而申奏之"。司隶台设立于大业二年（606年），长官为司隶大夫，主要负责"分察畿内，一人案东都，一人案京师"。[2] 并设有刺史十四人，负责地方巡察。司隶台巡察的内容包含了财政、司法、治安、教化等地方治理的各个方面。

总体而言，在隋朝时期最为主要的中央司法机构仍为刑部与大理寺：大理寺的工作重心集中于审判工作，刑部则集中于司法行政事务，但在个别程序上存在协作。在官僚体系的品阶上刑部高于大理寺。此时以御史台为代表的监察体系尚未真正深入到审判程序中。唐代稳定的"三法司"（刑部、大理寺、御史台）格局在此时尚在形成之中。

（二）三法司的平衡时期：唐代的中央司法审判机构

唐取代隋一统天下，充分吸取前朝灭亡教训的同时，在具

---

[1]《隋书》卷67《裴蕴传》。
[2]《隋书》卷28《百官志下》。

第四章 传统中央司法机构职能的变迁：审判权的量变和质变

体制度上却沿用了不少隋代的做法和习惯。例如，在中央政府的运行上采用三省六部制的模式，使得君主意志与政府运行之间形成一个相对平衡的状态。同时，御史台的职能得到了进一步明确和扩张，开始逐步同其他部门的刚性制度形成对接；地方监察区的设置就是监察权逐步膨胀的见证。刑部与大理寺之间第一次有着相对明确的职能分工——刑部主掌复核以及其他司法行政事务，大理寺主掌审判。大理寺、刑部、御史台正式确立了对部分疑难案件共同审理的制度。唐高宗时期，有史料记载，"当时大狱，由尚书刑部、御史台、大理寺杂按，谓之'三司'"。[1] 由此，三司机构成为中央政府中掌理司法事务的核心部门。

1. 大理寺

大理寺作为中央最高专职审判机构，主要职能包括"管鞫狱、正刑名"，并复核诸州的刑狱，所谓"掌鞫狱，定刑名，决诸疑谳"。[2] 大一统国家的建立，使国家权力具备了高度的垂直性，地方事务与中央事务之间有着更为明确的划分。此时的大理寺作为全国最高审判机构，无论在规模上，还是职能运作上都能更凸显对地方审判机构的垂直监督和管理。同时，唐代刑部职权的扩张，也令大理寺职能更加集中于对案件的审理。一定程度上，中央与地方审判管辖范围、审级逐步清晰、明确，诉讼程序日益规范、精细；大理寺虽不可避免地被纳入政府整体行政化的运行中，但在审判"专业化"上没有落后的迹象。例如，在证据采纳、法理探讨、程序设置等方面都不乏精巧的设计。唐代大理寺已经设有一大批专职司法官（推司），其余职位几乎也都是围绕"审判详刑"的基本业务设置。

---

[1] 《新唐书》卷56《刑法志》。
[2] 《通典》卷25《职官七》。

根据史料相关记载，结合当时大理寺主要官员的职能，该机构主要执掌如下：

(1) 各地移送至官署或本官署直接受理的审判业务，主要由大理寺卿、大理寺少卿、大理寺正、大理寺丞等官员承担。

大理寺卿作为大理寺的首席长官，"掌邦国折狱详刑之事"。[1] 律典明确规定了大理寺卿的基本职能，内容有三：其一，审理地方移送的疑难案件，"曰明慎以谳疑狱"。其二，重新审理某些当事人认为审理不公而上诉或者越级上诉的案件，"曰哀矜以雪冤狱"。其三，复查某些特定的已审决案件以平狱政，"曰公平以鞫庶狱"。

同时要求大理寺卿以传统的"五听"方式将案件审查清楚，"以五听察其情：一曰气听，二曰色听，三曰视听，四曰声听，五曰词听"。[2] 这也充分说明当时的大理寺卿初审和复审采用的程序是直接审理，而非后世那种书面审理。这至少在形式上对大理寺卿的专业性有所要求。

大理寺少卿为大理寺卿的副贰，主要工作是协助大理寺卿，是大理寺的通判官。

大理寺正主要执掌"参议刑狱，详正科条之事。凡六丞断罪有不当者，则以法正之"。[3] 可见，虽然在体制上大理寺卿和大理寺少卿为最高长官，大理寺正为大理寺的堂官之一，但是在处理日常审判事宜上，却主要由大理寺丞等官员承担。例如，史料记载：

　　李日知为司刑丞，尝免一死囚，少卿胡元礼异判杀之，

---

[1]《唐六典》卷18《大理寺》。
[2]《唐六典》卷18《大理寺》。
[3]《唐六典》卷18《大理寺》。

第四章 传统中央司法机构职能的变迁：审判权的量变和质变

与日知往复，至于再三。元礼怒，遣府吏谓曰："元礼不离刑曹，此囚无活法。"日知报曰："日知不离刑曹，此囚无死法。"竟以两闻，日知果直。[1]

从上述案例可知，作为大理寺丞的李日知负责具体案件的审理，同时将判决结果报告大理寺少卿的胡元礼，但胡元礼并不同意李日知的判决结果，故"异判"。可见，对大理寺丞的判罚，作为上级的大理寺卿原则上可以推翻、否定。当然这则案例也从侧面表明，在特殊情况下，大理寺专职司官具有一定的独立性，并非完全需要遵从大理寺卿的意志；但是在日常绝大部分案件的处理中，司官的判罚至少需要得到上级堂官的同意和认可。

依照唐制，整个大理寺共设有六名大理寺丞，分掌尚书省吏、户、礼、兵、刑、工六部所领诸司和各地方州府的案件。其中一员对口的即是刑部者兼掌押狱。根据当时的律法，规定不论哪位大理寺丞处理的案件事务，都需要其余五名大理寺丞一同署名，判罚方才能生效；即使是不同意见（类似于当下合议庭的少数意见）也需要一同署上。大理寺丞负责案件再审时，一般采用直接审理程序：若案件是可能判处徒刑以上刑罚的，为了表示慎重，必须直接传唤犯人和他的家属，告知其所犯的罪名，并询问罪状；若当事人不服判决，还允许其上诉。但是，若为上诉，则需要启动"详审"的程序。

如果大理寺丞处理案件有所不当，则大理寺正可以依照律法对其进行内部处理，颇具现代行政处分的色彩。大理寺正不但对内具有监督各大理寺丞断狱的职能，同时对外还具有监斩官的职能：凡是内外官以及爵位在五品以上的官员，若被罪罢

---

[1]《大唐新语》卷4《持法第七》。

而判决弃市，皆由大理寺正监督执行。

大理寺虽是一个专职审判机构，但在机构内部区分不同的审理程序——根据案件的不同采用不同级别的官员处理，颇似当下的案件分流机制。大理寺内部的审理程序（流程）主要有：①大理寺正、评事可以参与地方移送的疑难案件的详审；但是若案件处理的结果可能至流刑或者死刑，则必须经过大理寺卿和大理寺少卿的"详审"方才有效。②若为中央诸司和百官所移送的徒刑以上的犯人、九品以上的官员犯了"除、免、官当"之外的罪行、庶民犯有流刑、死刑以上的罪行者，都需要经过大理寺卿（或大理寺少卿）的详细审问；然后移送刑部，由刑部会同中书门下省进行再次"详覆"，方可定案。

具体程序整理如下：

① 地方移送疑难案件：判处笞、杖、徒——大理寺正、评事——堂官（批准）
　　　　　　　　　　判处流、死——大理寺正、评事——大理寺卿、大理寺少卿（详审）

② 中央诸司移送：判处徒刑以上
　　九品以上官员：不适用除、免、官当　｝大理寺卿、大理寺少卿（详审）——刑部（详覆）
　　庶民：判处流、死刑

从上述大理寺的内部审理程序可知：①当时大理寺受理的案件主要有三类：其一，地方移送的重大、疑难案件，这体现出大理寺作为中央审理机构与地方机构的对接，具有明显的上下审级关系。其二，作为中央最高审理机构，主要负责中央政府各部门较为严重的官员案件。其三，作为死刑复核机构承担全国死刑、流刑的复核。这是地方司法机构无权审结的案件。②大理寺虽为一个整体机构，但是其内部也开始出现区分处理技术，越重要的案件由品阶越高的官员进行初审。③大理寺虽

第四章 传统中央司法机构职能的变迁：审判权的量变和质变

然以审判为核心职能，但部分案件由司官先审判，堂官后详审（或批准）的做法，技术上融合了"行政科层+司法"，并不完全是司法权的运行。

（2）监督大理寺内部的工作流程，主要由主簿、录事承担。大理寺主簿、录事是大理寺的勾检官，主要职能是"掌印，省署抄目，勾检稽失。凡官吏之负犯并雪冤者，则据所由文牒而立薄焉……录事掌受事发辰"，[1] 承担大理寺内部监察的技术性工作，通过"勾检"制度展开。主簿、录事之上，大理寺主掌机构内部监察的官员是大理寺正。大业三年（607年），隋炀帝曾经将大理寺的勾检官改为大理寺丞。根据记载，主簿、录事的工作主要有三，分别是勾检稽失、省署抄目、受事发辰。其中"勾检"最为重要。所谓"勾检"，主要是指一种内部的文书监督方式。它主要通过对某些机构各类办公往来文书的监察，勘察该机构在实际工作中有无违法违制、延误期限等情况发生。①唐代勾检的对象主要包括两类：一是针对案件处理违反了相关制度；二是针对审理期限。当时各类案件处理的期限是确定的，一般不允许超期，曰"稽程"。②省署抄目，指的是审阅用的案卷应当事先用简短文字概括出来，以便上级办理案件时查阅。③受事发辰，指的是对于大理寺接受或者移案于其他机构的具体时间需要予以记录，以便核对案件受理是否存在拖滞现象。

可见，当时主簿、录事的工作主要是为了方便大理寺司官、堂官处理各方案件，保证案件审理的高效。这不但涉及大理寺内部的运行效率，而且涉及本署与其他机构之间的衔接问题，从而保证整个政府能够高效运行。

---

[1]《唐六典》卷18《大理寺》。

府、史、亭长、掌固、问事等官吏是大理寺的主典，品阶较低或者没有品阶，一般由流外入仕途。他们也直接参与案件审理，但并无审判权，主要为审理提供一定的便利和服务，例如负责拷问犯人、录入口供等工作，类似司法辅助人员。

（3）奔赴地方参与案件审理的业务，主要由司直承担。根据相关史料，大理寺设有司直六人，评事十二人，下设有评事史十四人为助理。该部门主要负责"承制出使推覆，若寺有疑狱，则参议之"。[1] 大理寺还负责派出官员至地方州县，核查各地的狱案是否有延迟处理乃至滞押的情况。若有疑难案件，除了可以将人犯、卷宗等移送至中央大理寺复审之外，也可以直接派遣官员进行审理，这个工作一般就由司直和评事承担。

朝廷对于地方审理之事颇为重视。若为中央大理寺派出官员审理地方案件，需要佩戴皇帝亲发的鱼符和敕书，以示具有钦差的身份。携配鱼书的司直等官员权力颇重，若认为地方官员需要停职或者拘禁的，可以以鱼书请示朝廷，获得批准后可依照诉状的内容审理，必要时甚至可以采用刑讯。史料有记载："凡承制推讯长吏，当停务禁锢者，请鱼书以往。"[2]

（4）对于本官署的狱政业务，主要由狱丞承担。大理寺作为中央专司审理机关，还拥有自己的刑狱，以关押部分已决犯和未决犯。大理寺中的狱丞四人就负责"掌率狱吏，知囚徒"。[3] 但该职位品阶很低，且担任该职位的人也无需科考正途，仅仅为从流外中选。在传统法律文化中，律法作为捍卫"礼"的工具，常常扮演"不得已而为之"的角色，令世人警惕。作为律法最为阴暗、直接的表现形式——关押犯罪人的刑狱——自然

---

［1］《通典》卷25《职官七》。
［2］《新唐书》卷48《百官志三》。
［3］《新唐书》卷48《百官志三》。

第四章　传统中央司法机构职能的变迁：审判权的量变和质变

成为一个道德沦丧的集中地而被极端边缘化。这不仅体现在对人犯苛刻的管理条件和方式上，参与犯人管理的狱卒群体也由于长期接触那些"人犯"而成为司法死角。狱卒本身沦落成为一种不甚高尚的职业，以致在后世，甚至连普通平民都不愿去担任，政府直接规定由"贱籍"人群来承担。唐代虽尚未到达这样的程度，但现实中却出现过由于狱丞薪水过低而无人愿意担任的情况，"承前虽俸料寡薄。当寺自有诸色钱物优赏。免至虚贫。十年以来，曹司贫迫。无肯任者"。[1]

2. 刑部

刑部是中央最高司法行政机构，在尚书六部中位列第五。根据当时史料记载，刑部整体职能为："掌天下刑法及徒隶句覆、关禁之政令。"[2]

唐代刑部内设有四司，分别是：刑部司、都官司、比部司、司门司四个司。各司之间，各辖其职，互不隶属。刑部具体工作包括六个方面：①参与国家主要律法的起草颁布；②参与刑狱的覆审，复核大理寺判决中流刑以下以及诸地方州县判决中徒刑以上的案件；③与大理寺、御史台的特定官员共同组成"三司"，审理各类重大疑难案件以及皇帝交付的案件；④管理官奴婢和徒刑人犯的名籍与放良；⑤负责内外官司财务的审计勾覆；⑥制定天下关口出入禁令。其中职能一、二、三皆由刑部司主掌，该司也是处理司法行政事务最为集中的部门；职能四由都官司主掌；职能五由比部司主掌；职能六由司门司主掌。

刑部尚书、刑部侍郎为总领刑部事务的长官，但并不轻易参与具体案件的审理（复审），多数情况下为奉召参与审理。在中唐以后，刑部的首席长官，刑部尚书一般为虚衔，刑部事务

---

[1]《唐会要》卷66《大理寺》。
[2]《唐六典》卷6《尚书刑部》。

的实际负责人为刑部侍郎。

（1）刑部司为刑部本司，因事务繁杂，特置有郎中二人，员外郎二人。它的主要职能为"掌贰尚书、侍郎，举其典宪而辨其轻重"。[1] 刑部司位属刑部头司，其余三司为子司。刑部司的长官主要是郎中，员外郎为次长。刑部司是刑部掌管司法事务最集中的地方，事务多而繁杂，但几乎都是刑部的核心业务：

第一，刑部司具有制定政府基本律法的职能。根据唐代制度，法律格式上已经正式形成了比较清晰的律、令、格、式四种形式，各有不同的作用。"凡律以正刑定罪，令以设范立制，格以禁违正邪，式以轨物程事。"[2] "律"一般指的是刑律，如流传后世的《大唐律》，它是国家的根本大法。"令"是系统化的国家制度法规，涉及政府机构的组织、编制、职能等。"格"是皇帝临时颁布的各类诏书、敕令的汇编。"式"则是政府各司机构常守之法，具体规定各部门及官员在公务往来中的办事规程等。史料进一步解释道："唐之刑书有四，曰：律、令、格、式。令者，尊卑贵贱之等数，国家之制度也；格者，百官有司之所常行之事也；式者，其所常守之法也。凡邦国之政，必从事于此三者。其有所违及人为恶而入于罪戾者，一断以律。"[3] 可见，律更多是一种对有违上述令、格、式等具体规章的行为给予刑罚之规定。令、格、式主要是针对不同情况的行政规范，是政府运行的基本规则。主流观点认为，以上的这些律法主要是通过刑部司制定并颁布的。

当然也有学者提出了不同的看法。根据相关学者的研究，

---

[1] 《唐六典》卷6《尚书刑部》。
[2] 《唐六典》卷6《尚书刑部》。
[3] 《新唐书》卷56《刑法志》。

第四章　传统中央司法机构职能的变迁：审判权的量变和质变

刑部参与立法更多体现在典、疏、敕、例等较低级的立法层面，而在律、令、格、式的修撰中则参与不足，全部的 125 位立法参与者中，来自刑部的官员仅占有 15.2%，共 19 人。[1]

第二，刑部司还具有复核特定案件的职能。"刑部掌律令。定刑名。按覆大理及诸州应奏之事。"[2] 根据唐制，在京诸司中，若案件有可能判决徒刑以上刑罚，人犯需要移送大理寺受审；在大理寺审理之后若判决确为徒刑、流刑，就必须再次移送刑部司复核才能生效。在刑部司复核其他案件的过程中，若发现案件有疑案、错案，徒刑、流刑以下案件直接驳回原来地方州县复审或复判，若复核为结果判为死刑的则移送大理寺复审，若大理寺复审后维持死刑判决，则将死刑案件直接上报给皇帝勾决。

第三，参与"三司会审"。"三司会审"是唐代一种特殊的审理形式。通常情况下，分别由刑部、大理寺和御史台三个部门派高级官员组成类似合议庭的组织——一般为刑部侍郎、御史中丞和大理寺卿组成。管辖的案件主要是重大的申诉案件或者皇帝直接交付审理的案件。当时还存在另有一种三司审理的形式，即地方若有疑难重大案件，但又由于各种原因不便移送中央，则可以令刑部、大理寺和御史台派出官员分赴地方审理，又称"小三司推事"。

第四，参与死刑案件的"覆奏"。唐代律法体现一种"恤刑"的立法思想，对于死刑的执行格外重视，并且形成一套严格的死刑复核制度。针对死刑案件，刑部需要会同中书、门下二省集议，集议的结果需要经过秘书省奏报皇帝作最后的裁决。贞观年间，太宗因为一时震怒，错手杀了当时的大理寺少卿张

---

[1] 陈灵海：《唐代刑部研究》，法律出版社 2010 年版，第 226~229 页。
[2] 《唐会要》卷 39《定格令》。

蕴古，为此后悔不已。为防止类似事件发生，太宗下令死刑在裁决之后执行之前需要复奏三次，京师的死刑案件需要复奏五次，以示慎重。"诸决大辟罪，在京者，行决之司五复奏；在外府，刑部三复奏……若犯恶逆以上，及部曲、奴婢杀主者，唯一复奏。"[1] 这些复奏都是经由刑部司上奏的。《新唐书·太宗本纪》曾记载此事说，"命中书、门下五品以上及尚书议决死罪"，[2] 之后将此命编入《狱官令》中，成为国家正式制度："凡决死刑皆于中书门下详覆。"[3] 其注曰："旧制皆于刑部详覆，然后奏决。"由此开始，正式确定中书、门下是死刑的复核机构之一。在此之前，由刑部单独掌理死刑复核权。

但是，也有学者经过对于史料的细致研究与统计，发现虽然在立法中确定了死刑覆奏制度，但在司法实践中并没有真正严格执行过，仅有极少数的案例有此记载。例如，在覆奏制度确立后的大约150年，才有史料的明确记录——"元载、王缙案"。[4]

虽然唐代是否在实践中真正严格执行了三覆奏、五覆奏制度尚有争议，但是刑部一直对死刑案件具有复核权是可以在史料中找到依据的。《大唐新语·持法第七》中就记载了当时刑部郎中复核死刑的案例：

> 明崇俨为正谏大夫，以奇术承恩。夜遇刺客，敕三司

---

[1]《通典》卷168《刑法六》。

[2]《贞观政要》中提及死刑参与死刑复核的官员是"中书、门下四品以上及尚书九卿"。根据唐制，当时符合四品以上要求的二省官员加上六部尚书共16人，且皆为主要机构的高官，人数精力都有限，所以很有可能实践中参与的人员包括五品以上的官员。

[3]《唐六典》卷6《尚书刑部》。

[4] 参见陈灵海：《唐代刑部研究》，法律出版社2010年版，第240~241页。

第四章 传统中央司法机构职能的变迁：审判权的量变和质变

推鞫，其妄承引，连坐者众。高宗怒，促法司行刑。刑部郎中赵仁恭奏曰："此辈必死之囚，愿假数日之命。"高宗曰："卿以为枉也？"仁恭曰："臣识虑浅短，非的以为枉，恐万一非实，则怨气生焉。"缓之旬余，果获贼。高宗善之，迁刑部侍郎。

第五，负责监狱犯人的申诉、录囚事务。《唐律》规定，对有品阶的官员可以适用"八议、请、减、赎、当"等各种减免刑事责任的规定。对狱中有资格"八议""上请"的官员或其他人犯，都需要报告刑部司，由刑部召集本部七品以上的官员集中讨论，并将议论的结果上报皇帝作最后的裁决。对普通庶民的案件，刑部也有受理申诉的职能。"凡天下诸州断罪应申覆者，每年正月与吏部择使，取历任清勤、明识法理者；仍过中书门下定讫以闻，乃令分道巡覆，刑部录囚徒所犯以授使，使牒与州案同，然后复送刑部。"[1]"录囚"在唐代被视为一种"恤刑"的重要举措，对象主要包括在押狱中的已决但尚未执行的人犯。录囚的主体也各有不同，历史上曾出现过皇帝亲自录囚的情况。在录囚过程中，特定官员需要仔细查看犯人的卷宗记档，并亲自当面询问是否冤枉，是否有可宽宥的情景。所有录囚的情况皆需要最后集中上报到刑部。

（2）都官司主理"配没隶，簿录俘囚，以给衣粮、药疗，以理诉竞、雪冤"。都官司管理的对象多为已经判处徒刑、流刑的罪犯以及受其牵连而入为官奴官婢的罪犯家属之名籍（即身份档案，类似于当下的户籍）。《唐律》有规定，凡逆反之罪皆斩，父子年十六岁以上者绞，十五岁以下女眷皆没为官奴婢，配置各官作坊做苦役。一般而言，贱籍身份是一生甚至累及后

---

[1]《唐六典》卷6《尚书刑部》。

世的，但在偶遇赦宥时也可以脱离贱籍。都官司就主要负责这些国家奴隶的基本生活供给和象征身份的簿籍管理，若遇到放良或身份的变更都必须经过都官司的操作。若因奴婢争议而引发诉讼（奴婢在当时可以被视为一种特殊财产），该类案件也由都官司管辖并审理。

在《贞观政要》中曾经记载了一则关于"竞婢"的案例。当时，蜀王妃的父亲杨誉因为竞婢而与都官郎中薛仁方发生争论。薛仁方坚持将奴婢"留身勘问"，即在都官司内审理，而杨誉之子则表示依照惯例，"五品以上非反逆不合留身"。纠纷一直闹到太宗面前，太宗闻后，非常生气，怪罪薛仁方明知杨为国亲却仍然为难，下令杖责仁方一百，解所任官。魏征知晓后进言坚决表示反对。最后，太宗听从建议网开一面，"然仁方辄禁不言，颇是专权，虽不合重罪，宜少加惩肃"，并将一百杖减为二十杖。

> 贞观七年，蜀王妃父杨誉，在省竞婢，都官郎中薛仁方留身勘问，未及予夺。其子为千牛，于殿庭陈诉，云："五品以上非反逆不合留身，以是国亲，故生节目，不肯决断，淹留岁月。"太宗闻之，怒曰："知是我亲戚，故作如此艰难。"即令杖仁方一百，解所任官。魏征进曰："城狐社鼠皆微物，为其有所凭恃，故除之犹不易。况世家贵戚，旧号难理，汉、晋以来，不能禁御，武德之中，以多骄纵，陛下登极，方始萧条。仁方既是职司，能为国家守法，岂可枉加刑罚，以成外戚之私乎！此源一开，万端争起，后必悔之，将无所及。自古能禁断此事，惟陛下一人。备豫不虞，为国常道，岂可以水未横流，便欲自毁隄防？臣窃思度，未见其可。"太宗曰："诚如公言，乡者不思。然仁方辄禁不言，颇是专权，虽不合重罪，宜少加惩肃。"乃令

第四章 传统中央司法机构职能的变迁：审判权的量变和质变

杖二十而赦之。[1]

该案中，虽然最后仁方仍然受到了处罚，但也可以从侧面看出，依照当时的律法，大部分涉及"竞婢"的案件，仍然会留在都官司处理。

（3）比部司主要负责的是"掌句诸司百寮俸料、公廨、赃赎、调敛、徒役课程、逋悬数物，以周知内外之经费而总勾之"，[2]其本质上是国家审计机关。古代往往将审计称为"勾比"。比部司的管理范围很广，包括仓库、出纳、营造、佣市、丁匠、功程、赎赃、赋敛、勋赏、赐与、军资、器仗、和籴、屯牧等各个方面。比部司审查的周期为一季度（季报）或一年（年报）。若在审计中发现问题，可移交御史台对相关部门或者官员发起检举或弹劾。

（4）司门司主要负责"天下诸门及关出入往来之籍赋，而审其政"，[3]即相当执掌现代的海关、工商管理、通关哨所等职能。

3. 特殊的审理机构——三司和三司使

唐代"三司"制度，其渊源可以追溯至后汉、魏晋的"三槐议罪制度"。[4]唐贞观初年，太宗根据"三槐九棘"的古制，发布《议大辟罪诏》，建立了"凡大辟罪以中书门下五品以上及尚书议之"制度。唐朝初期，所谓的"三司"是尚书、中书、门下的合称。故当时关于死刑案件的复核裁定，并非完全由司法机关垄断，而是由当时政府重要部门的高级官员集中讨论，最后作出裁定。值得注意的是，重大案件（或者国家事务）由

---

[1]《贞观政要》卷2《直谏（附）》。
[2]《唐六典》卷6《尚书刑部》。
[3]《唐六典》卷6《尚书刑部》。
[4]"三槐"即"三公"的意思。

群臣集议的处理模式一直是中国古代政府运行的重要形式之一。唐初时期，虽然具体参与集议的官员组成有所变化，但其技术传统却得到了保留——这为以"刑部、大理寺、御史台"三大中央司法机构的高级官员为核心，形成真正司法意义上的"三司推事"奠定了基础。在《唐律疏议》《通典》《唐六典》的相关记载中可以看到这样的变化：

当时史料有记载：

> 依令，"尚书省诉不得理者，听上表"。受表恒有中书舍人、给事中、御史三司监受。若不于此三司上表，而因公事得入殿庭而诉，是名"越诉"。不以实者，依上条杖八十；得实者，不坐。[1]

此时的"三司"指的是由"中书舍人、给事中、御史"组成的一个受理申诉的常设机构，并且它受理申诉案件有一定的范围限制——必须是上诉至尚书省而不予处理的案件。若事先不上表至该机构，直接入殿庭而诉，则会被认定为越级诉讼。

而后，史料还有这样的记载：

> 侍御史凡四员，内供奉二员。掌纠察内外，受制出使，分判台事。又分直朝堂，与给事中、中书舍人同受表理冤讼，迭知一日，谓之"三司受事"。其事有大者，则诏下尚书刑部、御史台、大理寺同按之，亦谓此为"三司推事"。[2]

这时的三司已经从原来的"给事中、御史和中书舍人"演

---

[1]《唐律疏议》卷24《斗讼》第359条。
[2]《通典》卷24《职官六》。

第四章 传统中央司法机构职能的变迁：审判权的量变和质变

化成一个更为纯粹的司法审理机构；中书省的中书舍人以及门下省的给事中逐步退出该机构的同时，权力日渐转移到了刑部与大理寺；由刑部、大理寺、御史台共同处理重大案件。"凡三司理事，则与给事中、中书舍人更直于朝堂受表。若三司所按而非其长官，则与刑部郎中、员外郎、大理司直、评事往讯之。（除三司受事及推按外，每日，侍御史一人承制，诸奏事者并监而进退之。若所谕繁细，不宜奏陈，则随事奏而罢之）"。[1]

三法司制度形成之初，由于刑部、大理寺、御史台各有执掌，重要案件并非都会会同审理。例如，武德、贞观年间并没有"三司推事"的案例记载，直到发生于高宗龙朔三年（663年）的右丞相李义府一案才有所显现。[2] 高宗时期，武后掌权，史料记载："自永徽以后，武氏已得志，而刑滥矣。当时大狱，以尚书刑部、御史台、大理寺杂按，谓之'三司'，而法吏以惨酷为能，至不释枷而笞棰以死者，皆不禁"。[3] 可见，三司推事在唐一代也经历了某种调整：从对高级官员集体议事（议案）传统的延续，到在三省六部政治体制下，由司法官专司重大案件的分工，我们可以看到行政机构的工作模式正向着司法领域蔓延。从这个意义上可以看出"司法权"在中国传统政治体制下发展的某种悖论：分工与分权并存——前者让司法事务的处理机构日渐专门化，后者却让处理该事务的机构之间内部制衡；前者表明司法权的专业化，后者却显示了司法权的行政化。

唐代的"三司推事"，从开始的综合性议事机构，转变为司法审理裁决的专门机构；从某种意义上而言，是"司法专业化"

---

[1]《唐六典》卷13《御史台》。
[2] 参见那思陆：《中国审判制度史》，上海三联书店2009年版，第95页。
[3]《新唐书》卷56《刑法志》。

的一种体现，但这又与近现代以来西方对司法独立的追求有所不同——"三司"制度令涉及的政府部门之间配合更加紧密，有效提高了工作效率，同时也令这些机构之间呈现出一种相互监督式的运行模式。"群臣集议"是一种政治传统或者习惯，本身并不具有强制性和程序性。所以，对君主而言，它的优点在于可以通过对"官员"的影响力随时实现对结果的控制，而无需从客观上违反当时的某些制度，具有高度的任意性和可预测性（对于君主权力而言）。但是随着"三司"审判机构的组成，乃至职能（受案范围）的日益清晰，它的制度化阻碍了君主任意性权力的介入，这也令君主控制司法事务的能力不断弱化。

"安史之乱"之后，"两京衣冠，多被胁从"。肃宗对"三司"逐渐抱有不信任，开始另设其他机构以实现对司法的控制，于是就有了"三司使"的先例。《旧唐书》中记载："十月，克复两京，诏诬与三司官详定陷贼官陈希烈已下数百人罪戾轻重。谞用法太深，君子薄之。"[1]

最初的"三司使"由户部侍郎兼御史中丞崔器、刑部尚书兼御史中丞韩择木、大理卿严向组成。后又命御史大夫京兆尹李岘、兵部侍郎作为"龄使"。显然此时的三司使已经突破了制度上"三司"的限制，具有君主权力任命的特征。但这样的局面仍难以令君主满意。在"安史之乱"过后，对朝廷大臣进行清算的过程中，"三司"滥用重刑，以致代宗感叹道"朕为三司所误，深恨之"。后在大历十四年（779年），代宗下诏《三司使受理天下冤滞诏》，其中将御史中丞、给事中、中书舍人合称为三司使，"三司使"制度在体制中正式确立：

　　诏："天下冤滞，州府不为理，听诣三司使，以中丞、

---

[1]《旧唐书》卷185下《吕谞传》。

第四章 传统中央司法机构职能的变迁:审判权的量变和质变

舍人、给事中各一人,日于朝堂受词。推决尚未尽者,听挝登闻鼓。自今无得复奏置寺观及请度僧尼。"于是挝登闻鼓者甚众。[1]

建中二年（781年）,在"郑詹误送文符案"一案中,德宗虽然并没有明确三司使的组成,但是仍然可以看出此时三司使依然保留了审判机构的性质,"殿中侍御史郑詹误递文符至昭应送之,廷玉等行已至蓝田,召还而东,廷玉等以为执己送朱泚,至灵宝西,赴河死。上闻之,骇异,卢杞因奏:'朱泚必疑以为诏旨,请遣三司使案詹'"。[2]

唐后期的司法实践中,三司使的具体官员构成并非如此严格。例如,穆宗长庆年间发生的一桩案件中,朝廷诏令三司使进行鞠讯。此时的三司使并非来自三个部门,人数也并非三人,而是由韩皋一人担任。当然,事实上他身兼了御史、中书舍人、给事中三职于一身,形式上符合原本三司使的要求。

直到大中四年（850年）,"三使司"制度发生了重大的变化。当时刑部侍郎、御史中丞魏扶上奏称:"诸道州府百姓。诣台奏事,多差御史推劾,臣恐烦劳州县,先请差度支户部盐铁院官带宪衔者推劾。又各得三司使申,称院官人数不多,例专掌院务课绩。今诸道观察使幕中判官,少不下五六人,请于其中带宪衔者,委令推劾。如累推有劳,能雪冤滞。若御史台缺官,便令闻奏。"[3] 大约从这一时期开始,三司使更多指的是度支、盐铁、观察三司,职能也基本与专司审理案件无关了。可以看出,一定意义上,只要君主下诏,理论上任何官员都可

---

[1]《资治通鉴》卷225《唐纪四十一》。
[2]《资治通鉴》卷227《唐纪四十三》。
[3]《唐会要》卷62《御史台下》。

以组"三司使",并不限于司法机构。三司使也已经成了政府常态运行之外的临时特派机构。

4. 司法监督机构——御史台

按照唐制,御史大夫为御史台的最高长官。史料记载,御史大夫执掌为"掌邦国刑宪、典章之政令,以肃正朝列;中丞为之贰"。[1] 但在中唐之后,御史大夫几乎沦为虚衔,御史台负责事务的真正长官是御史中丞。

在唐朝,御史台内部分为台院、殿院、察院,另在东都洛阳设有留台。它们各有不同的察举职能,就司法领域而言,其主要职能体现如下:

第一,就御史大夫与御史中丞而言,主要的职能比较综合,涵盖多个方面。"凡天下之人,有称冤而无告者,与三司讯之。凡中外百僚之事,应弹劾者,御史言于大夫。大事则方幅奏弹之,小事则署名而已。若有制使覆囚徒,则与刑部尚书参择之。"[2] 概括而言,他们的职能包括:受理一定范围的冤狱申诉;与三司共同审讯;纠弹朝廷官员;与刑部尚书参与囚徒的覆案。

第二,台院是御史台中最重要的部门,负责纠举百官,推鞫刑狱。"侍御使"是台院的主要堂官,共设有四人,其中最具年资一人为"判台事",负责公廨(审理衙门)杂事;另置二人,分别为知西推、知东推。

唐代御史"推鞫"的形式一般分为:东推、西推、三司推,皆有各自的管辖范围。"西推"主要负责参与对中央各级官员案件的审理,"东推"则是负责对地方诸州案件的审讯,是御史台的常设程序。"三司推"则是一种特别的审理形式,"其事有大

---

[1] 《唐六典》卷13《御史台》。
[2] 《旧唐书》卷44《职官志三》。

第四章 传统中央司法机构职能的变迁：审判权的量变和质变

者，则诏下尚书刑部、御史台、大理寺同按之，亦谓此为'三司推事'"。可见，这是一种因诏而定的临时程序。唐代的"三司推事"一般具有两种形式：①若所审案件案情十分重大，如所审人犯为五品以上官员，则需要由大理寺卿、刑部尚书会同御史大夫或御史中丞组成三司会审，称为"大三司"，次一级的案件由刑部郎中、大理司直、侍御使等次一级官员共同组成三司进行审理；②对于某些级别较低但也必须会审的案件，则由刑部员外郎、大理评事与监察御史组成，又称"小三司"。无论是大三司，还是小三司，皆有可能依据诏命，奔赴地方审理疑难案件。

第三，殿院主要执掌殿庭的供奉仪式。"殿中侍御使"是殿院的主司，其主要的职能是在上朝祭祀等重大典礼时维持一定的秩序，令百官的言行符合典仪，维护君主的尊严。殿院长官权力很大，在特殊情况下，甚至京畿诸州兵也受其调遣。殿院同时也有推按诉讼、监京城仓库和分巡两京的职能。开元十九年（731年），规定有殿中侍御使一人为同知东推，负责监督太仓出纳，另一人为同知西推，监督左藏属出纳，并与台院知东推、知西推的侍御史合称为"司推御史"。当时史料记载道：

> 监仓御史，若当出纳之时，所推制狱稍大者。许五日一入仓，如非大狱。许三日入仓……其左藏库公事，寻常繁闹。监库御史所推制狱大者，亦许五日一入库，如无大狱，常许一旬内计会，取三日入库句当，庶使当司公事，稍振纲条，钱谷所由，亦知警惧。[1]

上文可知，唐代监察制度中的审计工作不但已成定制，且

---

[1]《唐会要》卷60《御史台上》。

规定得十分细致。

第四，察院的主要官员为监察御史，负责对地方监察。他们往往需要出京分巡地方。虽然监察御史的品阶较低（正八品），[1] 但其分掌的职权却很广泛。唐制为了便于巡察，将全国区分为十个监区，称为"道"，每道对口置一名监察御史。在巡察区内，监察御史负责监察的事务颇为广泛，有"分察百僚，巡按郡县，纠视刑狱，肃整朝仪"等事项。故监察御史对于地方刑名狱政也拥有一定的参与权甚至是管辖权；对于"诸道违法征科及行政冤滥"，皆可"访察闻奏"。监察御史在其负责的监区有"监决囚徒"的职能。例如，在京畿执行死刑的囚犯，在临决前就必须由监察御史进行当面询问，是否仍有冤屈，负责给予人犯最后申诉的机会。

监察权虽然崛起较晚，但是对后世影响深远，尤其是司法领域，因为司法权和监察权（行政权）分属两种不同性质的权力。从我国监察机构的发展过程来看，司法监督权来自于最初的政府纠举机构，故它一方面承担着纠举的职能，另一方面又承担着监察整个诉讼过程的职能——对诉讼行为和诉讼参与人（主要是官员）进行双重监督。

上述内容至少说明了两点：①在权力的运作上，司法审判是一种特殊的行政事务，它需要纳入整个政府科层化的运行模式中。在这个模式中，实行司法执行（司法权的运行本身即为执行君主命令）与（司法）监督执行并举，最终决策权集中于君主手中。②在价值观取向上，体现一种国家诉讼主义。不论是纠举还是监察都体现了一种国家的态度。在封建王朝中，纠察弹劾本身就是君主监督臣下的一种具体体现，并且这样的监

---

[1] 根据史料，当时唐代的监察御史并无出入朝堂正门的资格，只能从侧门进出，非奏事不得至殿庭。

第四章 传统中央司法机构职能的变迁：审判权的量变和质变

督是围绕参与司法审判的官员和实际运行的情况建立起来的，并不是出于对制度、程序设计本身的监督，这使得纠察（针对官员）与司法监督（针对案件）并无实质上的冲突。这种对官员、对案件审理质量的监督与司法权的运行一旦分享同一套诉讼流程，就会显示出监察权既是审判的参与者，又是审判的监督者合二为一的"尴尬"身份——因为"任何人不得为自己案件的法官"是近现代最基本的诉讼原则。执行（司法）和监督执行（司法监察权）并存、监督执行（司法监察权）覆盖执行本身（司法）的技术最终导致司法机构日益被行政化。

四、宋元时期：审判权的转移

（一）宋代的中央司法机构

宋代中央司法机构主要有传统的"三司"，以及统治者为直接控制司法而设的审刑院。

与前朝相比，宋代司法体系内部的职能开始出现了倾斜，隋唐以来三司均衡的局面被打破，刑部地位快速上升的同时，大理寺地位日益沦落。而新设的审刑院其本身就是君主权力日隆而产生的司法复核机构，虽然存在的时间并不长，但是其废止后权力空白最终归于刑部，对三司之间（尤其是刑部和大理寺之间）的权力分配产生重大且直接的影响。

1. 刑部、审刑院

审刑院设立于太宗淳化二年（991年），废止于神宗元丰三年（1080年），存在近百年的时间。它在北宋前期曾一度超越刑部、大理寺，成为实际意义上的国家最高司法机构。

宋代在三司之外另设新的专职司法机构——审刑院的主要原因有：首先，当时的统治者想改变五代以来刑罚严苛、司法舞弊的局面，体现出一种"恤刑"的复古思想，且防止刑部、大理寺可能出现的审判失误。"太宗尤重用典刑，哀矜之诏，岁辄有之……淳化又置审刑院于禁中，防大理、刑部之失。"[1]其次，从设立的背景而言，当时的最高统治者试图对宰相权力进行一定的约束。司马光就是秉持了这个观点，所谓"太宗患中书权太重，且事众"。[2]与一般国家机构不同，审刑院设在"禁中"。"禁中"一般是指皇帝居住的宫内，与政府朝廷有着明显的区别，这在一定程度上可以将审刑院视为皇帝的私人机构。

事实上也是如此，审刑院的具体工作不必向宰相负责，由皇帝直接统辖。审刑院存在时期，全国上奏的疑难案件首先交付审刑院"印讫"，之后再移送大理寺和刑部"断复以闻"，然后再交付回审刑院"详议"。如无疑问可交由中书省上奏皇帝，若有疑问，则交由宰相予以讨论。"凡狱具上奏，先申审刑院，印付大理、刑部断复以闻，又下审刑院中复裁决，以付中书，当者行之，否则宰相闻以论决。"[3]王云海先生将当时宋朝中央政府对疑难案件的复审过程总结如下："审刑院印讫—大理寺详断—刑部详复—审刑院详议—中书—皇帝—尚书执行。"[4]

根据史料的记载，审刑院在设立的最初两年，朝廷对地方案件已经形成了审刑院、大理寺、刑部三级复审体系。后皇帝下诏，令刑部退出司法复核程序。故淳化四年（993年）以后的刑部"仅存虚名而已"。[5]之后宋朝的中央司法机构就进入了稳定的审刑院、大理寺二级复审体系。此时的大理寺"不复

---

[1]（宋）王栐：《燕翼诒谋录》卷2《置审刑院于禁中》。
[2]（宋）司马光：《涑水记闻》卷2。
[3]《宋会要》卷29《职官十五》。
[4]王云海主编：《宋代司法制度》，河南大学出版社1992年版，第338页。
[5]张晋藩、郭成伟主编：《中国法制通史（宋）》（第5卷），法律出版社1999年版，第551页。

第四章 传统中央司法机构职能的变迁:审判权的量变和质变

听讯,但掌断天下奏狱,送审刑院详讫,同署以上于朝",由审理机构沦为"慎刑"机构,此为宋前期的司法常态。

司马光曾对该套复核程序有着较为详细的描述,概括起来主要有以下几个步骤:①案件首先移送到审刑院,由审刑院的详议官分别浏览卷宗,对案件做初步的记录和分类,然后进行"印讫",程序上需要盖上相关印章,证明案件已收,等再次返回审刑院时需要核对有无延误或隐瞒。②实践中,该案件一般会在审刑院工作完成的当天交付大理寺,由大理寺的详断官根据案情给予分案处理,作出初步的司法判决。之后由大理寺的长官统一审定后上报审刑院。实务中,详断官作为专职法官具有一定的独立性。详断官之间或者详断官与其长官之间也会就案件的初步处理进行讨论辩驳。③上报给审刑院之后,详议官会在大理寺详断官作出初步判决的基础上给予抄录,并结合案情,增加自己的看法意见,汇总成文,由六名详议官通观全部案件和审断的结果,并由知院官做最后的把关,确认无误后署名(后通过中书省)上奏皇帝给予最后的裁决。在此过程中,审刑院若认为大理寺的判决多有不当,则可以给予驳回,大理寺必须重新审断。

关于此时审刑院与大理寺的关系,总体而言比较微妙。实践中,审刑院处于一个优势地位,但在正式体制中其并非大理寺的上级机构。例如,在日常公文往来中,审刑院对大理寺使用的是"头子"格式的文书,这是一种上级对下级的文书格式;而大理寺对审刑院则采用的是"申状"格式的文书,这是下级对上级的一种公文格式。当然,这主要存在于对司法行政事务的处理中,并不表示审刑院为大理寺的上级审判机构——两者之间并无明确的上下审级关系。虽然,司马光认为当时"大理寺常畏审刑院如属吏",说明大理寺明显处于弱势地位,但是历史上也不乏两个机构之间就某些案件判决针锋相对的情况出现。所以,这并不表示大理寺已经彻底沦为审刑院的下级机构而丧失了中央专职审判机构的地位。

具体而言,除了参与具体案件的复核,审刑院也拥有其他重要的司法职能,主要有:第一,修编法律,拥有一定的法律起草权。《宋刑统》是宋代最为重要的法典,最初它由刑部和大理寺主持修订;审刑院成立之后,就立刻投入到该部法典的修订之中。淳化年间,太宗下诏,命当时的翰林学士苏易简、左谏议大夫、知审刑院许骧重订《淳化编敕》。之后到其最终并入刑部为止,朝廷历次律令编修审刑院皆有所参与。第二,参与组织各种考试,出任考试官。北宋前期审刑院的官员主要出自全国统一的贡试以及中央司法机构为了专门选拔司法官而进行的"试刑法"考试。除此之外,审刑院还会自行组织考试,专业选拔详议官、详断官。"先送审刑院试律义五道,具通否以闻"。[1] 第三,参与赦降诏书的审阅。该项通常会同刑部一起完成。

神宗时期,将审刑院归并入刑部之后,政府又在元丰五年(1082年)调整了官制,"刑部始专其官"。[2] 刑部下设有本司、都官、比部、司门四司,各有不同的执掌。依照传统,刑部设立尚书一名,侍郎二名,作为尚书的副手和刑部的复贰官员。又置郎中与员外郎各五人,本司(即刑部司)各两名,其余三司各一名。

刑部尚书依照旧制专门负责"定夺、审覆、除雪、叙复、移放"等事项,若有"制勘、体量、奏谳、纠察、录问",则可以与侍郎共同处理。郎中在本部司设置有二人,分领左右厅,

---

[1] 《续资治通鉴长编》卷91 "天禧二年戊午"。
[2] 《宋会要》卷52《职官考六》。

第四章 传统中央司法机构职能的变迁：审判权的量变和质变

主要掌理案件的详议复审和冤案的受理昭雪。到了建炎年间，二名郎中之间尚未有具体的分工。直到绍兴时期，依照元丰旧法，开始区分左右厅的不同功能：左厅主要负责详覆，即对于移送案件的复审；右厅则负责叙雪，即对官员行政违法案件的处理，形成了所谓"使官各有守，人各有见，参而用之"[1]的局面。

至南宋时期，出于精简机构的要求，刑部将郎官的数量减为二人，甚至不再区分左右。绍兴十二年（1142年），因考虑到区分左右厅职能，使得刑部内部更有利于刑狱事务的相互监督，防止冤狱错案，故又重新恢复了左右厅的不同分工。此外，郎中、员外郎还负责"有司更定条法，则覆议其当否"，即参与法律条文的制定。同时，侍郎和员外郎通过听讼狱而发现审判结果存在不当的，可以给予相应的赏罚，"凡听讼狱或轻重失中，有能驳正，诏其赏罚"。[2] 遇到朝廷的赦免，也需要通过侍郎将下达的赦书交付诸司宣读方才生效，才可释放人犯。

将审刑院归于刑部之后，刑部以本部司为核心，形成了多种权力的集合。其中，与司法事务联系密切的归纳起来主要有以下几个方面：第一，复核全国的死刑案件，"审覆京都辟囚，在外已论决者"。[3] 第二，参与修订并颁布法律。第三，处理全国各地上报的疑难案件；"若请可矜悯而法不中情者谳之，皆阅其案状，传例拟进"。[4] 第四，详定朝中官员违反行政规范的叙理雪冤的案件。第五，举驳全国审理不当的案件，"凡大理、开封、殿前马步司狱，纠正其当否；有辩诉，以情法与夺、

---

[1]《宋史》卷163《职官志三》。
[2]《宋史》卷163《职官志三》。
[3]《宋史》卷163《职官志三》。
[4]《宋史》卷163《职官志三》。

赦宥、降放、叙雪"。[1]第六,监督皇帝交付的案件或其他重大案件的审理,"应诏狱及案劾命官,追命奸盗,以程督之"。[2]

都官司职能主要有三:第一,负责在京中央各司官吏的职务替补更换;第二,依照当时的条例记录对各官员考课的结果,"功过展减磨勘";第三,负责将地方各路州军编配、羁管的人员登记在册,防止逃亡。

比部司在当时主要负责勾检文书、百司的账目,具有对政府进行财政监察的职能,"凡诸仓场库务收支,各随所隶,以时具账籍申上,比部驱磨审覆而会计其数"。[3]

司门司则基本延续了唐代的传统,执掌关津、桥梁、道路等禁令。各级官吏以及军人士兵、商贩等平民出入各地关口所需要的通关凭证的真伪都由司门司负责查验。

综合上述可知,当时刑部是一个以执掌刑狱断案为核心,兼有行政监察、财政审计、通关管理职能的综合性机构。这与后世仅仅将审判工作作为司法机构唯一的核心业务有很大的不同。同时也说明了在传统的治理理念中,司法事务与其余公共管理事务仅有分工的差别,而无权力性质的差异。

2. 大理寺

宋代大理寺主要负责"详断"全国各地州县上报的刑事案件,并且所断的案件必须经过刑部的"详复"以及审刑院的"详议"才能最后定判。其职能范围与唐代大理寺相比,有所减小。

神宗元丰二年(1079年),朝廷进行官制改革后,该局面

---

[1]《宋史》卷163《职官志三》。
[2]《宋史》卷163《职官志三》。
[3]《文献通考》卷52《职官考六》。

第四章 传统中央司法机构职能的变迁:审判权的量变和质变

有所变化——某种程度上恢复了大理寺最高审判机关的地位。首先,恢复了大理寺在一定范围内对案件的独立审理权限。例如,流刑以下的案件就可由大理寺直接审断,但死刑案件需要审理后再报御史台复核,特别重大的案件则需要听取君主的旨意。其次,大理寺在官制上也有了部分调整:大理寺设有大理寺正卿一人为最高长官,且为专职;设少卿二人为副贰,下设有不同级别、人数不等的正、推丞、断丞、司直、评事、主簿等官吏。

大理寺内部的分工也日渐复杂精细。寺内负责审判事务的机构大致分为左右两部分,分别由两位少卿负责,称为"左断刑"和"右治狱"。根据史料记载:

> 天下奏劾命官、将校及大辟囚以下以疑请谳者,隶左断刑,则司直、评事详断,丞议之,正审之。若在京百司事当推,或特旨委勘及系官之物应追究者,隶右治狱,则丞专推鞫。盖少卿分领其事,而卿总焉。[1]

左为"断刑",主要掌管地方移送的疑难案件、官员、将校犯罪的案件,以及死刑核劾和其他上报请求复审的案件。"断刑"下设三案:①磨勘案:掌批会吏部等处改官事;②宣黄案:掌凡断讫命官指挥;③分簿案:掌诸案文字。另设有四司分别为:①表奏议司,掌拘催详断案八房断议狱案,兼旬中月报公事;②开拆司,负责接收有关投下文字;③知杂司,掌本司杂务;④法司,掌诸处批下参详文字。又设有断案八房,专门负责断理地方诸路上奏的案件。

右为"治狱",主要负责掌管京师各级官员的犯罪案件、皇

---

[1]《宋史》卷165《职官志五》。

帝直接交付审理的案件以及侵盗官物的案件。"治狱"同样下设有四案：①左右寺案，掌理断讫分事，案后受理追赃等事宜；②驱磨案：掌理两推官钱、官物、文书；③检法案：负责左右推狱案，并提供适用的法条；④知杂案，负责处理本司杂务。在断司，由司直、评事负责案件的详断；具体而言，丞负责案件的评议，正负责审理过程的审查，刑狱管理则由丞专门负责。

技术上，宋代将整个审判程序严格区分为"断"与"议"两个阶段。评事、司直负责断司，掌理案件的审"断"——根据案件事实需要寻找合适的律文定罪。丞与大理寺正副长官负责议司，掌理案件的审"议"——根据案件事实寻找合适的法律条文量刑。通常情况下所有的案件都必须经过"先断后议"的程序方能定案。哲宗元祐三年（1088年），大理寺机构进行了局部调整，曾将左、右两推并为一司，但不久后就恢复了旧制，并一直延续到宋朝末年。

综合上述可知两点：第一，从审判权运行的技术上，审断分离，是一种更具专业性的表现。第二，从审判权的性质以及价值判断上可知，宋代大理寺地位日渐下降，这也是在传统政治治理中"司法审判"事务重要性相对下降的一种折射。而自汉唐以来，审判权本身具有的权威性正在被一点点地侵蚀。审判权技术性地被分解成定罪和量刑两个环节，然后被固定在科层化的机构运行中。审判所得的判决结果需要得到其他部门的认同才可以生效；整个诉讼过程除了定罪量刑之外，还需要经过行政机关（甚至是多个行政机关）进一步详议或者复核才能构成一个常规意义上的完整程序，才具有所谓的"既判力"。可见，后世审判的重心由大理寺转向了刑部，且刑部的品阶高于前者；这看似是审判权转移到了地位更高的部门，但实质上审判权的地位却是在不断下降。这既是司法机构行政化的原因，

第四章 传统中央司法机构职能的变迁：审判权的量变和质变

也是其直接结果。

3. 御史台

与前朝相比，宋代御史台介入案件审理无论从广度或者深度上都有所增加，甚至在某个时期被赋予了针对官员的专门审判职能，地位类似于现代的"行政法院"。就御史台整体职能而言，其堂官均有权参与案件的审理。故宋代御史台的司法职能主要体现在以下几个方面：

第一，公谳地方郡县重大案件的审理。例如，太宗太平兴国九年（984年），政府曾经派遣当时的殿中侍御史李范等十四人分赴江南、两浙、四川、荆湖、岭南等地，参与地方重大案件审理。当时君主对御史台官员赴地方审判也十分重视。例如，雍熙三年（986年）的相关史料记载：

> 置御史台推勘官二十人，皆以京朝官为之。凡诸州有大狱，则乘传就鞫。陛辞日，帝必临遣谕之曰："无滋蔓，无留滞。"咸赐以装钱。还，必召问所推事状，著为定令。[1]

由此，御史台派遣推勘官奔赴地方参与审理案件正式成为一项制度。淳化初年，政府设立推勘官二十员，"公谳天下大狱"。真宗咸平时期，将推勘官的人数改为十人。直至神宗元丰改制中，将推勘、推直等官悉罢。[2]

第二，参与审理官员犯罪的案件。北宋前期，对官员的管理比较严格，"群臣犯法，体大者多下御史台狱，小则开封府、大理寺鞫治焉"。[3] 即针对官员犯罪，案情重大的由御史台管

---

[1]《宋史》卷199《刑法志一》。
[2]《宋史》卷164《职官志四》。
[3]《宋史》卷200《刑法志二》。

辖，案情较轻的由开封府、大理寺负责。可见，当时御史台获得了与大理寺平行的案件管辖权。例如，著名的苏东坡"诽谤案"就是在御史台审理的，故被称为"乌台诗案"。[1] 但是，随着宋代政局的安定，各个司法机构功能也日渐完善，对官员犯罪的案件基本不送往御史台审理。直到南宋时期，御史台对官员犯罪案件再次行使管辖权。孝宗乾道元年（1165年），御史台的一份奏章中这样写道："本台系掌行纠弹百官稽违，点检推勘刑狱，定夺疑难刑名、婚田钱谷并诸色人词讼等，事务繁重。"[2] 这也反映出在南宋时期，御史台不但有纠察百官的监察职能，同时对其他各类案件的审理也多有涉及，业务相对繁重。

第三，承办诏狱案件。所谓的"诏狱"案件就是皇帝直接交付审理的案件，这类案件一般政治色彩较浓或案情重大。例如，熙宁八年（1075年），当时的提点刑狱司王庭筠弹劾李逢谋反。神宗下令由御史台的推直官塞周辅劾治。但又因该案涉及皇室宗亲世居、医官刘育等人，神宗下令将涉及人员抓捕后关押台狱，命御史中丞邓绾、同知谏院范百禄与御史徐禧进行共同审理。

在审理诏狱的过程中，还可能出现多方官员参与讨论的审理形式，即"杂治"（又称杂议）。所谓的"杂议"，就是在面对疑难案件难以决断时，由皇帝亲自指派正副宰相、御史、谏官、翰林学士、知制诰等朝廷各个体系的高级官员，集体对案件进行事实与律法问题的讨论，并最终定罪量刑的一种审理形式。上文的李逢谋反案，神宗命御史中丞、御史台谏院官和御史一

---

〔1〕 宋代御史台办公之处有柏树，有大量野乌鸦栖息其上，故称御史台为"乌台"。

〔2〕 《宋会要辑稿·职官五十五》。

第四章 传统中央司法机构职能的变迁：审判权的量变和质变

同审理就是典型的"杂治"。"天下疑狱，谳有不能决，则下两制与大臣若台谏杂议，视其事之大小，无常法，而有司建请论驳者，亦时有焉。"[1] 更为重要的是，经过对某个案件的"杂议"，不但可以成为其他案件的审理依据，而且政府可以根据案情得到的结论适当地修改与之相关的现行律法。此类做法某种意义上不仅是判例法，甚至具有"司法审查"的技术性色彩（即可以由于诉讼案件而讨论当时律法的不足，并以此为依据修改现行律法）。故有学者认为它代表着古代诏狱的最高形式。

第四，检法官参与定刑。御史台在熙宁十年（1077年）设置了检法官职位，由台主属一员改补，通常由御史中丞、侍御史杂知事一同荐举京朝官员充任。在元丰四年（1081年）被废罢，后改检法官为主属，在绍圣三年（1096年）复置。检法官的主要职能是"参详律法"，参与刑部、大理寺审理案件的定刑。宋初期，政府设有推直官二人，专治狱事。后增加二人，推直官有四人，分别是："曰台一推，曰台二推，曰殿一推，曰殿二推。"[2] 真宗咸平年间，设置推勘官十名，至元丰改制时悉数废罢，但增设了检法官，"有诏狱，则言、察官轮治"。[3]

第五，受理地方不能断的疑难案件或上诉案件。在当时的司法实践中，普通案件原则上可以经过本县、本州、监司、大理寺、尚书刑部、御史台、尚书都省、登闻鼓等八级诉讼。凡本州县乃至监司、刑寺无法确定的案件都可以诉至御史台要求继续审理。"州郡不能决而付之大理，大理不能决而付之刑部，刑部不能决而后付之御史台。"[4] 在《名公书判清明集》中，

---

[1]《宋史》卷201《刑法志三》。
[2]《宋史》卷164《职官志四》。
[3]《宋会要辑稿·职官一十七》。
[4]《宋会要辑稿·职官》之一二。

多有判牍写明"申台"文书，指的就是御史台。这说明在当时，即使是普通的刑名案件也可能上诉至御史台。

第六，对口监察包括刑部在内的六部事务。神宗元丰改制（1079年至1085年）以前，御史台也设有六察，分别对口监察吏、户、礼、兵、刑、工六部，但当时仅为临时机构，事毕就罢散了。到了元丰二年（1079年），御史台的"六察"开始定制并成为一个固定的机构，分别由六名监察御史负责分掌。其中针对刑部，若有推官负责审理官员案件或者其他重大案件必须每十天一次将案件审理情况上报到御史台。元丰八年（1085年）后，改为每个季度一报。其余杂事，由对口的监察御史负责定期或不定期上报，例如官员职务的变化也都需要上报御史台。并且，刑部监察御史以半年为周期，分上下半年考察刑部各司工作的运行情况以及各级官员的表现，若发现官员有违法不当行为可以提出弹劾。

综合而言，御史台在司法领域的主要职能较之唐代更进一步：它获得了独立、直接参与案件审理的权力，正式成为司法体系中的一个审级，甚至在某个时期，几乎垄断了对于官员犯罪案件的管辖。这也说明有宋一朝，监察机构的职能实现了广度和深度的双重扩张。监察技术更加深入细致——监察权正从对司法机构事后、外部的监督转化为对内部、同步的监督。与此同时，案件审理、诉讼过程中因为不断融入监察权而日益丧失司法权"独立"的内核和品格，司法行政化倾向不断加剧。

4. 临时性审判组织

上文所言皆为宋代常设、成定制的司法机构。除此之外，在面对一些特殊案件时，宋代皇帝会直接下诏，专门针对此案成立一些临时性的审判组织。唐代中后期已经正式形成了"三

第四章 传统中央司法机构职能的变迁：审判权的量变和质变

司会审"制度，本质上仍然是对高级官僚奉诏集体议事政治传统的延续。宋代也依然延续了这样的做法。

杂议

宋代的"杂议"与其说是一种特殊审判程序，不如认为是一种临时审理组织。它所针对的案件主要是皇帝指定审理的疑难或重大案件，故"杂治"的形成取决于皇帝的命令。通常情况下，对于一些已经过正常审理程序，却仍然无法得出合理判决结果的案件，皇帝会指派正副宰相、御史、谏官、翰林学士、知制诰等朝廷高级官员参与此案的讨论。需要注意的是，对此类案件的争议往往主要集中于法律适用是否恰当，定罪量刑是否合理等问题，偏重于法律问题而非事实问题的讨论。并且，由于参与审理案件的官员级别较高，涉及的案情往往更具有代表性。所以，"杂治"还有额外的"司法审查"功能——根据讨论结果对现行的律法进行修改与解释。

对于"杂议"制度，需要注意的是：①这种讨论案件的方式更多体现了一种以政治方式处理司法问题的思路。所谓的"杂议"，其适用对象也并不限于司法案件，军国大事都有可能采用集体朝议的方式得出（但未必是这些高级官员参与讨论），最后经君主批准而生效。若依据近现代以来的法学主流理论，这无疑是有违司法独立精神和专业化原则的。但在传统政治体制中，皇权是公正在世俗社会的最高体现，距离皇权越近的审理方式，意味着实现公正的可能性越高。这也是"杂治"正当性、权威性的基础。②有宋一代，可以看到为了保证案件审理的公正性而创设了多个审级，甚至在正常的审级之外司法救济程序也层级分明。但若观察其程序设置技术，就会发现整个诉讼过程并没有严格意义上的终审，除非以皇权的名义确定结果——形式上只要当事人不满意的案件（当事人主动上诉而启动诉讼程序），或在司法监督之下有所不当的案件（国家监察机构主动纠举启动诉讼程序）都有可能引发新一轮的审判程序。这与西方司法极端强调审级严格、程序规范差别很大。

制勘院

制勘院，是指当地方州县遇到重大案件难以审断，又不便直接移送中央时，就会奉诏在当地设立制勘院进行审理。制勘院的官员或由皇帝直接任命，或下令审刑院从中书、枢密院的京官中派遣。之所以采用京官，很多时候是考虑"法官回避"的问题。由于制勘官是皇权司法的体现之一，颇受重视。制勘官在奉诏出地方之前，皇帝一般会亲自接见，事毕还朝后需要及时向皇帝汇报。宋制规定，制勘官不得擅自与地方官交接，不得泄露案情等。制勘官有权根据案情的需要在案件审理地设立刑狱，可以关押案件相关人员，权力颇大。若案件经过一次制勘官审理仍未结清，则可以多次派遣制勘官进行复审；当然前次已担任过制勘官且参与审理案件的官员需要及时回避，不得再次参与。

（二）元代的中央司法机构的职能

对元代而言，司法机构相较于宋代最大的变化有二：一为大理寺的废止；二为针对不同民族、阶层分别设立不同的司法机构。根据相关史料，元代中央司法机构主要有：大宗正府、刑部、御史台、枢密院、宣政院等。

大宗正府

大宗正府在建立之初主要掌理蒙古人、色目人，尤其是蒙古上层的诉讼案件。当时的最高长官又称为"扎鲁忽赤"，必须由蒙古贵族担任。大宗正府具体负责"凡诸王驸马投下蒙古、色目人等，应犯一切公事，及汉人奸盗诈伪、蛊毒厌魅、诱掠逃驱、轻重罪囚，及边远出征官吏、每岁从驾分司上都存留住

第四章 传统中央司法机构职能的变迁：审判权的量变和质变

冬诸事，悉掌之"。[1] 可见在最开始，大宗正府受理的案件主要集中于两类：一为涉及蒙古人、色目人的案件；二为涉及汉人的严重案件。

至元九年（1272年），大宗正府的管辖有所变化。政府下令"止理蒙古公事"，[2] 即大宗正府管辖范围仅仅限于蒙古人内部具有行政性质的案件。皇庆元年（1312年），对司法案件的管辖再次调整，要求凡涉及汉人的案件皆归于刑部管理。泰定元年（1324年）又规定，大宗正府兼理汉人的刑名案件，并且设置了四十二名断事官负责蒙汉的刑狱。致和元年（1328年），大宗正府的职能再一次被调整，大大缩小了其管辖权：仅仅负责上都、大都所属的蒙古人怯薛军（蒙古语"侍卫"的意思）、色目人与汉人相犯的案件；其余地域的刑名案件，不论汉人、蒙古人或色目人，皆归于地方官府以及中央刑部管辖。元统二年（1334年），皇帝下诏曰"蒙古、色目犯奸盗诈伪之罪者，隶宗正府；汉人、南人犯者，属有司"。[3] 可见随着司法机构的不断完善，蒙古人与其他民族之间采用分而治之的原则愈发明显。

大宗正府的权力虽大，但也会受到监督；尽管在元朝之初，它甚至不受御史台的监督。随着刑部的建立和完善，原本由大宗正府处理的汉人案件转移到了刑部，分散了大宗正府的部分职能。同时，朝廷又规定涉及人命等重大案件还需要经过御史台的复审才可以定案，"诸大宗正府理断人命重事，必以汉字立案牍，以公文称宪台，然后监察御史审覆之"。[4] 由此可以看

---

[1]《元史》卷87《百官志三》。
[2]《元史》卷87《百官志三》。
[3]《元史》卷38《顺帝本纪一》。
[4]《元史》卷103《刑法志二》。

出,元代大宗正府在司法职能上有"高开低走"的趋势。随着元代政权统治逐步汉化和成熟,对司法事务的处理也日益回归到传统的司法机构。其中的刑部承担了大部分职能以填补大理寺的缺位。这是导致后世司法重心转移至刑部的重要因素,也是传统司法机构行政化的重要结点——元代大理寺的缺失直接导致明清时期该机构地位急剧下降。

刑部

由于元代废除了大理寺,大宗正府的管辖范围又有限,于是绝大多涉及汉人的普通案件一般都归刑部管辖,故职能颇重。史料记载,元代刑部的执掌包括"掌天下刑名法律之政令。凡大辟之按覆,系囚之详谳,孥收产没之籍,捕获功赏之式,冤讼疑罪之辨,狱具之制度,法令之拟议,悉以任之"。[1]

依照上文和相关史料,元代刑部在形式上具有以下几种职权:第一,起草律令的权力;第二,负责死刑的复核;第三,审理疑难案件;第四,负责抄没家财、收官籍等事务;第五,对部分囚犯案件进行复查;第六,掌理狱政。依照唐宋的传统,狱政管理一般归于大理寺,直接原因是刑部不设监狱。但从元代开始,刑部开始掌理狱政,这是审判权转移至刑部的直接体现。颇为有趣的是,在司法实践中,刑部职权常常被大宗正府、宣政院、枢密院等部门侵夺。因为在当时,凡当事人属于特殊利益集团的案件,例如蒙古贵族、僧侣、军官等,刑部均无权管辖。形式上,刑部官员的品阶也较大宗正府、宣政院、枢密院官员更低。

御史台

元代保留并且完善了前朝御史台的设置。御史台之下设有

---

〔1〕《元史》卷85《百官志一》。

第四章 传统中央司法机构职能的变迁：审判权的量变和质变

"殿中司"和"察院"。殿中司由殿中侍御史统领，主管朝廷百官的纠察；察院设有监察御史若干人，为"司耳目之寄，任刺举之事"。御史台又称为"内台"，与设置的行御史台相对应。行御史台的品阶官秩与御史台相同，称为"外台"，主要负责京师以外各地政务的监察。元代御史台系统的主要机构和人员编制如下：

①御史台（内台）
设御史大夫一人：
- 内八道肃政廉访司：廉访使二人
- 殿中司：侍御史二人
- 察院（内察院）：监察御史三十二人

②行御史台（外台）
设御史大夫一人：
- 江南行台（南台）：负责江南十道肃政廉访司，廉访使二人
- 陕西行台（西台）：陕西四道肃政廉访司，廉访使二人

注：江南行御史台设置于至元十四年（1277年）；至元二十七年（1290年），设置云南诸路行御史台；大德元年（1297年），移云南行台于京兆，称陕西行台，云南改立廉访司。

元代御史台继承了唐宋御史台的基本格局，下设有殿中司，专掌纠察有违朝廷礼仪之事；设察院，作为天子耳目，监察百官；设肃政廉访司，负责分驻地方各地，纠察地方官员违法行为，监督范围包括地方财政、治安、司法、行政等在内的政务。其中，对地方司法监督是强而有力的：若当地居民对地方官员的司法判决有所不满，可以向肃政廉访使陈告，肃政廉访使得以依法受理。元末刘基谓道："国家置肃政廉访司以平官政，举众务，瘳民瘼，执纠墨以绳天下之曲，揉不顺道理者。故录囚视

牍，岁再出外，出必以隆寒暑之时其勤劳孰甚焉。"[1]

御史台内置机构中，主管监察兼理司法审判的是为肃政廉访司，其审判方面的职权主要有：①对久拖不审的"淹滞"案件、虽审但仍旧称冤的案件，可"从台察告"或"称冤赴台陈告"。②被控告官吏可以赴御史台自行陈述冤狱，如属实则治罪被告，不实则加等治罪。③官吏有过（或罪），六品以下由廉访司论罪，五品以上则向御史台申诉，御史台或纠弹或量情断治。④皇帝直接诏敕御史台定罪，类似当下的指定管辖。如"凡军官私役军士者，视数多寡定其罪"。[2]

枢密院

枢密院作为中央军事管理机构，同时也负责掌理与军队相关的司法事务。它的基本职能是"掌处决军府之狱讼"。例如，枢密院统辖涉及蒙古军队与地方军户的案件，也负责处理蒙古军人之间相犯的案件，"婚姻、良贱、债负、斗殴词讼、和奸杂犯、不系官军捕捉者，合从本奥鲁就便归断"。[3] 司法实践中，相关官员以参与"约会"的形式，审理军人与普通百姓、军人与政府官员等具有交叉审判管辖权的案件。所谓的"约会"，是指元代针对管辖权重叠情形而特别设置的一种审判程序。例如在地方上，若军户与民户之间发生了轻微刑事纠纷或民事争讼，通常会由地方官府与管理军户的军官共同审理案件。

宣政院

宣政院是元朝中央设置掌理全国宗教事务的管理机构，同时也承担着涉宗教人士（主要是僧侣）的司法审判事务。

宣政院在司法职能上主要表现为僧侣案件的"属人"管辖

---

〔1〕（元）刘基：《诚意伯文集》卷6《浙东肃政廉访司处州分司题名记》。
〔2〕《元史》卷10《世祖本纪七》。
〔3〕《元典章》卷39《刑部一》。

第四章 传统中央司法机构职能的变迁：审判权的量变和质变

权。大德六年（1302年），成宗曾下诏道："自今僧官、僧人犯罪，御史台与内外宣政院同鞫；宣政院官徇情不公者，听御史台治之。"[1] 此时的宣政院与御史台一同负责审理僧侣案件。大德八年（1304年），成宗再次下诏："凡僧奸盗杀人者，听有司专决。"[2] 即涉及僧人的重大刑事案件可以由刑部管辖，剩下的普通案件仍归宣政院管辖。到了至大四年（1311年），僧人案件开始显示出归于地方官府管理的"属地原则"，"僧人诉讼，悉归有司"。直到最后，"罢宣政院理问僧人词讼"。

若涉及僧人与军民相争的案件，则采用"约会"的审理方式，"僧俗辩讼，有司及主僧同问"。[3] 即针对该类案件，可以由地方有司（政府中掌理司法的部门长官）和管理该僧人的高级僧侣一同审问。相关史料记载了皇庆二年（1313年）六月十七日关于僧俗诉讼的规定：

> 僧俗相争田土的勾当有呵，管民官与各寺院理主持的和尚头目结绝了者。合同的勾当有呵，管民衙门里聚会断者。和尚头目约会不到呵，管民官依体例断者。他每谁迟了勾当呵，监察、廉访司官人每依体例察者。和尚每无衙门么道，管民官休骚扰者。[4]

从上文规定可知，针对一般寺院和普通民众的纠纷，可以由寺院住持和官府以"约会"的形式审断。涉及人命、诈伪等重大案件，则由地方官员审讯，"今后管民官休管和尚每者。依

---

[1]《续资治通鉴》卷194《元纪十二》。
[2]《元史》卷21《成宗本纪四》。
[3]《元史》卷24《仁宗本纪一》。
[4]《元典章》卷33《礼部六》，另见《大元通制条格》卷29《僧道·词讼》。

在先圣旨体例，奸盗诈伪、致伤人命，但所犯重罪过的，管民官问者"。[1] 这从侧面也反映出国家对僧人案件的管理日趋规范化。

从元代三司设置（其实是二司）的职能来看，此时的刑部已经成为三司中最为核心的机构，不但具有司法行政权，同时还具有审判权。元朝不设置大理寺的传统也直接影响了明代初期三司的设置，以至于明代在建国之初也遵循了元代传统，不设大理寺。

除去受到"民族分治"政策影响的大宗正府、宣政院等机构，传统中央司法机构由原来的三司简化为二司——监察机构的膨胀和大理寺的废止——这都充分顺应了皇权扩张下司法机构重新布局的基本趋势。当然，这种趋向直到明清时期才显示出稳定的效果。元朝实行二法司的做法恰恰在一定程度上体现并实践了宋后期大理寺、刑部与监察机构之间的实际分工——直接废止专职审判机构，将司法事务综合于一个部门，使刑部成为国家司法体系的重心成为一种可能。

（三）小结："审判"重心的转移

综合上述，宋代司法机构在具体职能上继承了唐代以来"三法司"的传统，但同时也凸显当时司法机构所面临的困境和难题——皇权集中与"二府三司"的政治体制下，审判机构（常态下）"自主断案"的空间不断被挤压。宋代平民阶层的壮大使得法律在社会治理中的重要性不断加强；与此同时，宋代政府又奉行"强干弱枝"的政治原则，令皇权的集中程度空前浩大，最后形成了多个司法机构之间职能重叠、相互制衡的局面。

---

[1]《元典章》卷33《礼部六》，另见《大元通制条格》卷29《僧道·词讼》。

第四章　传统中央司法机构职能的变迁：审判权的量变和质变

从审刑院设置到最终并入刑部，这背后体现出皇权对政府运行制度化后，开始具有脱离（君主）控制趋向的某种担忧。为此，从"禁中"（皇帝私人的生活场所）新设"审刑院"作为刑部、大理寺的"上级机构"；[1] 以事前监察、事后监督的方式将刑部、大理寺运行的过程结果牢牢控制在皇帝手中，[2] 并在技术上形成了针对地方案件的二级复核机制。宋代的统治者经过机构改革，最终将中央司法机构从多元回归到"三元"，依然延续了传统三司的机构设置。但是，经过审刑院的归并，三司之间的职能发生了一个较大的变化——审判权虽依然回归到大理寺，但由于复审权归于刑部，令司法重心开始向刑部倾斜。一定程度上，此过程可以被认为是传统中央司法机构行政化的重要结点——打破了原有三司平衡的局面。

审刑院的设立和归并，本质上是皇权和政府规范运行的一种博弈，也是宋代君主试图对政府运行进行更有效控制的一种尝试。关于宋代打破传统三法司的机构设置而设立审刑院，最后又归于刑部的过程，需要注意以下几个方面的变化：

首先，审刑院的出现其背后所代表的是皇帝意志。审刑院的诞生兼有抑制丞相司法权（分权）和监督刑部、大理寺的双重职能；并且审刑院设立于禁中，是直接向皇帝负责的机构，颇具"私人色彩"。这一方面，体现出在传统政治体制中，一个机构（审刑院）所能实现的最高形式的"独立"——审刑院不受其他任何机构领导，直接向皇帝负责；另一方面，审刑院以一种介于审判与监察之间（或者兼而有之）的技术实现对司法

---

[1] 这里的上级机构并非正式制度上的上级机构，而是指在当时的实际运行中，审刑院对大理寺、刑部形成了权力倾轧，大理寺由此丧失了独立的审判地位。

[2] 这里针对的是刑部、大理寺的审判职能，刑部还有其他职能，审刑院也并不插手。

案件的处理。笔者认为，很大程度上任何一个传统的司法机构都不追求现代意义上的"独立"审判权，而是更多体现在皇权之下、行政事务内部分工范围内追求对司法事务的"有效"处理。这种"有效"的评价要素包含公平、效率、安全，甚至偶然情况下的灵活性，但是并不包含所谓的"独立"。所以对皇权而言，能够推动对这套自认为"安全"的司法体系进行改革的动机有很多，其中之一的重要原因就在于对效率的考量。

宋代审判程序就如同其他朝代一样，并没有形成严格意义上的终审制度。司法诉讼的起点在于当事人对案件判决并不满意（不同意"具结"），它的终点就在于皇帝的意志；而在此过程中无论采用何种形式的审判方式，都不具有法理意义上的终结。为此，当宋代审判机构内部出现"审断分离"的运行方式时，司法体系运行的成本就有可能大大增加。即便是在中央层面对案件进行处理，在审刑院等机构设置的背景下，一个案件最终可能需要经历：地方案件—审刑院—刑部—大理寺—审刑院—皇帝亲决；地方案件—审刑院—刑部—大理寺—宰相驳回—百官集议—皇帝裁决等多重环节。期间甚至能经历十几年的时间，典型的例子就是北宋初年发生的"阿云之狱"，前后争论的时间长达数十年。

延续多年针对案情的争论，体现出宋代"慎刑"的立场和对判决公正的追求，但也大大影响了司法运行的效率，并令政治斗争融入其中。为此，最终统治者还是在体制上恢复了唐代三司的机构设置，以求得在安全与效率上的平衡。

其次，需要注意三司内部在职能上的变化。审刑院、大理寺、刑部所形成的三级复核体系存在时间很短，之后是稳定的审刑院、大理寺二级。宋朝初期，刑部的职权为审刑院与纠察在京的刑狱司所分，几乎无甚实权。刑部的主要职能是执掌天

第四章　传统中央司法机构职能的变迁：审判权的量变和质变

下死刑案件的复核权，以及负责犯罪官员罢免之后因为恩赦而被重新起用的情形。当时中央司法系统有四：一为审刑院，负责复议大理寺审断的案件；二为大理寺，负责审断地方移送的重大疑难案件，是最高司法审理机构；三为刑部，负责复核全国死刑案件；四为御史台，为最高司法监察机构，参与重大案件的复核。元丰五年（1082年），刑部的建制得到恢复，下设的四司以及主要职位悉数设置，且职能有所扩张，掌理刑法、狱讼、奏谳、恩赦、叙雪等事项。元丰改制之后，机构精简，审刑院撤除归于刑部。司法机构恢复到原三司的建制：大理寺负责案件审断，刑部负责案件复核，都察院司法监察机构地位不变。

当时，大理寺置狱（大理寺设有专门监狱，主要用以关押未决犯；刑部和审刑院无此下设机构），恢复了大理寺的部分审判职能。将复核权归于审刑院、刑部，并扩展了复核的范围，将地方上报的案件以及京师的疑难案件皆移送其中。大理寺职能则为"应三司及寺、监等公事，除本司公人杖、笞罪非追究者随处裁决，余并送大理狱结断"。[1] 审刑院并入刑部之后，刑部的职能得到了扩张，所带来的后果是：一方面使得刑部的司法复核权大大增加，所有判决结果需要得到刑部的复核方能生效，且理论上刑部可以驳回大理寺的判决。另一方面，大理寺在三司中的地位也相对下降——大理寺虽然形式上恢复了审判权，但此时皇权对司法复核的倚重远胜前朝，这直接导致在司法实践中，刑部地位得到提升。这为元朝直接废止大理寺埋下了伏笔。当然也对明清时期大理寺彻底沦为"慎刑"机构有重大影响。

---

[1]《皇宋通鉴长编纪事本末卷》卷82《神宗皇帝》。

最后，宋代出现了多种不定制的临时审理组织，例如推勘院、制勘院等。针对地方疑难案件，由中央司法机构派出多名官员奔赴当地进行审理。这是传统社会中，针对重大政务采用"群臣集议，上奏以闻"做法的延续。为此，根据不同案情设置不同审判组织，体现出司法运行的专业化。但在审判技术上，以各方官员集体议事替代专业司法官独立适用律法的过程令审判的技术性遭到削弱。当然，宋代官员通常拥有较高的法律修养，但无论如何，通过官僚集体"议政式"的方式得出的判决结果，显然不是一种严格的审判程序，并且与强调法官垄断的审判业务的原则有所不同。这种司法官员集体审理大案、要案的传统在三司之间分工日益密切的背景下愈发固定，这显然与司法机构之间相互牵制、彼此制约的要求有关。

五、明清时期：审判权的"质变"

明清时期进入到封建时代后期，其司法机构的发展也高度成熟。三司之间存在既配合又制约的关系，职能精密程度远超唐宋时期。尽管形式上三司分立，各掌一权；但实践中，却没有任何一个机构可以彻底独掌一权。处理案件往往以"科层化"的运行模式和集体讨论权衡的方式取代纯粹的审判技术，具体表现为"会审"制度的发达以及"商签""两议"等制度。

（一）明代中央司法机构的职能

明清两代处于封建社会的末期，在皇权集中化程度不断加深的同时，政治体制和政府运行也最为成熟，如同一架齿轮咬合完美的机器。明代司法机构与前朝相比最大的特征之一就是监察权的崛起——以都察院为核心的监察机构渗入到了司法机构运行的各个环节，并且在司法监督权内部也形成了新一轮的相互制约。

第四章　传统中央司法机构职能的变迁：审判权的量变和质变

明初，皇帝废除宰相制度，六部之一的刑部在品阶上有所提升，职能也有所扩张。明代加强对地方事务的控制，"地方—中央"的案件移送实行严格的自动转审制度，使中央对地方案件的管辖范围大大扩张，大量案件被移动到中央。这直接增加和扩大了中央司法机构复审（复核）案件的数量和范围，而激增的工作量很大程度上都是通过刑部来消化的。

大理寺彻底失去了唐宋以来直接（乃至单独）审理的传统，仅仅处于一个复核的地位，并且受到刑部、都察院掣肘。

都察院作为明代监察体系的核心，可以代表皇权对政府各个事务部门的运行进行深入细致的监督。在司法领域可以体现为共同参与审理、人事考核等多种路径。

为此，在明代三司中，大理寺由于失去了对地方移送案件直接审理的权力而沦为一个"慎刑"机构；刑部则兼有审判权、司法行政权而成为国家整个司法运行的中心；都察院的司法监督职能是监察权扩张后在司法领域的具体体现，司法监察权此时已成为判决生效不可缺少的权力要素。

1. 刑部

明代刑部相较于前代，总体职能有所扩张，尤其是对司法案件的处理，很大程度上侵占了原有大理寺的职能。明代《诸司执掌》中记载："尚书侍郎之职，掌天下刑名及徒隶、勾覆、关禁之政令。"[1] 具体而言，明代刑部主要有以下几项与司法相关的职能：

第一，复审直隶以及各省徒刑以上的案件。依照明代"地方—中央"政府的运行机制，中央直隶地区分为南北直隶（南为南京的应天府、北为北京的顺天府），该地并不依照地方司法

---

[1]《明史》卷72《职官志一》。

机构的普遍做法，设有提刑按察司，而是由中央刑部代替地方机构，负责复核该地区的刑名案件。于是，直隶地区以及其他地方辖区就形成了两套司法审理程序：①直辖地区（南北直隶地区）：两地的徒、流刑案件由府州政府审理完结后，申报至中央大理寺以及刑部复核；经刑部、大理寺复核后上奏于皇帝裁决。而该地州府的死刑案件则由地方审理完结之后，交送负责该地的巡按御史审录，经其复核后再转呈刑部以及大理寺复核，最后由刑部负责上奏于皇帝裁决。②其他地方辖区：徒、流刑以及死刑案件由地方州府负责初审，完结之后均应当交送该省的最高专职司法长官提刑按察司负责复核，复核完毕后上报刑部，并由刑部复审后上奏，听闻皇帝裁决。

纵观整个明代，刑部在审理案件的具体做法上也发生过变化。在刑部负责复审地方移送的案件中，最初的做法是将人犯押解至京城，由刑部以及大理寺直接审理，即所谓的"解京送审制度"。这主要为了保证案件的公正性以及权威性。但是，随着案件数量的不断上升，该种制度实行起来成本居高不下，相关机构不堪重负，且多有不便导致效率低下。于是，在实践中出现了"解京送审制"与"中央法司遣官制"相结合的做法。后者指的是，中央三法司（刑部、大理寺、都察院）派遣司法官员奔赴地方进行复审或复核。这一方面可以实现"直接审理"的目的，同时可以降低办案成本，提高司法审判效率；另一方面也可避免地方盘根错节的关系影响案件的判决结果。

《明太宗实录》中，曾记载了洪武年间明代分级转审制度的雏形：

> 洪武十六年四月，太祖曾以八事颁布天下州县。其一是，凡有犯笞杖罪者，县自断决，具实以闻。其有犯徒、流、死罪者，县拟其罪，申州若府，以达布政司，达刑部

第四章 传统中央司法机构职能的变迁:审判权的量变和质变

定拟,或准工赎罪,或奏闻遣官审决。

由此可见,在当时的审判程序中,遣官制度已经存在。县一级机构仅仅能处理判处笞杖的轻微案件,其余徒、流刑、死刑案件县一级只负责查清事实,暂拟其罪名,逐级上报到刑部才能正式定罪。明初期,地方处理重大案件,仍然以解京送审制度为主;一般只对死刑案件采用"具其罪状申刑部,刑部详拟既定,然后遣官审决",[1] 即直接派遣官员奔赴地方审理案件。景泰六年(1455年),由于当时解京送审制度实行太过不便,司法实践中其实已很少适用,于是最后朝廷彻底废除了解京送审制度,"景泰六年七月癸巳,命南京法司及各布政司,官吏人等杂犯死罪并流罪以下并免解京师详审"。[2] 由此作为定制延续至明末。

第二,作为京师的司法审理机构,审理并复核部分案件。在传统统治观念中,京师具有特殊的政治意义。从制度设计上,京师往往不与地方适用同一套具体制度,而有自己独特的规定。因此,针对京师的特殊地位,刑部(包括大理寺)就需要同时扮演中央司法机构和地方司法机构的双重角色。

明代京师仅仅是指北京的内城、外城以及顺天府。通常而言,京师地区笞刑案件可以由京兆府直接审结即可,而笞刑以上的案件则均应当由刑部初审,再交由大理寺复审;审理完结之后再次交回刑部,由刑部负责上奏听闻皇帝裁决(京兆府—刑部—大理寺—刑部—皇帝)。京畿地区的案件需要经过通政司的收转,其余五府的案件也交由刑部审理。当然这里的笞刑以上的案件均指涉及普通百姓的案件,若涉及京师官员则通常由都察院审理。

---

[1] 《明太宗实录》卷219。
[2] 《明英宗实录》卷256。

刑部官员参与复核的案件主要体现在死刑案件上。根据明代立法，洪武初年开始将死刑案件区分为两类：一类为真犯死罪，至洪武三十年（1397年）更名为决不待时；另一类为杂犯死罪，至洪武三十年更名为秋后处决。这两者虽在《大明律》中并无区分，但是却因为皇帝诏令而使其在司法实践中存在巨大差异：两种死刑执行拥有不同的程序，这是清代监候制度的雏形。

明代关于京师地区斩、绞监候的案件通常由来自不同部门的多名官员参与复审。《大明律》规定："至死罪者……直隶去处，从刑部委官，与监察御史……公司审决。"到天顺二年（1458年），此制度成为定制。对于审结的死刑案件（绞、斩监候），皆由刑部、大理寺、都察院会同五府九卿各堂上官和锦衣卫、科道官员一同审录，即所谓的"朝审制度"。弘治二年（1489年），朝廷曾出现过一道敕令，要求由刑部主事、巡按御史以及都司府卫三者共同审决南北直隶的死刑案件，该程序包括审理以及处决两个环节。在司法实践中，死刑案件会通过各种程序审结，但无论何种程序，刑部都会以一个审理机构的角色负责或参与处理。

与此同时，刑部的司法行政职能在明代得到了保留。从这个层面而言，刑部总体职能相较于大理寺，呈现出扩张态势。根据《大明会典》以及《诸司执掌》的记载，刑部作为司法行政机构具有的职能主要有：第一，执行并监督执行徒刑、流刑、充军等刑罚，称之为"徒隶"。第二，死刑案件判决的确认并执行，称之为"勾覆"。第三，对监狱事务的管理，称之为"关禁"。与唐代刑部职能相比，虽然在形式上几乎与《唐六典》规定相同，但实际内容上已有很大的变化：原本对于政府财务（勾覆）的监督以及关津、门禁等职能（关禁）已经被剔除，

第四章 传统中央司法机构职能的变迁：审判权的量变和质变

代之以纯粹的司法事务。故从国家机构的设置来看，明代刑部真正具有了司法专职机构的性质和功能。从机构内部分工而言，刑部形成了司法行政与司法审判相混合的局面，但司法事务的内容整体上却更加专业化了。

明代刑部与前朝相比，最大的变化便是十三清吏司的设置，一改唐宋以来下设四司的传统。明代机构设置深深影响了明代司法体系的格局，并对清代刑部的设置和工作方式产生了直接的影响。此内容本书会在第五章详细论述。故此处仅对刑部四司作简单介绍。

2. 大理寺

大理寺在明代中央司法系统的地位颇为尴尬，这点从大理寺的建制过程也可以窥视一二——明代大理寺设置的过程颇为曲折，曾几度废止。历经了元代废止大理寺，刑部已经成为司法重心，明初希望由"二司"再度恢复成"三司"的传统，但当时的政治体制（废宰相）以及其他机构的具体制度均已发生了变化，想要恢复大理寺的建制并非易事——权力一旦形成必然有惯性。

明朝初年，中央不设置大理寺。洪武三年（1370年），朝廷设立了磨勘司，并规定凡诸司刑名、钱粮、有冤滥隐匿者，稽其功过以闻。"洪武三年四月，置磨勘司。上尝以中外百司簿书填委，思所以综核之。因览《宋史》，见磨勘司而喜。至是遂设其官。"[1] 可见，其一，明初期虽不设大理寺，但若案件存有冤情，可以推测在磨勘司设立之前也一并由刑部处理。其二，当时磨勘司的设立多少有些偶然因素，所以即便设立之后其建制也不稳定。至洪武十年（1377年），再次下诏复至，磨勘司

---

[1]《明太祖实录》卷51"洪武三年夏四月己未朔"。

才成为专门的司法监督机构，钱粮之事则归于户部。

洪武十四年（1381年），中央才恢复了大理寺的设置，"复置大理寺及审刑司，以平庶狱"。[1] 故当时形成司法系统的基本分工为：大理寺主掌审判，审刑司主掌复核，磨勘司主掌司法监察。这充分体现了朱元璋试图恢复唐宋政治传统的愿望。直到洪武十七年（1384年），朝廷下诏"名天下诸司刑狱皆属刑部、察院详议平允，又送大理寺覆审，然后决之。其直隶诸府州县州狱，自今亦准此令，庶几民无冤抑"。[2] 由此初步奠定了明代刑部主审、大理寺复核的分工。至洪武十九年（1386年），朝廷再次罢黜审刑司，一年后，废置磨勘司。洪武二十九年（1396年）再次废罢大理寺，直到建文初年又再次设立。故明代大理寺稳定的建制直到永乐初年才得以确立。从上文可知，明代大理寺从无到有，几经波折；但即便恢复大理寺的建制，元以来司法系统多年运转的习惯也导致大理寺无法完全承担唐宋时期的"角色"。

《诸司执掌》中关于明代大理寺的记载为，"本寺官其所属左右寺官，职专审录天下刑名。凡罪有出入者，依律照驳。事有冤枉者，推情辨明。务必刑归有罪，不陷无辜"。可见在当时，大理寺最为主要的职能在于通过"复核"以纠正天下冤狱——从一个专职审理机构转变为一个"慎刑"机构，丧失了直接审理权。弘治以后，明代京师刑名案件由三法司会审的制度逐步被确立，并得到完善，形成了初审与复审的区别。"大理寺之设，为慎刑也。三法司会审，初审，刑部、都察院为主，覆审，本寺为主。"[3] 再度明确了大理寺与刑部之间的分工，明确表

---

[1]《明太祖实录》卷104"洪武九年二月乙酉朔"。
[2]《明太祖实录》卷167"洪武十七年闰十月乙未朔"。
[3]《明史》卷73《职官志二》。

第四章 传统中央司法机构职能的变迁：审判权的量变和质变

明大理寺不再具有纯粹意义上的审判权，仅拥有更具监督意义的复审权。具体而言，明代大理寺管辖的复审案件主要为以下几类：

第一，复核刑部以及都察院移送的案件。直隶以及其余地方上报的案件经过刑部、都察院审理完结之后，需要移送至大理寺进行复核，该程序称之为"详拟罪名"。史料记载道：

> 凡各问刑衙门转详。洪武二十六年定，在外都司、布政司、按察司，并直隶卫所府州。一应刑名问拟完备，将犯人就彼监收。具由申达干上司，都司并卫所，申都督府。布政司，并直隶府州，申呈刑部。按察司，呈都察院。其各衙门备开招罪，转行到（大理）寺详拟。[1]

对该类案件，根据不同情形会有不同处理：①针对案件事实部分无误，但适用法律有不妥的情况：若拟罪合理，则依照所报的执行；若拟罪不合理，则可以驳回，要求重新拟罪。②针对案件事实部分存在疑问的情况：若从中发现部分案件事实含糊不清，则可以驳回，要求查清案情再报。

若移送案件来自京师，则大理寺的复核程序称之为"审录参详"。根据明代司法机构的设置，京师部分案件的一审属于刑部和都察院管辖：普通平民案件主要归于刑部管辖，涉及官员的案件则归于都察院管辖。上述案件经二衙门审理完结后，均应当通过通政司转入大理寺复核，"凡刑部十二部、都察院十二道、五军都督府断事官五司，问拟一应囚人，犯该死罪徒流者，具写奏本发审……俱由通政司挂号，另行入递。预先差人连案

---

[1]《大明会典》卷214《大理寺》。

同囚，送发到寺"。[1] 若案件拟罪合格，则依照执行，若拟罪不合格则可以驳回要求原衙门重拟。

第二，参与朝审。"朝审"是明代一种重要的会审形式，主要针对的是判处斩、绞监候的案件。朝审需要在每年霜降以后举行，由三法司的长官会同五府九卿的堂上官、锦衣卫以及科道官员一起参与复核全国的监候死刑案件，最后上报皇帝进行"勾决"。明代朝审制度普遍被认为是清代著名"秋审"制度的滥觞，是一种融合了司法、政务、礼教等多种功能的制度。只是到了清代，朝审作为一种"国家典仪"，"礼"的色彩更加浓厚，但其"法"的技术内核却延续自明代。

在朝审过程中，大理寺主要的职能主要有以下几项：

（1）驳正。所谓的"不则驳令改拟，曰照驳"，即对于移送的"拟罪"或"参详"的案件若认为判罚不当的，可以将案件驳回原衙门要求重拟。

（2）参驳。所谓"三拟不当，则纠问官，曰参驳"，即对于照驳的案件若三次拟罪仍然不合格则可以将负责拟罪的官吏具奏送问；其中案情不明者，必须驳回再问。

（3）番异。所谓"有牾律失入者，调他司再讯，曰番异"，即针对案件事实适用法律错误，要求再审的情形，可由其他衙门再审。

（4）圆审。所谓"犹不惬，则请下九卿会讯，曰圆审"，即番异仍不得的可以将案件移交九卿审理。这里的九卿是指由六部长官会同通政司、都察院、大理寺长官组成的审理机构。

（5）追驳。所谓"已评允而招由未明，移再讯，曰追驳"，即若案件经上述的评议仍未明晰，则应当将案件再次移送审讯。

---

[1]《大明会典》卷214《大理寺》。

第四章 传统中央司法机构职能的变迁：审判权的量变和质变

（6）制决。所谓"屡驳不合，则请旨发落，曰制决"，即若经过上述的程序或多次被驳回，审理结果仍然不合格的，就直接上奏皇帝请旨得到最终的结果。

虽然从形式上看，明代大理寺可以直接驳回刑部、都察院的初判结果，权力颇大；但在司法实践中，由于在弘治年以后，大理寺已不再审阅卷宗，并且囚徒不再移送到大理寺；"弘治以后，止阅案卷，囚徒俱不到寺"，[1] 实则大理寺失去了对案件直接审理的资格，也丧失了独立的审判地位。大理寺对刑部、都察院的种种纠驳仅仅是一种非常态下的监督。形式上虽然无处不在，实则启动困难重重，且在实践中"抗诉""再审"等也并非常态。大理寺由原先的直接审理蜕化为间接审理，再加上刑部、都察院的强势，机构品阶上皆高于大理寺，使得大理寺无论在复审地方案件或者参与朝审的事务中都处于弱势。在正德年之后，除"驳正"尚可勉强维持外，司法实践中，大理寺的其余手段都受到很大的限制。

3. 都察院

都察院作为明代最为核心的监察机构，全面继承了御史台的司法监督权，同时职权也有所扩大。

明代都察院主要以都御史以及监察御史为核心展开监察工作。都御史作为御史台的"堂官"，实践中并不过多干预具体的"监察业务"，而是更多承担着对内考核、管理的工作。监察御史则是真正承担御史台具体监察工作的"业务员"。

明代都御史具体职能涉及司法领域，主要表现为：审判权（参审权）与监督权。在明代的诉讼制度中，都察院绝大多数情况下（除了针对官员案件）并没有独立（即纵向垄断整个诉讼

---

[1] 《明史》卷73《职官志二》。

程序)、单独（横向垄断整个审判组织）的审判地位，更多是以参与审理的方式进行。

（1）审判权（参审权）。有明一代，出现了许多集体审判的形式。例如，朝审一般由三法司及其各部堂上官、通政司、锦衣卫和科道官员等参加，主要复核全国死刑案件。大审针对的是京师范围内的案件，由司礼太监与三法司堂上官主持。热审主要由司礼太监与三法司一起对京师附近狱中的枷号者进行复审清理，以防狱满淹囚；京师以外的罪囚审录则经常会差遣监察御史出巡办理。这些由多个部门官员会同处理案件（或其他司法行政事务）的程序中，都察院都需要派出高级官员参与。通常情况下，都御史会代表都察院参与其中。由于都察院是监察机构，在参与审理的同时，也体现皇权的监督，所以地位颇重。

（2）监督权。除了会同其他部门官员审理一些特殊案件之外，审理日常地方移送中央或中央直接管辖的案件也由三法司密切配合，共同完成。具体流程为：刑部审理定罪—都察院分流处理—大理寺复核—刑部核实、执行。

具体展开如下：刑部通过审理定罪之后，案件移送都察院进行复查，都察院"议拟罪名，开写原发事由，问拟招罪，照行事理，徒流、迁徙、死罪、充军人数，具写奏本。笞杖以下，止具牒文。佥押完备，连囚赴堂，备说所犯情节罪名，审无异词，然后入递"。[1] 都察院受理之后，根据案件的轻重分别进行处理：针对重罪案件（徒流刑、迁徙刑、死罪、充军），需要题写奏本；针对轻罪案件（笞刑、杖刑），直接可以定案。之后将重罪罪犯连同案卷一并送往大理寺复核。最后由刑部在大理

---

[1]《大明会典》卷211之一《回道考察》。

第四章 传统中央司法机构职能的变迁：审判权的量变和质变

寺、都察院复核基础上，题写出案件的主要内容（罪犯姓名、案由、主要情节、判决结果等），上报皇帝作最后的裁决。若有越级上诉以及登闻鼓的京控案件，也必须由通政司转交都察院审理，再交由大理寺审录。

4. 六科

六科是明代监督体系的一部分，是专门针对常态下六部内部运行的监督机构。从其具体的监察内容来看，更多针对的是六部官员（即针对人）是否依法履行职能的监督，充当皇权"耳目"的色彩更为浓厚。

根据《明史》的相关记载，六部科员的具体分工如下：

（1）吏科。"吏科，凡吏部引选，则掌科同至御前请旨。外官领文凭，皆先赴科画字。内外官考察自陈后，则与各科具奏。拾遗纠其不职者。"[1] 吏部科员对吏部的监督主要体现在：对官员外出公干的报备；参与内外官员的考核；对于违纪官员进行纠举等方面。

（2）户科。"监光禄寺岁入金谷，甲字等十库钱钞杂物，与各科兼莅之，皆三月而代。内外有陈乞田土、隐占侵夺者，纠之。"[2] 相较吏部，六科针对国家财政管理机构——户部的监督更为慎重。不但户部科员必须参与，其他各科也一并参与，采用轮值的形式，三月更换一次，以防止科员与户部官员相勾结而失去监督的效果。同时对官员贵族在经济上有不法侵占的情形给予纠举。这本身已远远超出户部管理国家经济的职能范围，由针对"事务"的监督转移到对"人"的监督。

（3）礼科。"监订礼部仪制，凡大臣曾经纠劾削夺、有玷士

---

[1]《明史》卷74《职官志三》。
[2]《明史》卷74《职官志三》。

论者纪录之,以核赠谥之典",[1]"凡祭葬、赠谥、荫子……三品以上、未经三年考满、未及关诰命、违例陈请者,本科纠奏"。[2]礼部的科员需要对礼部给予相关官员的荣誉是否合理进行严格把关,并参与朝廷重要典章仪式的设立。

(4) 兵科。兵科主要通过参与武官的任命、考核、功次等方面实现对兵部的监督。例如,"凡拣选大汉将军,本科掌印官会选","凡拣选守卫及操练官军,本科差官一员会选"。[3]对于五年一次的军政官员考核,各军政官员首先向兵部自陈其事,结束的当天由兵科会同其他各科问访。如有不称职的,则兵科可会同各科联名参奏。凡在边镇巡抚等官员编写有关于军士阵亡、立功以及出境烧荒里数的记录均需要送报兵科。对武官的表现在兵部开造揭贴之后,亦需要留本在兵科以备存阅。另兵部科员对本署武官帖黄、诰敕等也需要一并监视,"凡兵部造完武职帖黄及续附帖黄。并中书舍人写完武职诰敕,尚宝司官用宝,本科官一员监视。其诰敕有应追夺者,亦同尚宝司官烧毁"。[4]

(5) 刑科。刑科对刑部的监督主要是:及时统计全国犯罪数量并上报以及对于死刑复核制度的参与。"每岁二月下旬,上前一年南北罪囚之数,岁终类上一岁蔽狱之数,阅十日一上实在罪囚之数,皆凭法司移报而奏御焉。"[5]即每年犯罪人数量都会经过地方整理,在次年二月下旬上报到刑部进行统计。之后给事中会每十日核实一次罪犯数目,然后上报皇帝奏闻。

---

[1]《明史》卷74《职官志三》。
[2]《大明会典》卷213《六科》。
[3]《大明会典》卷213《六科》。
[4]《大明会典》卷213《六科》。
[5]《明史》卷74《职官志三》。

第四章　传统中央司法机构职能的变迁：审判权的量变和质变

在死刑复奏上，"凡法司具奏斩绞罪囚、决不待时并秋后处决者，本科仍三复奏。得旨，然后行刑。其枭首重犯，在狱病故。刑部奏请押赴市曹处决者，本科亦三覆奏请旨"。[1] 对京控喊冤的案件，给事中与锦衣卫轮流值守登闻鼓，其中给事中负责题本上奏。给事中还需要参与朝廷部分会审，若遇到喊冤者，特定情况下可以请旨请求相关官员暂时停职审判，形成"回避"，这充分体现了科员对审判程序的监督。

（6）工科。工科对于工部的监察主要集中对工程建造和工程材料的使用上。例如，"阅试军器局，同御史巡视节慎库，与各科稽查宝源局"，[2] 以及对于地方各省纳钱纳粮数目是否到账的核查，"凡各直省司府，解纳钱粮完欠分数。工部开载考成簿内，每日赴科注销一次，本科查对分数不及者，每上下半年，会同各科题参"。[3]

综合上文，都察院和"六科"同为明代中央监察机构，分别采用了两种不同的组织形式；两者在职能上多有重合，彼此不仅相互配合，更是相互监督和制约。明代都察院的设置理念，更多是遵循古已有之的传统——毕竟都察院前身是古老的御史台——作为匡正君主和大臣（主要是朝廷大臣）言行的体现，具有开明政治的象征意义；而六科给事中的设计理念，则更多体现了"以卑制尊""以小制大"的实用性——真正能够保证贯彻君主意志。在明代中央一级的监察系统中，都察院与六科给事中，一高一低，一集中一分散，一在明一在暗，两者相互配合又相互制约，对朝廷和地方政府监察的广度和深度都堪称空前。

---

[1]《大明会典》卷213《六科》。
[2]《明史》卷74《职官志三》。
[3]《大明会典》卷213《六科》。

5. 厂卫机构

明代所设的厂卫机构是中国古代政治史上非常特殊的机构，它权力巨大但却仅存在于明代一朝。严格意义上说，厂卫机构并不属于明代政府的正式机构，而是属于专门服务皇家私人事务的内廷（尤其是由宦官掌握的东西厂，锦衣卫则属于军事机构序列）。

锦衣卫

根据相关史料记载，洪武十五年（1382年），朱元璋设立锦衣卫制度，"掌侍卫、缉捕、刑狱之事"。[1] 具体职能有：①作为宫廷侍卫，负责皇帝出行仪仗、警戒安全、皇宫禁卫。"凡朝会、巡幸，则具卤簿仪仗，率大汉将军等侍从扈行。"②锦衣卫长官都指挥使与兵部侍郎或尚书一道莅临五军比试武艺。③作为重要的侦查机关，"盗贼奸宄，街涂沟洫，密缉而时省之"。[2] ④作为司法机关参与鞫狱录囚的事务，与三法司共同进行。"凡承制鞫狱录囚勘事，偕三法司。"

锦衣卫的法外职能更多体现在对"诏狱"的掌管，故许多学者所言"锦衣卫之狱实质上为镇抚司之狱"。诏狱本为皇帝下诏督办的案件，一般情况下多为涉及政治、官员的案件。但在锦衣卫成立中后期，诏狱的范围不断扩张，许多与政治无涉的民间普通案件都被纳入其中，这实则是对国家正式司法机构职能的侵夺。"太祖时，天下重罪逮至京者，收系狱中，数更大狱，多使断治，所诛杀为多。"[3] 这些史料充分体现出当时锦衣卫参与断案的惨烈景象，同时也从侧面说明了锦衣卫最初所管辖的案件并非一般的刑事案件，多数是甚为严重的大案。技

---

[1]《明史》卷76《职官志五》。
[2]《明史》卷76《职官志五》。
[3]《明史》卷95《刑法志三》。

第四章 传统中央司法机构职能的变迁:审判权的量变和质变

术上或许这是由于重大案件要求更多的侦查手段,锦衣卫又隶属军事机构,在抓捕罪犯、收集证据上更有优势。

东厂、西厂、内行厂

"厂卫"中的"厂"是指,当时以东厂、西厂、内行厂为主要形式的内侍监组织。他们原本属于内廷的官宦组织。在皇权扩张的背景下,皇帝实行"以内制外"的统治原则,这些宦官组织的权限由后宫扩展到了前朝。如果说,最初锦衣卫的设置多少还有些军事色彩,那么这些宦官组织的壮大则无疑是君权与文官集团不断"角力"催生下的一种畸形表现。宦官机构地位的上升,违背了传统主流意识形态下的基本价值判断,以为人所不齿的"阉人"直接参与朝政,个别宦官甚至代表皇帝行使"批红"的权力,与向来作为政治主流的士大夫文官集团相抗衡,甚至一度把持朝政。"宦官专权"这几乎历来是士大夫价值判断中国家治理的大忌。

在所有"厂"的设置中,东厂的设立时间最早、存续时间最长、最具有代表性,对整个明朝政局的走向产生过深刻的影响。

东厂大致建立于永乐年间。"靖难之役"后,永乐帝继续倚赖宦官以监察百官、把控朝政。明代东厂的设立多有偶然的因素:成祖以藩王之资起事,经武力而夺帝位,虽打有"清君侧"的旗号,终不过是冠冕之借口,篡位之行实。建文一朝多有儒生士大夫为代表的文官团体拒绝合作,成祖随行之臣多为行伍出身,不谙政道。朱棣一生多疑而刚愎,为免重蹈覆辙唯有依仗身体不全而必须倚赖君主的宦官作为掌控群臣的工具。于是宦官从后宫走向了前朝,多年以后甚至成为整个朝政的重心之一。东厂与其说是一个正式的国家监察机构,不如说是皇权膨胀下,代表皇帝制衡内阁外朝的私人机构。根据该机构设置的初衷，东厂并不执行或单独执行某项具体的、事务性的工作，而仅仅是以同步或事后监督相关官员的方式昭示着皇权的运作，将天子意志贯彻到政府运行的各个环节。

西厂设立于成化十二年（1476年）。[1] 内行厂设立于正德年间，由以大太监刘瑾为首的宦官集团把持。[2] 值得注意的是，刘瑾被除后，西厂和内行厂皆被废，而东厂以"祖宗旧制"的理由被保留了下来。从东厂的保留或许可以推测出：一定程度上，宦官势力的存在是明朝政治体制中不可缺少的一环，它避免了文官集团与皇权的直接冲突；即便有各种矛盾，厂卫机构的存在或许可以成为一个可进可退的缓冲地带。故从这个意义上，宦官势力的存在在明朝政治运行中并非全然是负面的；恰恰相反，从统治技术上，或许这是传统政治下制衡之道的一种充分体现。

值得注意的是厂卫之间的关系问题。根据上文可知，设立东厂就是为了避免都察院、刑部、大理寺，甚至锦衣卫镇抚司都出现徇情枉法的危险。但在实践中，"厂"和"卫"更多是相互配合。总体而言，东厂的地位更高：东厂有侦缉监察锦衣卫的权力，而锦衣卫则无权干预东厂的事务。《明史》中有记载：

> 然厂卫未有不相结者，狱情轻重，厂能得于内。而外庭有扦格者，卫则东西两司房访缉之，北司拷问之，锻炼

---

[1] 时年，京城发生了一系列诡异怪事，出现一自称李子龙的草民，勾结内廷宦官，以妖术符咒等物图谋不轨。虽得破案，但宪宗对锦衣卫以及东厂大为不满，终得成化十三年（1477年）命太监汪直带领百名锦衣卫在西城灵济宫旁灰厂拘讯人犯，故称"西厂"。设立之后，设罢无常，终得成化十八年（1482年）因汪直失势而彻底罢废。

[2] 正德初年，复设西厂，后又改惜薪司外薪厂为办事厂，荣府旧仓地为内办事厂，称内行厂，同时将东西二厂纳入到监察范围。

第四章 传统中央司法机构职能的变迁:审判权的量变和质变

周内,始送法司。即东厂所获,亦必移镇抚司再鞫,而后刑部得拟其罪。

从上文可知,与锦衣卫相比,东厂为代表的宦官组织拥有更多的职权。但无论厂卫机构如何行使刑侦权,形式上他们对案件皆无审判权,所办案件需要移交相关司法机构才能正式定案。但是在司法实践中,厂卫机构因为直接向君主负责而实际拥有更大的话语权,严重干扰了司法机构的正常运转。史料中关于厂卫机构利用特权直接干预司法的做法并不罕见:

> 弘治九年,刑部典吏徐珪所奏:"臣在刑部三年,见鞫问盗贼,多东厂镇抚司缉获,有称校尉诬陷者,有称校尉为人报仇者,有称校尉受首恶赃而以为从、令傍人抵罪者。刑官洞见其情,无敢擅更一字"。[1]

当然实践中,明代司法机构对明代厂卫组织并非全然没有节制。早期,厂卫在执行逮捕人犯时,仍然需要提供凭证,即需要现场出示刑部刑科所签发的驾帖,并且需要司礼监的印信和皇城各官防相配套使用。但是随着厂卫势力的膨胀,至成化年间,逮捕人犯已无须驾帖。

明代会审制度相对发达,出现了许多诸如圆审、热审等多个部门共同审理案件的程序。其中,针对有争议或重大案件,中央一般组成"三法司"进行会审。东厂虽然不是三法司之一,但也需要参与其中——东厂有权派出专人在审理现场进行"听记",以便在审判结束或出现某种结果时直达圣听。此时的东厂有代表皇权监临审判的象征意义,也象征着皇帝对司法权的直

---

[1]《明史》卷189《孙磐传》。

接控制。"凡中府等处，会审大狱，北镇抚司拷讯重犯，本厂皆有人听记，其口词一本，捯打数一本，于当晚或次早奏进。"[1]

与都察院、六科给事中的监察权相比，厂卫机构的监察权更多体现为一种"准司法权"面貌。例如，拥有侦查、缉捕、刑讯的权力。因为锦衣卫的职权具有强制性，故与都察院、六科相比，它的监察力度犹甚，也更易出现权力滥用的风险。就厂卫机构设置的初衷而言，主要针对的是对皇权安全构成重大威胁、可能危害国家安全的政治性案件。在官吏体系中，上至皇室宗亲重臣，下至地方小吏皆在其监视范围之内。而后它的权力不断扩张，直至蔓延到了社会一般民众，厂卫组织"四出刺民阴事"，"大政小事，方言巷语，悉探以闻"，以至于"民间斗詈鸡狗琐事，辄置重法，人情大扰"。[2]

总体而言，明代政府司法运行的一大特征是：司法监察权的兴起以及会审制度的设立。这使得参与案件审理的部门超逾了传统的"三法司"，技术上采用各方官僚（包括来自非司法机构）集中议事，最后定罪量刑的模式进行。此种处理程序，性质上很难界定为一种纯粹的审判工作，而是更多体现了行政色彩。在传统三法司中，审判权由大理寺转移到了刑部，使得刑部集合了审判权与司法行政权，成为整个国家司法活动的中心。加之都察院等监察系统的膨胀令大理寺彻底沦为一个弱势的部门。通政司、内阁对于司法事务的干预或者参与更多集中体现在某类特殊案件；厂卫机构的设立最初仅仅是为了监督以及侦办具有政治色彩的案件，但随着皇权与政府机构之间的不适配，最终对常规司法事务也形成了巨大的干涉。

---

[1] （明）刘若愚：《酌中志》卷 16《内府衙门职掌》。
[2] 《明史》卷 340《宦官一》。

第四章 传统中央司法机构职能的变迁：审判权的量变和质变

(二) 清代的中央司法机构职能

清代对明代事务性机构的继承度很高。就司法领域而言，明代三法司权力分配的格局基本上为清代所继承，当然也略有调整。清代刑部的职能范围相较于明代更加广泛，同时也承担着复审地方移送案件、组织并复核全国死刑案件、起草相关律令、掌理全国狱政等多项事务性工作。清代大理寺进一步失去单独复核的权力，在政治体制中甚至没有（常态下）单独上奏皇帝的权力，其地位进一步滑落。都察院继续掌理司法监察权，职能较前朝有所扩大。清代会审制度的发达，使得许多案件的审理往往需要"三法司"（乃至其他政府机构）共同完成；都察院以同步参与重大案件审理，常态下对案件审理进行事后复核等形式实现对司法事务的监督，具有监督和审判双重含义和功能。

都察院等监察机构的兴起直接得益于皇权的扩张，从原本针对皇帝言行匡正的谏言机构蜕变成为单纯考察百官言行、政府运行的监察机构；监察体系原本所依赖的礼制、伦理、传统、舆论，乃至帝王的修养等柔性的要素日渐式微，取而代之的是形成一套繁杂精细、刚性的规范制度。在封建社会后期，监察技术的根本目的在于保证官员履行职能的质量，由此保证政府有效运行和君主意志的贯彻，并不全然针对案件本身的纠偏。所以，对案件审判的过程和结果，在形式上似乎更具有司法公正的权威性，但是审判权的属性和品格却与近代司法的内核渐行渐远。

1. 刑部

清代刑部号称当时的"刑名总汇"。根据《大清光绪会典》的记载，刑部职能主要为"掌天下刑罚之政令，以赞上正万民。凡律例轻重之适，听断出入之乎，决宥缓速之宜，赃罚追贷之数,各司以达于部。尚书侍郎率其属以定议,大事之上,小事则行,以肃邦纪"。[1]《清史稿》中也对刑部的审判职能及地位作了概括:"外省刑案,统由刑部核覆。不会法者,院寺无由过问,应会法者,亦由刑部主稿。在京讼狱,无论奏咨,俱由刑部审理,而部权特重。"[2] 具体而言,刑部的审判职能主要体现为以下几个方面:

第一,复核各省徒刑以上的案件。清代地方各级施行严格的"转审制度"。各级政府根据案件轻重分别管辖,原则上适用不同程序:①笞、杖刑案如果没有疑问,可以在地方审结,不必移送中央。②无关人命的徒刑案件,经过各省督抚批结后按季齐汇,咨报刑部查核。③有关人命的徒刑案件,经过各省督抚审结后,专案咨报刑部复核,年终汇题上报皇帝。④遣军流的案件一般情况下经督抚审结后,专案咨报刑部核复,年终汇题。⑤涉及死罪的案件则依照案情的轻重,或以专本具奏的形式(针对情节较轻的死刑案件),或以专折具奏的形式上报皇帝(针对情节恶劣的死刑案件)。

嘉庆十三年(1808年)之后,斩绞刑案件以及普通凌迟、斩、枭首案件皆以专本形式具奏刑部,重大的凌迟案件则以专折具奏的形式上报刑部。若徒刑案件不涉及人命,则应当咨报刑部查核,涉及人命则咨报刑部查复。遣军流的案件一律应当咨报刑部,由刑部单独复核。若刑部认为拟罪合理、事实清晰则可以咨报督抚执行;如果移送案件事实认定或适用法律有异,可以驳令督抚再审(一般不超过三次部驳),也可以直接改判。各类死刑案件都应当以专本或专折的形式上报皇帝,"刑部核拟具奏"的案件由刑部单独复核,"三法司核拟具奏"的案件虽为

---

[1]《大清光绪会典》卷53。
[2]《清史稿》卷144《刑法志三》。

第四章 传统中央司法机构职能的变迁：审判权的量变和质变

三法司会同复核，但是亦由刑部主稿。

第二，审理京师徒刑以上的案件。依照清代相关规定，京城地区的笞、杖案件由步军都统衙门、五城察院直接审理结案；徒刑以上的案件才由刑部直接审理，称为"现审"。现审案件由十七清吏司轮流签分。一般的徒、流、军、遣案件刑部审结后按季汇题；涉及死罪案件，则需要大理寺委任寺丞、都察院委任御史共赴刑部会审，称为"会小法"。审结呈堂之后，再由都察院左都御史或左副都御史，会同大理寺卿或少卿，会同属员赴刑部会审，称为"会大法"。如果发现案情不明或判罚不当，可以要求翻异，则案件会发回刑部重审。若没有问题，则各部分别会稿题奏。

第三，组织各部复核秋审案件。清代的秋审与朝审最初由刑部四川、广西两司分掌，雍正十二年（1734年），始设总办秋审处，简称秋审处。秋审处负责地方督抚判处斩、绞监候案件，该类案件每年都需要经过特定的复核程序才可交付执行。各省的秋审题本具题后，照例奉旨，刑部奉旨之后，开始正式办理当年的秋审。在正式九卿会审前，刑部应就各省秋审案件先行定拟看语（提出判决意见，类似拟判）。《大清会典》记载：

> 总办司员于年底即请堂派各司专办次年秋审官，满州一员，汉二员。将各该司应入秋审人犯，依原案题结先后，以次摘叙案由，分别实缓矜留，出具看语。曰初看，用蓝笔标识。再为复看，用紫笔标识，陆续汇送本处。坐班司员将各司略节删繁补漏，交漏，交总看司员酌核允当，加具看语，呈堂批阅。仍于堂议之前，总看坐班各司员，齐集核议。将情实、缓决、可矜、留养承祀各犯，详加参酌，

平情定拟。[1]

之后，刑部应将秋审案件刊刷招册，分送九卿、詹事、科道进行九卿会审。秋审过后，由刑部领衔，会同全体参与诸司官员具题以闻。整个过程由刑部官员组织和协调，且针对个案初拟法律意见也由刑部官员主稿，故无论是程序还是实体，刑部是秋审程序的实际承担者和主导者。

第四，会同复核京师朝审案件。朝审处理的是发生在京师的死刑监候案件。京师中徒刑以上的案件均由刑部"现审"，其中的绞、斩监候案件实践中无需等到每年的朝审再定拟，可以由刑部相关官员自行先定实缓，再由皇帝特派大臣复核，而后由刑部会同九卿、詹事、科道等官员复核，最后出具判决意见具奏以闻。

2. 大理寺

清入关之后，依据明制建立了大理寺，继续保持了司法体系三法司的传统。在顺治初年，设大理寺卿满、汉各一人，少卿为满一人，汉二人。康熙四年（1665年），定大理寺卿为正四品。康熙九年（1670年），定大理寺卿为正三品，远低于刑部尚书和左都御史。

清代大理寺虽然也具有审理职能，但已经不是直接意义上的审理，而仅是保留了案件复核权，这与唐宋时期大理寺常态下直接、独立审理地方和中央案件已不可同日而语。

《大清光绪会典》有曰："掌平天下之刑名。凡重辟，则率其属而会勘。大政事下九卿议者则与焉，与秋审、朝审。"[2]故虽清代大理寺地位一落千丈，但仍不失为中央司法机构之

---

[1]《大清会典》卷57。
[2]《大清光绪会典》卷69。

第四章　传统中央司法机构职能的变迁：审判权的量变和质变

一，承担着部分司法权。从清代诉讼制度的整体来看，会审制度比明代更加成熟，并且适用的范围更为广泛。司法体系内部的分工制衡也胜于前朝，原本由某个机构独立承担的审判乃至复核职能都开始由多个机构或前后或并行地一同承担。从这个角度而言，清代大理寺的主要审判活动（诉讼活动）如下：

第一，会同各部复核各省死罪案件。对各省督抚题具的重大死刑案件，用揭贴的形式送至大理寺，揭贴类似于现代诉讼中的审判意见。大理寺的左右二寺先行根据送来的"揭贴"推理案情，并核对适用的律法是否合理，然后拟出呈堂意见，等待刑部最终定稿后再送往本司；若两者所拟的意见相同，则由刑部画稿会题。"凡重辟……在外者，寺守揭贴。各定谳以质成于卿、少卿，而参合于部定谳。左、右寺先据揭帖，详推案情"，然后与刑部出具的法律意见对照，看所拟罪名、所引律例是否符合。"预定谳语呈堂。俟刑部定稿送寺，谳语相合无疑义者，堂属一体画题。"[1]

第二，参与审理京师死刑案件。针对发生在京师的案件，大理寺官员与都察院官员需要先后赴刑部审理，号称"会小法"；若案情仍不明或者适用律法有疑，则需要派遣大理寺与都察院更高一级的官员再次审理，称为"会大法"。若案情判决并无疑议，则三司会同题奏，由刑部报皇帝裁决；若仍有问题则将刑部所拟的题稿退还原机构。各机构（刑部、大理寺、都察院）若再次参酌，仍无法统一，则由大理寺左右寺官另拟稿后送刑部、都察院酌议。至此仍无统一意见，则只能由三司各自具奏，听闻上裁。

---

[1]《大清会典》卷69。

第三，参与秋审、朝审的复核。在秋审中，各省督抚提前将死刑案件送至刑部之后，要将"原案帖黄及法司督抚谳语列册进呈御览，仍分送本寺"。至每年八月时，"本寺会同九卿、詹事、科道亦于天安门外金水桥西，详核情实、缓决、可矜、分拟具题"。[1] 参与朝审时，大理寺的职能与参与秋审时相似。刑部每年对于京城监候案件复核具奏后，会摘录案卷中的要点，整理后进呈供御览；同时需送大理寺，以示监督。每年八月正式朝审时，大理寺会同九卿、詹事、科道于天安门外的金水桥，详细复核案件，根据情况分为情实、缓决、可矜，然后分拟具题。

从大理寺上述的职能来看，实践中该机构已丧失常态下对各类案件直接、独立审理的权力。许多诉讼事务往往是三法司共同协作（另一层面也是相互制约）的方式下完成。但在三法司之中，大理寺原有的审判权受到会审制度冲击最为明显，由此大理寺处于被"分权"的不利地位，而刑部和都察院则是在原有职能的基础上分享了大理寺的"审判权"，加强了自身地位；刑部更是成为整个国家司法的重心。

3. 都察院

清代都察院号称"风宪衙门"，同时掌理（部分）司法审判权与司法监察权。《大清会典》有记载："掌司风纪，察中外百司之职，辨其治之得失与其人之邪正，率科道官而各矢其言责，此饬官常，以秉国宪。"[2]

作为清政府最为重要的监察机构，其职能在司法领域通常表现为两种形式：①根据各种考核、考察法对大部分（司法）官员进行监督。②以参与整个审判过程的方式进行监督：或事

---

[1]《大清会典事例》卷1047。
[2]《大清会典》卷62。

第四章 传统中央司法机构职能的变迁：审判权的量变和质变

后进行复核监督；或同步、直接参与审理程序。第一种方式是封建社会最为传统的监察，是监察事务的核心。第二种监察方式颇具特色，其背后体现的是君主权力和政府权力之间的博弈：代表皇权的监察权不断扩张以应对日益规范化的政府运行。为此，本书主要展示的是第二种形式——虽然形式上表现为审判性的运行，但是最终的目的却在于监督司法。都察院一方面以三法司的身份参与到对具体案件的审理中，例如针对全国的死刑案件、需要奔赴地方审理的疑难案件等。同时，也以监察部门的姿态、以复核方式成为整体诉讼科层中的重要一环。一定程度上，这是君权不停输出的监察权对原有司法运行不断"覆盖"和"侵蚀"的过程和结果。

在都察院内部，承担监察职能最重要的部门是十五道监察御史以及对口的六科（六科于雍正元年被并入都察院）。前者主要对口监察地方官员和政务、京朝官和中央机构运行，后者主要专门针对六部日常运行。乾隆十四年（1749年）之后，朝廷曾下诏赋予十五道监察御史监察京师百司的职能，这使得清中后期两者的工作内容日益接近。根据相关史料记载，当时十五道监察御史在司法领域的职能主要有：

第一，会同复核各省的死刑案件。根据记载，清代前期，但凡死刑案件都需要各省督抚以专本具奏的形式上报中央。值得注意的是，此时各地督抚具奏的正式对象并非三法司，而是皇帝本人，但程序上会被直接移送到对口的中央机构；经对口机构拟具处理意见之后，再由该机构上奏皇帝。由此细节可得知，清朝强调死刑案件审结权归于君主；此时，三法司是皇帝领导的中央政府之下的具体办事机构，政治结构上表现为"地方督抚—皇帝"，而不是"按察司—刑部"。对比当时地方军、流刑案件由督抚审结后，采用"咨报"的形式"对接"刑部，显得尤为明显。

通常情况下，死刑案件的核拟具奏会交由三法司进行，特殊情况下归于刑部。清中后期之后，则一般的斩、绞刑案件以及普通的凌迟、枭首案件皆以"专本具奏"的形式上报，唯有重大的凌迟案件才用"专折具奏"的形式。实践中，专本具奏往往交由三法司核拟，而专折具奏则一般交由刑部。由此，可以看到刑部与大理寺之间在司法实践中地位的差异，即针对某些特殊重大案件，大理寺没有单独上奏的权力。

实践中，三司"核拟具奏"的基本流程如下：首先将题本交付刑部拟定初步判决意见，然后交由都察院"题画"。此项工作主要由十五道监察御史承担。最初十五道监察御史中有六道掌印御史，当时全国的死刑案件皆由他们核拟，其余道御史为协助。直到乾隆十四年（1749年），皇帝下令赐予其余道印信，死刑核拟才对应归于各道。监察御史题画之后，再交回刑部办理会奏，上报皇帝。

第二，会同审理京师死刑案件。顺治十年（1653年），朝廷曾下诏，改变原来京师案件无论是否判决死刑均需经过三法司拟议的程序，变更为京师地区只有死刑案件由刑部会同大理寺、都察院复核即可。"刑部审拟人犯，有罪至死者，亦有罪不至死者，若概经三法司拟议，恐于典例不合。嗣后凡犯罪至死者，刑部会同院寺覆严。"[1] 三法司会审的形式是：要求相应官员必须面审同议，即采用直接审理而非书面审理，"嗣后凡奉旨三法司核拟事件，御史会同部寺面审同议"。

雍正五年（1727年），根据记载，当时三法司会审的基本程序是：会审主要在刑部进行，负责该案件的满、汉御史各一

---

[1]《大清会典事例》卷1021。

第四章 传统中央司法机构职能的变迁：审判权的量变和质变

人赶赴刑部，会同承审官提取诉供。都御史一人会同刑部堂官根据材料录供定稿，先由刑部堂官画题，再送都察院由其堂官画题。

第三，参与秋审、朝审案件的复核。在秋审、朝审当日，都察院的左都御史、左副都御史均需要出席参与复核，十五道监察御史也一并出席。但清前期，还尚有六道掌印御史与其余道御史的区分，此时仅需六道掌印御史出席即可。但是，乾隆十四年（1749年）的旨意取消了该种区分。故在此之后，十五道监察御史均需参加。乾隆十四年时，朝审要求河南道协道御史也需要参加；乾隆二十年（1755年），朝廷下令京畿道与河南道掌职互易，遂京畿道协道御史也得以参加。

4. 三法司工作原理——"商签"和"两议"

由于清代针对司法案件，采用严密的"分级审判+多重复核"程序，这导致针对同一个案件会由多个部门参与审理。例如，普通大案需要经三法司审理复核、死刑案件理论上可以有九卿参与。于是在司法实践中难免会出现各个部门长官提出异议或意见无法统一的情况。例如，有学者经过统计，在顺治十年至十二年之间（1653年至1655年），共计28件有争议案件，内容涉及事实认定、定罪、量刑等多个环节。[1] 为此，清代司法部门一般采用了"商签"+"两议"的方式解决争议。

"商签"是指当多个办事机构对同一案件的处理提出不同意见时进行交流的书面公文形式。具体进行商签的机构根据实际情况而定，有可能是三法司之间商签，也有可能是九卿之间商签。例如，在秋审中，有部门对某个案件的处理（送达各部之前均附有初步拟判意见）提出异议，即可提出商签，然后在秋

---

[1] 参见胡祥雨："顺治朝题本中所见'两议'案件研究"，载《北大法律评论》2017年第1期。

审机构内部展开讨论。司法实践中，由于秋审的主要工作由刑部承担，相应的其他部门主要针对刑部具稿商榷，展开商签。

一般情况下，秋审中其他（非司法）部门的商签并不常见，更多是三法司之间的商签。清代刑部是审判中心，故商签一般是大理寺、都察院针对刑部拟判或者判决展开的。如果针对案件处理结果，大理寺、都察院进行商签，三法司内部商议，最终形成一致意见，则可以"画一具奏"，由刑部统一上奏皇帝；若商签之后，仍无法统一意见，则采用"两议具奏"的形式，由提出异议的机构和刑部同时上奏皇帝，请求裁断。

值得关注的是皇帝对于两议的态度。从司法审理的特征而言，实践中，针对案件事实、定罪、量刑产生争议进而交由上级（君主）处理也属正常流程。但事实上，皇帝面对两议，采用合理解释律法等技术平息争议、处理案件的情况并不常见。形成两议背后的原因往往牵扯到具体时局，甚至是权力斗争（例如早期的满汉关系、中后期地方中央关系等），为此皇帝经常并不真正关心案件的法律适用问题，而积极追求各部官员形式上达成"画一"的效果。例如，在乾隆朝，三法司出现商签和两议的情形，皇帝往往责备相关官员未能达成一致意见而发回重新商签，至于对具体案件本身如何处理却关心甚少。

上文可知，随着越来越多的部门参与案件审理和复核，如何协调、平衡各方利益已经成为君主首要关注的问题，而如何认定事实并合理适用律法等技术问题并非君主关注的重点，并且单纯由司法官根据事实形成判决的审判权也日渐转化为各个共同部门商议的结果。

清代三法司的总体分工形成了"以刑部主审判、都察院主监察、大理寺主复核"的局面，三司重心归于刑部。就三法司各自的具体工作性质而言，技术上皆有"审判权"与"监察权"不同程度的结合。在传统三法司中,虽都是在诉讼程序中实现对司法案件的处理,但却由于角色不同而各有侧重,监察目的、纠错目的、审判目的皆可融于一套程序中,这在西方法律文化语境中是难以想象的。审判权和监察权毕竟在根本上属于不同性质和价值取向的两种权力:前者强调公正和被动管辖,后者强调效率和主动管理。虽然从三法司处理案件的流程上,它们分享了一套统一程序,形式上兼顾了审判权的公正和监察权的安全;但从长远而言,却有可能导致两者目标皆不能实现。定罪量刑的审判技术被会审的讨论权衡所替代,监察机构同时具有参与者和监察者的双重身份,这注定该套制度无法长久保持在一个最初状态。相反,这套制度和运行会随着时间的推移而日渐废弛——以权衡替代推理,案件审理无公正可言;书面监督替代实际运行,司法监察表面繁荣但实则荒废。

六、小结:审判权的消弭

纵观中国传统社会的中央司法机构,经历了从"一法司"到"二法司"再到"三法司"的制度设置,最终使传统司法权力从技术上一分为三:司法审判权、司法行政权、司法监察权。关于我国传统中央司法机构行政化趋势的总结,本书分成两步:①"三法司"在司法职能上出现某种分化组合,即司法权的分裂;②在审判权内部出现某种技术性的变化,即审判权的消弭。

以下表格是司法权一分为三的情况下,秦代至清代三司法主要执掌内容的变化:

朝代	司法行政权	司法审判权	司法监察权	其他
秦朝	廷尉	廷尉	——	丞相等高级官员对于案件的审理具有重要的影响，御史台负责监察廷尉在内的百官，但仅仅限于以弹劾的形式，而未形成具体化、规范化制度。
汉朝	廷尉	廷尉	——	汉武帝时期裁撤司空，并在监察体系中引入"司隶校尉"。东汉时期，内廷的尚书机构已经逐步开始接掌部分的司法行政事务。
魏晋南北朝	廷尉（大理寺）、尚书官员	廷尉（大理寺）	——	
隋朝	刑部	大理寺	御史台	
唐朝	刑部	大理寺+刑部	御史台	
宋朝	刑部、审刑院	刑部+审刑院+大理寺	御史台	
元朝	——	大宗正府+刑部	御史台	
明朝	刑部	刑部+大理寺	都察院	存在秋审、朝审、热审等多种会审制度，三法司之外有多个部门参与审理。
清朝	刑部	刑部+大理寺	都察院	

从上述三种司法权在"三法司"之间的调整，大致可以看到以下变迁的过程：

第一，廷尉（大理寺）是"三公九卿"体制下最为重要的事务部门之一，主掌天下刑狱，直接审理皇帝交付的重大案件或者地方移送的疑难案件。虽然在一元制皇权的政治体制中难免会受到某些高级官员（例如丞相等）的干预，但就机构运行

第四章 传统中央司法机构职能的变迁：审判权的量变和质变

而言，它依然在中央形成了相对独立的审判权力，可以直接、单独审理地方移送案件。即便某些案件的处理需要经过其他官员集体讨论而定（廷议），但这并非司法的常态。将大案要案以大臣集中议事的方式决定，这是传统体制下解决各类国家政务的一贯传统。即便如此，该类案件也经历了廷尉的初审。任何具体制度的设立都必须联系固有的政治环境，故设廷尉署专掌司法狱政是当时政治传统之下能够实现审判事务相对独立、减少（皇权除外）其他权力干预的重要表现。

魏晋南北朝时期，社会动荡，战争频繁，许多国家机构的建制具有不稳定性，"九卿"制度也在逐步消解。原有三公九卿体系下的"旧官署"与满足新一轮皇权集中需要下的"新机构"——不断壮大的内廷尚书机构——形成了相互竞争、相互博弈的局面。但此时，廷尉执掌审判的职能并未因此受到过多挤压。相反，南北朝时期是法律儒家化程度大大加深的时期，廷尉的地位不但没有因为尚书分割部分司法事务有所下降，相反整个廷尉机构的人员编制、围绕审判建立的司法职能（包括解释法律、订立法条、培养法律人才等）有所扩张，成为该时期各个政权对内治理不可或缺的重要机构。

即便廷尉（大理寺）的地位和职能在该时期得到了巩固，但是皇权扩张的惯性却为该机构的没落埋下了伏笔。尚书机构中有关司法事务的诸曹开始获得了部分司法行政事务的管理职能。这尽管总体上并没有动摇廷尉（大理寺）的基本权限，但却在一定程度上使得尚书诸曹成了廷尉（大理寺）的"上级机构"。[1]

---

[1] 这里指的上级机构并非制度意义上的上级机构，而是指在司法实践中，尚书诸曹对大理寺的运行有着重要的影响。因为当时的尚书台是朝廷运转的中枢，原有的诸卿有被边缘化的危险，所以即便两者之间并无职权重叠，尚书诸曹高官对司法政务的处理也有直接影响力。

第二，隋唐时期三司制度的定型也在一定程度上印证了南北朝时期内廷机构逐步崛起，进而成为新一代国家中枢机构的趋势。此时的大理寺仍然具有对地方移送案件进行直接审理的权力；刑部主要的任务是对地方移送案件的复核，即地方相关案件先移送大理寺进行审理，而后移送刑部复核。刑部经过书面复核，若发现案件有疑问，则需要移送大理寺再次复审。所以，此时审判与复核工作分别由两个独立的机构执掌，权力界限比较明确。刑部职能与前朝相比有所扩展——由原来对司法行政事务的执掌，扩张到采用复核程序影响案件最后的判决结果。与此相反，大理寺的"独立"审判权（这里是指"单独"审理案件）开始受到侵蚀——受到刑部复核权在程序上的制约，技术上审判权逐步被渗入行政权，具体表现为司法复核权的"干预"。廷尉不再具有秦汉"一法司"时期，常态下独掌审判权的垄断地位。

第三，宋代审刑院的诞生一定程度上是大理寺失去审判权的开始。尽管审刑院仅仅存在于北宋初年不足百年的时间（991年至1080年），却对日后三司内部的权重格局产生了重大的影响。审刑院是一个创立于皇帝禁中的机构，原则上并不属于国家正式官僚体系，却具有为皇帝掌控司法提供服务的私人机构色彩。出于对司法机构、司法官的不信任和对丞相司法权的限制，皇帝试图建立一个可以对前朝司法事务进行监督并控制的机构。在审刑院存在期间，或与大理寺，或与刑部共同组成对地方移送案件以及京师案件的诉讼程序。至此，案件处理开始出现机构多头分割的局面——任何一个机构都无法单独形成有效的判决，而是需要相互配合（更是相互制约）。当然，审刑院在宋代"审断分离"的审理技术下，逐步参与到案件处理的核心环节——审理工作中。当它最终并入刑部时，刑部理所当然地继承

第四章　传统中央司法机构职能的变迁：审判权的量变和质变

了审刑院的"职能遗产"——司法监察权和部分审判权，地位日渐提升，最终为元代直接废止大理寺埋下了伏笔。

第四，元代司法体系的巨大变化，充分体现了少数民族政权治理下的特征。相较于宋代的机构分权体制，元代司法体系的设置更加追求务实的效果。为此，三司职能中较为弱势的大理寺干脆直接被废止。针对汉族统治（汉地）形成了刑部、御史台"二司"并列的短暂局面，监察权在元代政治体系中日渐凸显，这又影响着明代司法机构的设置。

明清两代皇权集中的程度达到了整个封建史的顶峰。包含司法机构在内，政府运行的严密性也同样超越了前朝。皇权开始对全部案件的审理流程制定更为细致的权能分割和监控，为此导致的后果有三：其一，司法监察权不断膨胀，逐步以"同步参与审理"（各类会审）、"审结后复核"等多种形态嵌入到司法系统的运行中。其二，不断加大对司法审理机构的职能分割，逐步提升案件复核权的比重。例如，直接审理某些大案要案情形，形成制度化的"三司会审"或其他多种会审形式。其三，司法行政机构兼理审判。刑部对口控制了地方案件的复审（复核），大量案件首先需要经过刑部的直接审理或书面审理。为此，一方面，伴随着地方案件审级上移，刑部管辖权不断扩张；同时，刑部还兼有法律制定、监狱管理、组织会审等诸多围绕审判事务展开的职能；另一方面，至清代，大理寺甚至连独立复核的资格都没有，往往需要跟都察院一同办理。与刑部相比，大理寺在司法常态下甚至无权单独上奏，地位一落千丈。

所以，从上述各个机构职能的大致变化，可以基本总结出一个规律：在整个司法体系中，司法审判权的转移直接决定着司法机构在司法体系乃至政治体系中的位置。这似乎就可以提出一个更为关键的问题：为什么会形成"司法审判权从廷尉

（大理寺）部分转移到刑部，而后大理寺与刑部共同执掌，最后由刑部一家独掌"的局面？

本书认为，或许可以尝试着从"具体制度"和"权力运行"的两个层面展开，得到部分回答：

首先，地方与中央关系的变化，对司法机构的运行产生了直接影响——地方案件移送的范围和程序出现了变化。秦汉时期，地方行政长官对于地方政务处理有着较大的自主权，不但综合掌理行政、司法等社会治理事务，甚至拥有一定的军事权力。在司法领域，最高长官保留较大的管辖权，直接表现就是地方长官形式上可以自主决定是否需要将案件移送中央——并不完全根据案情轻重，仅仅是将疑难案件移送中央。显然，案情轻重是一种相对客观的判定，而是否为疑难案件则属于较为主观的判定，所以移送案件的主动权在地方官署。秦汉大部分时期，甚至死刑案件都可以由地方长官自行处理，这在明清时期是不可想象的。在与中央司法机构的对接上，廷尉作为宰相行政权之下，分管司法事务的机构自然就对口地方案件的移送。魏晋南北朝时期分裂严重，政权更替频繁，各个政权国土又相对狭小，地方与中央机构之间并未形成有效的对接机制。

直到隋唐大一统中央集权政权的建立，国土面积和人口陡然增加，地方与中央关系的建制也日益完善。针对地方政府处理案件的范围开始有了更为细致的层级划分。通常，根据案情轻重或者当事人的特殊性，将案件分流到不同审级，明确地方与中央之间的司法管辖范围。由此带来的直接后果就是：大大增加了中央司法机构的工作量。此时地方（县州）政府也已依照中央六部分工建立起本级政府的工作部门（原本九卿最后仅仅保留"二卿"，廷尉是其中之一），作为政务、命令上通下达的基本通道。中央与地方政府在具体事务的上下级传递上已形

第四章 传统中央司法机构职能的变迁:审判权的量变和质变

成了严密的对口制度。此时的大理寺作为三公九卿制度下的机构,自然难以竞争过现行三省六部体制下的行政科层式机构,于是大量地方案件移送到刑部是当然的选择。

明清时期,中央对地方事务控制的程度日益加深,这种通过对口移送案件,上级对下级行使监督与复审双重职能的色彩更加浓厚。死刑案件复核权统一收归中央,地方(县州府)仅仅承担着对部分笞、杖、徒刑以下案件审结的权力,大量案件的审级上移,中央司法机构职能日渐繁重,刑部职能的扩张就是一个必然的选择。

从机构设计上,大理寺与刑部、都察院最大的区别就在于地方对口体系的不发达,或者说缺乏地方对口机构;这就相当于大理寺缺乏"腿"的支撑,权力只能限制在京师,而无力单独应对地方案件的处理。都察院是一个兼有中央与地方官员(监察御史)的机构,中央有常驻堂官,而地方有经常派驻机构(监察御史或者巡按御史等),从而可以形成一个对地方进行有效监察的官员系统。刑部虽然没有派驻地方的正式机构,但是作为基层地方政府,必然设置有刑房;地方长官之下也必定设有专职司法处理机构,形成县—府—按察司—督抚四级审级机构。因此,刑部也可以形成从上至下的权力传递网;一方面通达政令,另一方面监督严密。唯有大理寺,空有中央机构而无地方分支,功能上难以满足皇权对地方控制的基本需求,因此大理寺丧失审判权而日益沦陷也是皇权演化的必然选择。

其次,从审判权运行技术上而言,越来越不纯粹。在传统司法权的内容变化上,虽然最后演变成为三司分掌审判权、司法行政权、司法监察权,但是审判权作为司法权的核心从未改变过。所以审判权运行技术的变迁决定了司法权的变迁。司法权日益行政化的重要表现和结果就是司法机构日益行政化,这主要体现在：

第一，掌理司法事务的机构由单一变为多元，这从上文三司内部权限调整的内容可以看到这种趋势，在此不再赘述。

第二，司法程序由初期的"审判"逐步转变为"审判+复核"的形式。廷尉时期，虽然所有案件的最后决定权名义上属于君主，但从制度上规定了常态下廷尉单独审判的程序，司法监察更多表现为对官员履行职能的监督。但到明清时期，国家从体制上确定了司法案件处理的正式程序。皇权之下，除了正常审理环节之外，尚有复核（复审）程序的存在，它们共同构成了完整的诉讼程序。司法监察权不再仅限于针对司法官履行职务的行为，也包含对案件本身独立作出的判定。

第三，行使审判权越来越具有"行政科层"的技术特征。从技术上说，审判权运行就是司法官根据法定程序，依据案件事实作出法律适用的过程和结果。行政科层的运行结构往往在纵向上采用层层审批，在横向上采用讨论权衡的方式进行。唐宋时期虽有三司会审，但并非司法常态，仅仅针对特殊重大案件，且需要得到皇帝首肯。常态下，审理案件采用"审判+复核"程序，但需要注意的是，此时的"审判+复核"分别由不同机构单独执掌，权责明确：审判机构依然通过直接审理或书面审理得到判决结果，复核机构若不认同判决结果则可以依据职权发回。但是到了明清时期，虽然也延续了"审判+复审+复核"模式，但三个机构之间在实践中并非如此权责分明。无论是会审还是常态下的案件处理，若有司法监察机构提出异议，并不是直接发回，而是采用"商签"这种政府各部门协商的方式解决。在此过程中，虽也涉及法律适用、事实认定等审判技术问题，但是更多是各个部门相互权衡的结果。同时，面对"两议"的局面，皇帝也更关注形式上三司处理意见的一致性，

第四章 传统中央司法机构职能的变迁：审判权的量变和质变

而非案件本身的是非曲直。这实际上使得三司机构面对案件争议时，更优先采用集体讨论，平衡各方意见的处理技术，这与严格根据事实、法律，通过某种逻辑推理得出案件结果的审判技术截然不同。故此时的案件审理一定程度仅存在审判的外观，而丧失了审判的内核和品格，彻底沦为对司法案件的一种行政化处理手段。

第五章 传统法律职业群体的困境：两种权力间的挣扎

对中国古代中央司法机构的外部地位、整体职能进行描述分析之后，本章重点关注司法机构内部的设置和古代司法官群体。"党的十八届三中全会、四中全会、五中全会提出，深化司法体制改革，改革司法管理体制，探索实行法院、检察院司法行政事务管理权和审判权、监察权相分离。这一战略部署明确指出司法管理体制中存在司法行政化的倾向。"[1] 就司法官群体而言，要实现司法机构内部的去行政化，实现行政管理权与审判权、监察权分离，一方面需要在机构内部中进行改革，例如目前在人事管理上逐步推进"员额制"，保证司法官能排除干扰，独立办案；另一方面则需要在机构外部积极推动形成一个成熟稳定的法律职业共同体。法律职业共同体的形成是一国法治水平的重要指标之一。

在三权分立的背景下，司法独立是司法制度建立的基础，司法独立的核心要求就是所谓的"法官独立"：各个法官之间并无行政层级的区分，仅有审级的区别；任何判决结果皆具有既判力，非法定程序不能更改。由此可知，其实"司法独立"是建立在"三权分立"体制之下的政治概念，并非仅是法律概念。

---

[1] 李志明："司法行政事务管理权配置：历史沿革、现实困境与发展趋势"，载《甘肃行政学院学报》2017年第1期。

第五章　传统法律职业群体的困境：两种权力间的挣扎

在古代皇权一元制的政治格局下，永远无法实现西方法学理论所要求的那种"独立"程度，但是法律作为社会治理的基本手段之一，却是相通的，而司法运行的质量又与司法官群体的发展水平息息相关。

为此本章主要关注的是：在传统社会中，三法司各个机构的内部运行呈现出一种怎样的模式？司法官群体是如何形成的？司法官在履行审判职能时是否会受到各方权力的干预，而该种干预究竟是常态还是偶然等？由于史料限制，本书将关注的重点集中于以下两个方面：①中央司法机构内部的管理模式究竟如何？②古代社会司法官群体的专业化水平和程度究竟如何？即在司法机构内部，真正从事审判业务的司法官与长官之间存在何种关系。其中第一个方面内容对第二个方面内容的判断有着直接的联系。由于审判权是司法权的核心，所以本书将大理寺（廷尉）与刑部作为论述重点。

此外，有一点必须事先明确，真正身处司法一线的是地方政府，但中央司法机构需要处理的众多案件更具有典型性和综合性，代表着当时政府的最高司法水平。为此，地方司法机构的发展形态与中央并不相同。整体而言，中央司法体系的审判职能呈现出一种消解的态势，复核职能却逐步增加，案件处理流程日益精细化——即便在机构内部上下级之间也通过审批监督等行政化手段保持运转。

一、秦汉时期：机构专门化

司法机构长官从兼职走向专职是司法机构专门化的重要标志。大量的国家立法以及社会对官吏处理案件能力的需求（以吏为师）是秦国"变法"之后留给秦汉朝的政治遗产。当律法成为国家治理的核心手段，司法机构就注定从众多机构中脱颖而出，走向专职化。当然这也是国家机构整体发展的重要体现。司法机构的专门化就必然意味着更高的工作效率、更专业的工作人员，以及与地方司法机构之间更为密切复杂的互动关系。

根据现有资料，秦代廷尉的属官已然不详；但是根据郑樵《通志·职官略》中的记载，秦设置其属官有廷尉正、廷尉监各一人。《汉书·百官公卿表》中又提到，"廷尉，秦官，掌刑辟，有正、左右监，秩皆千石。景帝中元六年更名大理，武帝建元四年复为廷尉。宣帝地节三年初置左右平，秩皆六百石"。[1] 通说认为"汉承秦制"，可见秦代关于廷尉的属官有正及左右监的说法，可信度很高。

由上文可知，汉代曾一度将廷尉更名为大理，这与魏晋南北朝将大理寺作为最高审判机构名称多少有些联系。《后汉书·百官志二》中也有关于廷尉建制的记载："廷尉、卿一人，中二千石。正、左监各一人，左平一人，六百石。"东汉时，与西汉相比，将右监、右平一职撤去，品秩亦有所下降。《通典·职官七》在谈到"廷尉"一职时认为"正：秦置廷尉正"，"监：秦置廷尉监"。至汉宣帝时代曾"置左、右评，光武省右，犹云左评"。卫宏曾指出，"廷尉正、监、平物故，以御史高第补之"。[2] 意思是当廷尉正、廷尉监、廷尉平无力担任该职时，可从御史中能力出色的人选拨补充之。

根据相关史料记载，秦汉时期（主要指汉朝）廷尉署主要属官的品阶以及职能如下：

---

[1]《汉书》卷19上《百官公卿表》。
[2] （清）孙星衍等辑：《汉官六种》，周天游点校，中华书局1990年版。

第五章 传统法律职业群体的困境：两种权力间的挣扎

属官名称	执掌内容	相关史料和表现
廷尉正（千石）	主决疑狱，可以代表廷尉参与杂治诏狱，也可以单独断案，是地位仅次于廷尉的官员	"闻霸持法平，召以为廷尉正，数决疑狱，庭中称平。"（《汉书·黄霸传》）"天子遣大鸿胪、丞相长史、御史丞、廷尉正杂治巨鹿诏狱。"（《汉书·广川王传》）"三迁廷尉正（注云：正，廷尉属官也，秩千石也）。"（《后汉书·陈忠传》）
廷尉左右监（千石）（西汉）	执掌逮捕事宜	"上遣廷尉监与淮南中尉逮捕太子。"（《汉书·淮南王安传》）"上遣侍御史、廷尉监逮躬，系雒阳诏狱。"（《汉书·息夫躬传》）西汉有左右监平，世祖省右而犹言左。
廷尉左监（千石）（东汉）	执掌逮捕事宜	
廷尉左右平（六百石）（西汉）		东汉省右平
廷尉左平（六百石）（东汉）	掌理诏狱	"诏曰：'……今遣廷史与郡鞫狱，任轻禄薄，其为置廷平，秩六百石，员四人。其务平之，以称朕意。'于是选于定国为廷尉，求明察宽恕黄霸等以为廷平，季秋后请谳。"（《汉书·刑法志》）
廷尉史（西汉）		于定国为廷尉史，"与御史中丞从事治反者狱，以材高举侍御史"。（《汉书·于定国传》）
奏谳掾（西汉）		"以宽为奏谳掾，以古法义决疑狱。"（《汉书·儿宽传》）

· 235 ·

续表

属官名称	执掌内容	相关史料和表现
奏曹掾（西汉）		"廷尉光以治诏狱，请温舒署奏曹掾，守廷尉史。"（《汉书·路温舒传》）
文学卒史（百石）（西汉）		《汉书·儿宽传》
从史（西汉）		颜师古注："从史者，但只随官僚，不主文书。"（《汉书·儿宽传》）
书佐（西汉）		薛宣"少为廷尉书佐"。（《汉书·薛宣传》）
行冤狱使者（西汉）		《汉书·张敞传》
治狱使者（西汉）		《汉书·外戚传上》

注：1. 汉代廷尉机构的人员设置，史料中也有记载："员吏百四十人，其十一人四科，十六人两百石廷史，文学十六人百石，十三人狱史，二十七人佐，二十六人骑吏，三十人假佐，一人官医。"[1]

2. 此表格的空白处即表示相关史料并无明确记载。

从上述廷尉署的内部设置，大致可以推测，廷尉署的司法执掌主要有三类：①负责直接审理案件。主要由廷尉、廷尉正来承担，表现形式为参与皇帝直接交付的案件，或者以"杂治"的形式参与案件审理。②处理地方移送的案件，主要由奏谳掾等负责。③负责审判辅助性的公务，例如负责管理狱政和逮捕事务，主要由廷尉左平、左右监等负责。

在廷尉署众多职能中，负责相关案件的审理是最为重要、

[1]《后汉书》卷115《百官志二》。

第五章　传统法律职业群体的困境：两种权力间的挣扎

核心的业务，这充分体现了廷尉署职能的本质特征。此时廷尉对案件的处理采用直接审理或者书面审理的原则，尚未形成后世那种监督权和审判权相互渗透交叠的局面。但从该机构内部对案件的处理流程来看，也具有一定的行政科层色彩。例如，对重大案件（尤其是皇帝交付的案件）由最高长官亲自掌握，负责审；对于地方移送的案件则是先由奏谳掾等级别较低的官员审理，然后再报廷尉，廷尉对奏谳掾的处理结果具有核准权。这使得廷尉署内部针对不同案件的审理初步具有了上下级色彩。

在办理具体案件的过程中，廷尉与皇帝关系也并非完全"一边倒"——司法实践中，听从上意或者严格依照律法执行皆有可能。史料中廷尉坚持己见和唯上遵从的例子都有记载。

例如，《史记》记载，当时酷吏张汤主办陈皇后的巫蛊案有功，被升任为太中大夫。张汤办案时先将全案奏报武帝，以探得君主的意向，然后再起草判决书。后由于颇得武帝赏识而擢升为廷尉，主持审理了一系列重大案件，例如衡山王、淮南王、江都王谋反案等。张汤在审断普通案件中也同样会想方设法揣摩上意：如果此人是皇上想要治罪的，就将此案交给断狱严苛的属官去办；反之，如果此人是皇上想要释放或从轻发落的，就将此案交给断狱轻平的属官去办。张汤的做法一方面确实表明了皇帝的意思可以左右判决结果，但是若从另一个角度解读，是否意味着即便皇帝内心对案件的处理有所倾向，但是至少从形式上不干预廷尉判决才是更合乎规矩的做法；否则皇帝直接下令即可，张汤也无需携审判之名，迎圣意之实。

廷尉张释之的记载与评价与张汤刚好相反。史料曾记载道：一次汉文帝出巡至中渭桥，有人违反跸（交通管制）令，惊吓到文帝乘马。张释之依法"跸先至而犯者罚金四两"，即对行为人判处罚金。文帝认为判决过轻。释之以"法者,天子所与天下公共也"为由,拒绝加重判决。文帝听闻大怒,认为"此人亲惊吾马,吾马赖柔和,令他马,固不败伤我乎?而廷尉乃当之罚金!"[1] 文帝认为应行连坐法。释之认为:"今法如此而更重之,是法不信于民也。且方其时,上使立诛之则已。今既下廷尉,天下之平也,一倾而天下用法皆为轻重,民安所措其手足?"[2] 文帝思虑良久,认为有道理而同意了张释之的判罚。后有人盗窃了皇室宗庙前玉环,犯人归捕之后,文帝勃然大怒,直接交予廷尉治罪。释之以"盗宗庙服御物者"为奏,判处犯人弃市。文帝表示不满,愤怒地说道:"人之无道,乃盗先帝庙器,吾属廷尉者,欲致之族,而君以法奏之,非吾所以共承宗庙意也。"[3] 释之听后,脱下官帽向文帝磕头谢罪说道:"法如是足也。且罪等,然以逆顺为差。今盗宗庙器而族之,有如万分之一,假令愚民取长陵一抔土,陛下何以加其法乎?"[4] 文帝听后,最终认可了张释之的观点。

总之,由于资料限制,我们很难全面考察秦汉时期廷尉内部的运行与管理情况,但有两点可以确定:第一,秦汉时期廷尉最为重要的工作是审判,包括直接审理与间接审理。第二,在审判的独立性上并无绝对定论,廷尉长官、皇帝之间存在弹性的空间。若皇帝独断,则廷尉依律断法的可能性就小,反之则大。可见在当时的政治体制下,个人因素,尤其是皇帝的因素起到了很大的作用。《史记·杜周传》有记载,杜周为廷尉时"客有让周曰:'君为天下决平,不循三尺法'"。《汉书·朱博

---

[1] 《史记》卷102《张释之传》。
[2] 《史记》卷102《张释之传》。
[3] 《史记》卷102《张释之传》。
[4] 《史记》卷102《张释之传》。

第五章 传统法律职业群体的困境:两种权力间的挣扎

传》中也声明"三尺律令,人事出其中"。在封建制国家初期,政府各个机构尚未发展成熟,廷尉署作为"九卿"之中唯一一个既向社会提供公共服务(处理庶民之间的纠纷案件),又为君主(私人)服务的机构,事先确定的律法和君权之间有可能出现不协调的风险——依据律法作出判决,但违背君主意志。封建集权的统治方式是不能容忍这样的机构长久存在的,但律法又是统治所不可或缺的公共产品,为此只能采用技术上保留审判权,但在运行上更符合行政权的模式进行,维系君王权力和政府权力之间的平衡。

二、魏晋南北朝时期:官员专业化

魏晋南北朝是司法机构发展的黄金时期,在司法机构专门化的基础上,有进一步实现官员专业化的趋向。虽然此时尚未有严格的司法官准入制度,但是立法水平的迅速提升、律学的独立发展都对司法官在知识结构上提出了更高的要求。

(一)魏晋时期的廷尉署内部设置

由于三国时期战乱不断,两晋统一的时期也很短暂,南北朝更是政权更迭不止,故关于当时廷尉的机构设置、人员配备的相关资料散乱于史料各处。本节将对该机构内部设置、人员编制、各自执掌等内容集中展开论述。

该时期廷尉的主要属官包括廷尉正、廷尉监、廷尉平,号称"廷尉三官",在属官之中最为重要。《晋书·职官志》中记载到:"廷尉,主刑法狱讼,属官有正、监、评,并有律博士员。"自晋代以来,廷尉正、廷尉监、廷尉评会给予铜印墨绶,朝服法冠、出门有白盖小车,[1] 以示隆重。"廷尉三官"属于

---

[1]《北堂书钞》卷139《车部上》。

审判案件时必须出庭的官员。

除此之外，廷尉属官还有"少卿、丞、主簿、狱丞、司直、律博士、明法掾、槛车督"等人员，他们各自的渊源、人数、品阶、职能如下：①少卿：后魏时期最早设置，品阶为第三品上，"太和十五年，初置少卿"，[1] 后期降为第四品上，北齐继承了它的做法。②正：魏国以及晋代均设置人员一人，品阶为六百石，第六品，可以与廷尉监、廷尉平共同掌理审决诏狱。北魏时期人员为一人，品阶为第六品上；北齐时期人员亦为一人，品阶降为第六品。③监：魏国时期人员设置为一人，品阶为六百石，第六品。吴国也同样设置。南朝在宋元嘉二十九年（452年）曾废止该职位，但在大明三年（459年）又恢复了建制。齐、梁、陈均设置为一人，后魏与北齐也同样设置一人。它的品阶历来就与廷尉正、廷尉平相同。④平（评）：汉代时期曾设置左右评，魏晋以来则直接称之为廷尉评。其品阶与廷尉监、廷尉正相同。宋、齐、梁继承了该做法，至陈朝则降为第七品。后魏、北齐均设置一人，品阶升为第六品下。⑤丞：晋朝时期，晋武咸宁中期，曹志上表请廷尉设立该职位，廷尉自此有此属官。宋、齐、梁时期各设置人员一人，品阶为第七品，到陈朝降至第八品，后魏又降至第九品。[2] ⑥主簿：魏、晋、宋、齐、梁、陈均设置该职位，负责纪录性事务。⑦狱丞：魏国时曾设置狱丞二人，品阶为第七品。晋朝时期，设置左、右狱丞各一人，宋、齐承袭之。至梁、陈时期，设狱丞二人，品阶为第七品，后魏、北齐时期亦设置二人，品阶降为第九品下。⑧司直：北魏永安三年（530年），御史中尉高穆曾上奏设置司直十人，视为五品官员，隶属于廷尉，地位在正、监之上，不

---

[1]《通典》卷25《职官七》。
[2]《唐六典》卷18《大理寺》。

第五章　传统法律职业群体的困境：两种权力间的挣扎

设置曹士，仅仅复查御史弹劾的事务。至北齐年间，设置司直十人，品阶为第五品下。⑨律博士：魏明帝时期，卫觊曾上奏到："九掌之律，自古所传，断定刑罪，其意微妙。百里长吏，皆宜知律。刑法者，国家之所贵重，而私议之所轻贱；狱吏者，百姓之所县命，而选用之所卑下。王政之弊，未必不由此也。请置律博士，转而教授。"〔1〕明帝同意了卫觊的上奏，设置律博士一人，品阶为六百石，第六品。可见当时国家对律法颇为重视，廷尉署的编制不断扩充，机构内部分工也日益细致。律博士等职位的出现从侧面反映出，秦汉以来律法数量不断膨胀，实践中可能出现不少律法适用不统一的现象，于是需要专门官员讲授刑律，同时为法官断案提供法律咨询。晋、宋、齐也承袭前代做法，设置律博士一人。梁天监四年（505年），设置胄子律博士，地位视同员外郎，陈朝承袭之。北魏同样设置了律博士，但品阶降为第九品。北齐时期，大理寺设置律博士四人。〔2〕⑩明法掾，北齐大理寺曾设置明法掾二十四人，又有明法十人。⑪槛车督，北齐时设置槛车督二人，掾十人，其余诸朝均未见此记载。可见，一定程度上，北齐将廷尉改为大理寺后的职位设置以及人员配备均有所增加和完善。

（二）北朝时期中央司法机构的内部设置

北魏初期设有廷尉一职，《北史》中曾有记载："长孙道生，嵩从子也……太武即位，进爵汝阴公，迁廷尉卿。"〔3〕而《魏书》中也记载道："文思与淮南公国璠、池阳子道赐不平，而伪亲之，引与饮宴。国璠性疏直，因酒醉，遂语文思，言己将与温楷及三城胡酋王珍、曹栗等外叛，因说京师豪强可与为谋数

---

〔1〕《三国志》卷21《卫觊传》。
〔2〕参见《隋书》卷26《百官志上》、《唐六典》卷18《大理寺》。
〔3〕《北史》卷22《长孙道生传》。

十人。文思告之，皆坐诛。以文思为廷尉卿，赐爵郁林公。善于其职，听讼断狱，百姓不复匿其情。"[1] 孝文帝在太和十七年（493年），定廷尉为正二品上。就北魏一朝而言，它与前文论述的魏晋时期廷尉属官略有不同，主要职位如下：

（1）廷尉少卿。于孝文帝太和十七年（493年）设立。在《职员令》中初设，为廷尉的副职，品阶为正三品上，后又升为第四品上。相关史料中记载："廷尉少卿第四品上，第二清，用思理平断明刑识法者。"

（2）司败。北魏前期曾在廷尉之下设立司败，掌刑狱。孝文帝太和十七年的《职员令》中规定其品秩为从四品中。

（3）五局司直。在孝文帝太和年间（477年至499年），属于廷尉属官，专掌刑狱；在太和十七年的《职员令》中规定其为从四品中。由于它负责案件的直接审理，颇受孝文帝的重视，故他的人选也往往由皇帝亲自决定。孝文帝之后，司直一职曾被废罢，直到孝庄帝时期才得复设，"后魏永安二年，置司直十人，视五品，隶廷尉，位在正、监上，不署曹事，唯覆理御吏检劾事"。[2] 此时，司直虽名义上仍属廷尉属官，但由于其执掌对御史监察弹劾案件的复审，故在职能上与廷尉已有所不同。

下文的史料记载，充分体现了在南北朝时期，君主对于审判事务的重视，也体现了当时社会对于司法官员正直不阿，不畏权势的职业期待：

> 羽先呈廷尉五局司直。高祖曰："夫刑狱之难，实惟自古，必也断讼，夫子所称。然五局所司，专主刑狱，比闻

---

[1]《魏书》卷37《司马休之传》。
[2]《通典》卷25《职官七》。

第五章　传统法律职业群体的困境：两种权力间的挣扎

诸风听，多论五局不精。知人之难，朕岂独决，当与群臣同之。卿等各陈所闻。"高祖谓羽及少卿邓述曰："五局司直，卿等以何为品？"

羽对曰："诸司直并简圣心。往者，百官初置，擢为狱官，听讼察辞，无大差越。所以为二等者，或以视事甫尔，或以见机迟速，朝廷既有九品之制，故计其丝发之差，以为品第，统论所得，大都相似。"

高祖曰："朕顷年以其人识见可取，故简司狱官，小优劣不足为差。然廷尉所司，人命之本事，须心平性正、抑强哀弱、不避贵势，直情折狱者可为上等。今正欲听采风谣，虚实难悉；正欲不采，事无所据。然人言恶者未必是恶，言善者不必是善。所以然者，或断讼不避豪贵，故人以为恶；或将势抑贱，贵人以为好。然开朕之听，皆贵者言，是以迟回三复，良由于此，局事须冰清玉洁，明扬褒贬。卿等既是亲典，邪正得失，悉所具之，可精辨以闻。"[1]

（4）廷尉正。太和十七年的《职员令》中定其品秩为正五品中。后在太和二十三年（499年）重定其品秩为正六品下。

（5）廷尉监。《职员令》中将廷尉监的品秩定为正五品中。

（6）廷尉平。廷尉平在西汉宣帝时代增设，分左右平；后东汉罢去右平，惟设置左平一人。魏晋之后不分左右，名称亦改为"评"。在《职员令》中廷尉平的品秩为正五品中。

（7）廷尉丞。它在廷尉中的地位仅次于廷尉正、监、评，主要执掌刑狱，负责审判事务。在《职员令》中其品秩为从五品中。

---

[1]《魏书》卷21上《广陵王羽传》。

（8）律博士。在两晋时期从属廷尉，开始成为司法官，负责依法定刑。在《职员令》中它的品秩为正六品中。

（9）狱丞与狱掾。他们的主要职责是掌理狱政。北魏前期有廷尉、籍坊二狱。史书记载，北魏孝文帝太和四年（480年）四月己卯"幸廷尉、籍坊二狱，引见诸囚"。[1]《职员令》中规定狱丞为从六品下，狱掾为从七品下。

(三) 官员专业化：量和"质"的提升

至北齐年间，廷尉官署正式更名为大理寺，"寺"为官署，"大理"乃是最高审判的意思。后世朝代几乎都沿用了这个名称。其实关于"大理"的名称也并非北齐初创，在春秋时期晋国、楚国的中央司法官吏就叫"大理"。秦汉时期虽然在整体上以"廷尉"为中央专职审判官，但是它的名称也几度废罢。例如，汉景帝中元六年（公元前144年）曾将廷尉更名为大理。汉武帝建元四年（公元前137年）又将其恢复。东汉末年建安以及南朝时代的梁都曾在短时期内以大理替代廷尉，而后又恢复廷尉之名。

至北齐大理寺建立，主要的建制以及人员数量如下：首席长官为大理寺卿一人，副长官大理寺少卿一人，主要协助大理寺卿负责审判事宜；另有正、监、评各一人，律博士四人，明法掾二十四人，槛车督二人，掾十人，狱丞二人，狱掾二人，司直十人，明法十人，共计正式人员为六十九人，相较于北魏时的廷尉增加了约四十五人。各自的职能范围在上文中已有归纳，这里不再赘述。

总体而言，南北朝时期将廷尉署改名为大理寺的意义不仅在于恢复礼制，而且在机构设置上有了明显扩张，这样的扩张

---

[1]《魏书》卷7上《高祖纪》。

第五章 传统法律职业群体的困境：两种权力间的挣扎

是"量"与"质"的结合。

量的方面体现有：大理寺在人数规模上与秦汉时期相比，有了很大扩充。根据汉代史料记载，当时廷尉署一个机构的所有人员，包括堂官和下属官吏共计约一百四十人。其中拥有品阶的人数仅为四十四人，占了机构总人数的31%。除去专司监狱的官员，可以推测，整个机构中作为司法官主持或参与案件审理的官员实际不会超过整个机构人员的1/3。如此规模的机构需要负责处理整个国家的绝大部分司法事务，这是令人难以想象的。只能推测或者当时案件数量并不多；或者绝大部分案件被"消化"在地方司法机构，并未进入廷尉。

到了南北朝时期，国家分裂，但每个政权无一例外皆保留了司法机构，在人数设置上也多有变化；但无论如何反复，其总体趋向是一致的，即司法机构规模整体呈现扩张趋势。根据上文可知，大理寺中包含廷尉三官等有品阶的官员人数最少有三十九人，实际确切人数无从考证。到了北齐年间，相较于北魏，正式官员的数目增加了约四十五人。如果结合南北朝时期各个政权所管辖人口数量多少、地域面积大小等因素，很明显可以看到与汉代相比，该机构人员配置数量不断增加——与秦汉朝相比，其管辖面积更小，人口更少，但机构人员却更多。

质的方面体现有：两类人员编制的增设：其一是专职法官人数增加，例如司直、明法椽的职位；其二是研究律令典籍的律博士。

前者的出现是因为当时战乱频繁，地方案件数量增加，地区行政层级的设置从原来的郡县二级转变为郡县州三级，且有把地方司法权逐步收回中央的趋势，例如死刑奏报制度的逐步建立等。在日常治理中，京畿地区日渐重要，其司法机构常担任中央和地方司法机构的双重角色。越来越多的案件审级上移，或由中央直接审理，或经地方初审后移送中央。司法运行的重心逐步向京师转移。无论何种方式，最后的结果必然导致廷尉审判职能的加重。所以，普遍对司法官进行"扩编"是一种当然的应对方法。

后者的设立则是因为南北朝为法律儒家化的重要时期，许多律典需要依照儒家基本价值取向给予重新解释，众多儒家思想也由此入律。例如，"八议""五服"等制度入律，就是法律儒家化的典型例子。彼时科举制度尚未形成，律学一定程度上为当时的显学；律学也最终脱离经学，成为一个独立的"研究方向"。国家对于立法的迫切需求既是律学繁荣的动力，也是当时律法发展的重要成果和集中体现。

廷尉（大理寺）作为中央司机构，肩负部分律法起草、提供权威法律解释等重要职能，为此需要引进更多律学人才，为全国审判工作的顺利进行提供技术支持。例如，当司法官有疑问时可提供咨询；清理前朝律法，理顺本朝法律体系；培养专门的法律人才等。所以，当时的廷尉实际已经成为处理各类司法事务的绝对中心，拥有以审判为核心，横跨法律起草、法学教育、法律咨询等多种职能。可以认为，这是司法机构快速发展的黄金时期。

当然，在这一片繁荣景象之下，也应该看到所隐藏着的各种风险。南北朝时期司法机构的繁荣是建立在君主集权统治日益加深的大背景之下，司法权的扩张得益于满足政府利用律法进行广泛社会治理的需求，为此专职司法官的人数不断增加，司法机构规模也不断扩大，但是司法审判职能并不能从技术上与行政科层的运行模式完全相容。后者恰恰是加强君主集权统治的重要支柱，而单纯扩大规模（这里看起来是审判规模）并不能彻底解决科层制下的审判权危机。事实证明，纯粹的审判权由于具有排斥科层技术的天然属性而无力应对君主集权模式下的司法事务,大理寺最终仍逃不过被刑部替代的"命运"。

三、隋唐时期:科层制下的平衡

隋朝享国时间短暂,各项制度也处于一个尚未稳定的状态。唐代的许多制度虽然继承于隋制,但却更加完善,实际运行时间更为久远,对后世影响更为深刻。故本节以论述唐代中央司法机构(大理寺、刑部)的内部设置为重点。

(一)和而不同:大理寺长官和专职法官的分离

大理寺是唐代中央最高专职审判机构,根据《唐六典》中的记载,唐代大理寺的主要官员人数以及品阶如下:

名称	品阶	人数	其他
大理寺卿	从三品	1人	龙朔二年(662年)改为详刑寺正卿,咸亨元年(670年)复为大理。光宅元年(684年)改为司刑寺,神龙元年(705年)复故。
大理寺少卿	从四品上	2人	
大理寺正	从五品下	2人	龙朔二年(662年)改为详刑大夫,咸亨元年(670年)改为大理寺正,光宅元年(684年)改为司刑正,神龙元年(705年)复旧。
大理寺丞	从六品上	6人	
主簿	从七品	2人	
录事	从九品上	2人	以流外入仕者为之。
府		28人	

续表

名称	品阶	人数	其他
史		56人	
狱丞	从九品下	4人	以流外入仕者为之。
狱史		6人	
亭长		4人	
掌固		18人	
问事		100人	
司直	从六品上	6人	
史		24人	
评事	从八品下	28人	

注：以上表格内容参考（唐）李林甫等撰：《唐六典》，陈仲夫点校，中华书局2005年版，第500~504页整理所得。

经历隋代，唐代各个机构在人员设置上趋于稳定。唐代大理寺的整体职能前章已经展开过，在此不再赘述。就唐代大理寺内部人员配置上，值得注意的是人事任免制度——尤其是针对司法官的选择任命。根据史料，当时立法规定如下：

> 凡吏曹补署法官，则与刑部尚书、侍郎议其人可否，然后主拟。[1]
> （备注：这里的法官，指的是大理寺的专职法官，例如司直、司丞、评事的职位。[2]）

这表明，当时专职司法官的选择和任命已经形成了严格的

---

[1]《册府元龟》卷609《刑法部·总序》。
[2] 也有学者认为，此处的法官，包括三司之内的所有司法官。

第五章 传统法律职业群体的困境：两种权力间的挣扎

程序，并非皇帝直接指定即可，而具有固定的流程和步骤：第一步，凡是举荐为候选人的，必须先经过二司高级官员的集体讨论，通过之后形成初步人选的草拟；第二步，将草拟名单上奏皇帝，由皇帝最终决定是否可以任用。这是当时任免大理寺等专职司法官的通常步骤，当然，并不排除特事特办的情况。

在如此严格的法官任职制度下，当时涌现了一大批优秀的司法官。如太宗时期的戴胄，被认为"所论刑狱，皆事无冤滥，随方指擿，言如泉涌"。[1] 咸亨年间的张文瓘，"至官旬日，决遣疑事四百余条，无不允当，自是有人有抵罪者，皆无怨言"。[2] 史料记载充分体现了当时司法官的专业素养。当然，尽管最终避免不了受君主意志的影响，但唐代司法官的任命仍然能体现出科学性和合理性。例如，采用类似同行推举的方式决定候选人。

君主最后任免环节在封建时代是无可避免的，任何制度的设计都不能超越时代的局限。但是，从整个任命流程还是能看到许多微妙的地方。例如，大理寺内部的司法官任选，需要与刑部商议，这在一定程度上体现出大理寺与刑部之间的关系。实践中，由于大理寺主审判，刑部主复核，职能运行上多有合作。故大理寺司法官的人选会直接对刑部的复核工作造成影响：或判决被直接发回，或需要与刑部等部门协同审理。大理寺司法官的人选需要事先与刑部官员商议也是实践经验的总结。反之，当时刑部司法官的任职则不需与大理寺官员协商或同意。刑部和大理寺采用两套不同的任命程序，直接体现出两个机构的轻重差别。

---

[1] 《旧唐书》卷70《戴胄传》。
[2] 《旧唐书》卷85《张文瓘传》。

从上述关于唐代大理寺内部官员编制、结合前文（第四章第三节）对大理寺职能的探讨，或许对大理寺机构本身可以得出以下推论：

第一，大理寺卿、大理寺少卿虽然为大理寺长官，但他们的工作并不仅仅是审判，或者说审判并非他们常态下的工作重点。除了特殊情况下亲自审理案件或接受诏令参与审理，实践中，大部分日常案件的审理由下属的司法官负责，大理寺卿等机构高级官员主要针对司法官拟具的法律意见给予处理，或同意，或打回重拟。此外，大理寺长官、高级官员需要承担不少对内管理工作。

根据相关学者的考察，唐代共计有109位大理寺卿，其中任职最长的为孙伏枷，时间为贞观十四年到二十二年（640年至648年）。其余共计有101位大理寺卿，绝大部分任职时间基本为一年甚至不超过一年。唐代，大理寺少卿的人事变动也同样十分频繁，整个唐代可考的共计有105位大理寺少卿，最长任职者仍为孙伏枷，时间为贞观元年到贞观五年（627年至631年），其余绝大部分大理寺少卿的任职时间为一年左右。[1]

唐代审判机构中高级官员如此频繁的人事更迭与西方稳定的法律职业共同体形成了鲜明的对比。至于这些官员的具体去向，由于史料匮乏，已经很难有一个确切定论。但是仍然逃不出两种可能：第一，去往其他与司法工作无关的部门；第二，去往其他"三司"任职，仍然在"法律口"工作。但无论何种可能，或许能够反映出当时大理寺最高官员的定位并非是专司审判的"技术官僚"。大理寺日常审理工作的进行并不依赖于高

---

〔1〕 参见郁贤皓、胡可先：《唐九卿考》，中国社会科学出版社2003年版，第348～418页。

第五章 传统法律职业群体的困境：两种权力间的挣扎

级官员，否则如此不稳定的人员流动无法保证案件处理的稳定性。这也说明在大理寺机构内部，负责审判业务的"技术官僚"与负责内部管理的"政治官僚"有着相对明确的区分。大理寺内部存在着科层式的管理模式，正因为政治官僚的日常工作集中体现为管理权，所以即便是如此频繁的人事变动，也能保证大理寺的日常运转。这些细节都在一定程度上反映了当时大理寺所具有的"行政化"色彩。当然，唐代大理寺与后世相比，其行政化色彩要逊色很多。

第二，大理寺负责日常案件审断的是大理寺丞（六品），大理寺正作为（五品）上级负责对大理寺丞的审断工作进行考核。该种考核本质以一种行政监督的方式进行。从这个角度而言，审断工作虽然在技术上属于"审判权"的行使，但是在价值取向上与一般行政事务的分工没有区别，司法官仍然受到上级官员的监督考核。实践中，真正承担着大量日常审理业务的是品阶较低的司丞，乃至司直、书评，他们才是真正专司审判的技术官员。司正等大理寺高级官员更多承担着直接审判之外的自上而下的"行政式"审查批准工作，除非是某些特殊的案件——往往是特别重大或者疑难的案件才参与"详审"——这些主要是由于被告人的特殊身份或者涉及死刑、流刑的重大案件。

所以在司法常态下，唐代大理寺内部运行的基本模式是：品阶较低的专职司法官负责对日常案件的处理，品阶较高的堂官负责根据司法官的断案结果（数量+质量）进行批准和监督（司直、书评——大理寺丞——大理寺正——大理寺少卿、大理寺卿）。显然这不是近现代意义上司法机构的工作模式，更加不是"司法独立"背景下的审判权的运行技术。唐代大理寺内部的工作流程从侧面反映出，在传统政治体制下，纯粹"审判权"的行使仅仅是事务性工作，是行政权之下的某个分支（分工），不但不具有独立、终极判定的属性和品格，而且会受到行政权的监督和制约。

　　第三，唐代大理寺丞办理日常案件时采用的是"联合署名"的方式，体现了一种集体商议，共同负责的办事风格。这与当下合议庭的审理模式多少有些相似。这是由于唐代官吏若犯罪，往往会牵连到其上下各级官员，故"同职连署"的办公形式在一定程度上也令法官在协作的同时，更加容易实现相互监督，避免失误。《唐律疏议》规定："诸同职犯公（罪）坐者，长官为一等，通判官为一等，判官为一等，主典为一等，各以所由为首。"[1] 若大理寺卿为长官，则少卿及大理寺正为通判官，大理寺丞为判官，府史为主典，共计四等；若主典犯有公罪，则大理寺丞为第二等从犯，大理寺少卿、大理寺正为第三等从犯，大理寺卿即为第四等从犯，根据不同的等级给予从重到轻的处罚。这是封建时代针对职务犯罪非常典型的定罪模式：若某个官员的职务行为造成了损害后果，则其直接上级即便没有参与，也需要为此承担相关的失察责任，类似于当代刑法理论中对"监督义务"的违反。但唐代官员承担"监督义务"大小的重要依据就是官员级别，这充分体现了行政科层制之下，上下级官员之间的某种连带责任。

　　故在此种制度安排下，唐代大理寺的专职司法官在审理案件时形式上采用的是类似"合议庭"的模式，该模式的确可以"群策群力"，防止法官个人的擅断，避免司法不公。但同时，在当时官僚科层式、高度连带责任的背景下，这些司法官进行案件审理时会更注重内部监督，防止判决出现问题。但这样的监督也更容易沦为"形式化"，失去设立的初衷。因为"共同责

---

[1] 《唐律疏议》卷5《名例律·同职犯公坐条》。

第五章 传统法律职业群体的困境：两种权力间的挣扎

任"的另一面也意味着"法不责众"。且一旦出现判决错漏，这套监察体系反而会利用科层制下的连带责任而将错误掩盖。在此模式中上级意志、长官意志实则更容易、更隐蔽地得到了贯彻，令当时的大理寺在实际运行中成为一个以行政科层模式适用"审判权"的司法机构。

第四，大理寺拥有单独的监狱，主要用来关押已决犯和未决犯（这里指的是等待执行的已决犯）。这说明在传统司法权的内部分工上，监狱管理与审判权密切相关，狱政隶属于"审判权"。这一点在明清时期大理寺的审判重心转移至刑部，则连同其狱政管理职能也一并转移至刑部的做法可以得到印证。

当然，此时监狱功能更接近现代意义上的"看守所"——看管未决犯、暂时关押已决犯的地方。并且狱政本身在审判工作中不具有独立价值，被视为服务于审判工作的辅助机构。唐代大理寺内部设置有负责监狱事务的官员，与主管审判事务的官员相比，管理狱政官员的品阶更低，在大理寺各属官之中屈居末流，相关人员甚至都无需从正途中挑选。

传统审理机构兼理刑狱，原因与其职能密切相关。因为当时大理寺对中央交付的案件或是地方移送的案件，都具有直接审理的权力。针对地方案件，复审案件的卷宗固然会一并移送，但传统审判并不严格区分"法律审"和"事实审"，现实并不能也不允许彻底以书面审理替代直接审理。所以进一步搜集人证、物证等就是审判必要的工作。为此，大理寺具有一定侦查办案的功能。针对中央交付的疑难案件，大理寺更需要从收集证据等工作做起，其实际上承担着部分侦查机关、起诉机关、审判机关甚至是执行机关的职能。无论何种情况，对犯罪人的控制是必不可少的，所以监狱在传统社会一直是审判机构的"标配"。从上文可以看到，唐代大理寺是一个综合了部分侦查、起诉、审判业务的司法机构，其内部运行有着较明显的"行政科层式"色彩，审判事务仅仅是其众多（行政）分工中最突出的一种。

综合上述，当时大理寺内部运行已经具有了一定的行政色彩，外部则以整个机构为单位承担着国家的审判事务。同时，很多情况下大理寺需要与刑部、御史台等机构共同参与案件审理工作。故在这个意义上，传统社会下的司法机构，即使是最高专职审判机构也难以避免所谓的"行政色彩"，只不过这样的倾向至后世愈演愈烈，最终彻底形成了司法机构的行政化。

当然，这并不表明传统社会没有能力去实现"司法公正"；相反，当时政府试图以一种更为高效和主动的方式去实现。在此过程中，机构的独立并不被认为是实现司法公正的重要途径，更加不是唯一的途径。相反，越高层级、越多机构的参与会被认为越有可能实现司法公正。无论从技术上，还是价值判断上，审判权都被牢牢镶嵌在了政府科层制的运行之中。但值得注意的是，当时在制度上还保留着"独立、直接"的审理程序，那么审判权中"法官根据案件事实适用法律"的技术内核就得到了保留——审判权与监督权之间的边界依然是清晰的。一定程度上可以认为，唐代三司之间的分工在"效率、公正、安全"等基本目标下实现了一个相对平衡。当然，随着君主集权的趋势日益加深，这样的平衡终究会被打破。

（二）刑部

根据相关史料记载，唐代刑部主要官员的设置以及品阶安排如下：

第五章 传统法律职业群体的困境:两种权力间的挣扎

名称	品阶	人数	其他
刑部尚书	正三品	1人	龙朔二年(662年)改为司刑太常伯,咸亨元年(670年)又恢复为刑部,光宅元年改为秋官尚书,神龙元年(705年)又恢复为刑部。
刑部侍郎	正四品下	1人	龙朔二年(662年)改为刑司少常伯,咸亨、光宅、神龙随着刑曹恢复称呼。
郎中	从五品上	2人	武德三年(620年)改为刑部郎中,龙朔二年改为司刑大夫,咸亨、光宅、神龙并随法曹恢复称呼。
员外郎	从六品上	2人	武德三年(620年)改为刑部员外郎,龙朔、咸亨、光宅、神龙也随着法曹恢复称呼。
主事	从九品上	4人	
都官郎中	从五品上	1人	龙朔二年(662年)改为司仆大夫,咸亨元年恢复称呼。
(都官)员外郎	从六品上	1人	武德三年(620年)改为都官员外郎,龙朔、咸亨随法曹改复。
比部郎中	从五品上	1人	武德三年(620年)加"中"字。龙朔二年(662年)改为司计大夫,咸亨元年复故。
(比部)员外郎	从六品上	1人	武德元年(618年)改为员外郎。龙朔、咸亨随法曹改复。
司门郎中	从五品上	1人	武德三年(620年)加"中"字。龙朔二年(662年)改为司门大夫,咸亨元年复故。
(司门)员外郎	从六品上	1人	武德三年(620年)改为员外郎。龙朔、咸亨元年随法曹复故。

注:1. 刑部尚书下属另有:主事四人、令史十九人、书令史三十八人、亭长六人、掌固十人。都官郎中下属另有:主事二人、令史九人、书令史十二人、掌固四人。比部郎中下属另有:主事四人、令史十四人、书令史二十七人、计史一人、掌固四人。司门郎中令有下属主事二人、令史六人、书令史十三人、掌固四人。

2. 以上表格内容经整理《唐六典》卷6《尚书刑部》所得。

当时刑部虽然也为三法司之一，但常态下更多承担着复核和其他司法行政事务，所以在此仅作简单介绍。

（三）势均力敌：刑部与大理寺的平衡关系

关于唐代刑部、大理寺的内部设置和官员编制，需要注意以下几个方面的变化和特征：

第一，在堂上官品阶上，刑部官员大致与大理寺官员相当，但刑部最高长官的官阶仍然高于大理寺。所以，根据历朝以来的政治传统——最高长官的品阶与机构品阶一一对应——大理寺的地位低于刑部。当然，刑部并不是大理寺的直接领导机构，两者之间更多为合作关系。但正如前文所述，大理寺专职司法官选任需要得到刑部高级官僚的同意，但是反之则无此规定，这直接说明两个机构在人事关系上并不对等，虽无领导之实，但上下有别已成定局。

第二，在机构人员编制的数量上，两个机构依然差距明显。根据唐代机构设置（见前文两个机构的人员编制），当时大理寺的人员编制至少为二百七十三人，同时期的刑部为一百九十五人左右。所以从人数规模上可以看到：①与秦汉、南北朝时期相比，由于法律数量不断增加，司法事务日渐繁杂，再加上审级上移，中央审判机构的工作量增加了许多。当然，这种地方审级上移中央的做法，也为未来大理寺的没落和刑部的取而代之埋下了伏笔。单纯扩大机构的规模，不改变整体的诉讼程序和模式，并不能彻底解决一国未来司法事务不断增多的难题。所以，大理寺人员规模的扩张如同一把双刃剑——审判技术的精细化、专业化固然可以在一定程度上令司法公正得到保证，但也暴露了在"科层制"之下，长久以往反而导致效率低下的弊端。②在司法事务的处理上，大理寺虽然品阶较刑部更低，但实际权力并不比刑部小。这从大理寺的人员规模和拥有单独初审权可以看出，大理寺才是处于司法一线的审判机构。所以，当时刑部并不大规模配备专职司法官，更多在复核案件等司法行政事务上与大理寺对接。当然，一家独大的司法机构并不是统治者乐于见到的，所以开始有其他机构（刑部）与大理寺一并分担案件审理职能——将单纯的审判环节，扩充为"审判+复核"——三法司从最初的分工合作走向相互制衡，直到大理寺的审判地位被完全取代。

四、宋朝时期：司法官的职业化趋势

随着隋唐时期大理寺长官和专职法官各自工作模式的确立并运行，司官机构有着明显的科层化趋势。到了宋代，伴随着君主集权日益加深的"审刑院+三司"时代，司法官职业化水平有了大幅度提高。国家形成了专门、统一的司法官准入考试，保证了他们知识结构的特殊性；同时专职司法官可以在三司、审刑院等机构内流动，也昭示了司法系统的相对封闭性，这似乎都预示着传统"法律职业共同体"的形成。

（一）审刑院

1. 内部设置

北宋前期，皇帝为了防止司法腐败，抑制宰相权力而在禁中设立了一个崭新的司法（复核）机构——审刑院。在北宋初期不到百年的时间里，审刑院与刑部、大理寺共同构成了当时国家的最高司法机构，并且在相当长的时间内，整个帝国中央司法事务都是围绕审刑院展开的。审刑院的"横空出世"，改变了原有三司的格局，甚至架空了当时的大理寺和刑部，以至于当时大理寺不设专职长官，多以其他部门长官兼任。

在审断分离的基本原则下，移送中央的案件需经历"审刑院登记备案—大理寺复审—刑部复核—审刑院详议—中书省—

皇帝"的流程。审刑院是皇帝直接掌控司法事务的重要机构。元丰改制后，审刑院并入刑部，恢复到唐代三法司的基本形式，司法重心也开始逐步转移至刑部。

宋代逐步成熟的科举制度以及官吏管理制度，使司法官在专业性上与唐代相比更进一步。由于宋代中央司法机构（审刑院、刑部、大理寺、御史台）对专职司法官的管理上有着一致性，为此，本部分重点关注审刑院内部设置以及运行的基本情况。

根据当时审刑院设立的初衷，太宗希望成立一个精简、高效的事务性处理机构，故审刑院的人员规模与大理寺、刑部相比小了很多，甚至略显单薄。有史料记载："以朝官一人或二人为知院事，详议官六人，以朝官充，书令史十二人。"其中"知院事"为该机构的最高长官，详议官为机构内专任法官，其余皆为司法辅助人员。当时审刑院权重，知院事与详议官的人选也挑选严格；知院事并非专职，往往在京官中选拔优秀的人员兼任，"以郎官以上至两省充任"；详议官则由"京朝官充任"。由于人员素质极高，机构内科层较少，且仅向皇帝直接负责，故审刑院的工作效率极高。尽管当时全国案件数量增加，但人员编制一直保持不变。神宗熙宁八年（1075年），曾有人建议裁撤一名详议官，但结果导致人手不足而不得不短期内又恢复原制。由此可知，当时审刑院的人员编制精简程度已接近极限。从审刑院建立到废止，它的专职法官——详议官的人数基本维持在六人。

2. 长官的任职规则：过渡性

"知院事"是审刑院的长官，也可能会有多种称呼，例如"知院""同知""权知"等。由于宋代的官、职、差遣相分离制度，使得宋代官员的实际流动性更强。宋代知院事依照定制

第五章 传统法律职业群体的困境：两种权力间的挣扎

可以为一人或者二人，但大部分情况下为一人。根据相关史料，宋代历任知院事的资历、任前后的官职等相关内容如下：[1]

姓名	时间	任前官职、职务	现任官职
李昌龄	淳化二年（991年）	知广州	礼部侍郎，从五品上
苏易简	淳化年间	知审刑院	中书舍人，正五品
夏侯峤	至道三年（997年）	开封府推官	给事中，正五品
魏廷式	真宗初年	知审院	右谏议大夫，正四品下
吕文仲	咸平三年（1000年）	知审官院	工部侍中，从五品上
赵安仁	咸平四年（1001年）	江南巡抚副使	右正言，从八品下
孙权	大中详符中期	知河中府	左谏议大夫，正四品下
马亮	天圣年间	知庐州	尚书右丞，正四品下
宋库	景祐年间	三司户部判官	左正言，从八品上
燕肃	宝元末年	判大理寺	左谏议大夫，正四品下
聂冠卿	康定元年（1040年）	纠察在京刑狱	兵部郎中，从五品上
丁度	庆历四年（1044年）	判太常礼院	中书舍人，正五品上
沈沆	皇祐元年（1049年）	知洪州	给事中，正五品上

---

〔1〕 此表格制作参见李之亮撰：《宋代京朝官通考》（4），巴蜀书社2003年版；参见祁琛云："北宋前期审刑院制度研究"，河南大学2005年硕士学位论文。

续表

姓名	时间	任前官职、职务	现任官职
张揆	至和二年（1055年）	判太常寺	给事中，正五品上
胡宿	嘉祐三年（1058年）	两浙转运使	户部郎中，从五品上
庐士宗	嘉祐中期至治平初年	判流内铨	——
贾黯	英宗初年	权知开封府	中书舍人，正五品上
苏颂	熙宁二年（1069年）	知通进银台司	工部郎中，从五品上
孙固	熙宁二年（1069年）	知澶州	工部郎中，从五品上
安焘	元丰初年	知学士院	左谏议大夫，正四品下

注：由于宋代知院事为兼职，故现任职务即为其担任知院事时的职务。

从上述当时历任审刑院长官的政治经历来看，主要有以下特点：

首先，从他们的背景来看，多半之前从事与司法审判有关的职务。这充分体现了当时机构负责人的专业性。知院事或者从地方大员调任，或者从京师、中央的其他司法机构调入。仅仅只有小部分官员来自工部、户部、中书舍人、太常寺等与司法事务关系不大的机构（占到约25%）。这在某种程度上保障了长官对相关业务的熟悉程度，让长官能够在较短的时间内掌理本机构，保证机构运转的连续性。这也从侧面说明了审刑院长官亲自参与复核、掌理部分司法事务的可能性。当然，也存在另一种可能性，即当时该机构的运行模式为：政治官僚+技术官

第五章　传统法律职业群体的困境：两种权力间的挣扎

僚，其中技术官僚负责具体的审断复核业务，政治官僚在此基础上负责审核批准。

值得注意的一点是历任长官任职时间偏短的现象。从上文得知，在大致七十年的时间内，每任长官的任职时间平均是七个多月，与唐代大理寺卿的任职期限不相上下，甚至更短。"自太宗淳化二年首任长官李昌龄而下，至神宗熙宁八年正月崔台符止，审刑院有长官共一百一十九命，总计九十七人次。"[1]根据宋代官制，官员任职一般以三年为一个周期。可见，相较于其他官员，审刑院长官的流动性比较大。实践中可能会遇到，许多长官在未能充分熟悉机构工作的时候就已经被调任了。在日常的机构运行中，知院事职位高度的流动性难以保证机构长官对具体事务作深入细致的管理，再加上审刑院长官往往又兼任其他机构的官员，更加剧了这一倾向。这也印证了审刑院长官更体现为一种职业官僚而非技术官僚。相较于之前的廷尉亲自审理案件，起草法规等专业职能，知院事很有可能已经脱离一线的详议工作，而将更多精力投入到对机构人员的管理、案件详议结果的复核批准等行政性事务中。

其次，从品阶上来看，出任知院事的多为卿监、侍中以上，属于中高级官僚。审刑院为皇帝亲自设立的机构，且品阶不低，官员在任知院事的同时都兼任其他机构的执掌，故很多时候往往成为其进一步进入到"二府"等权力中枢的过渡。例如，真宗年间的夏侯峤先为给事中，而后担任知院事，几个月后便进入到二府，为枢密院副使；英宗年的贾黯先任知院事，后为给事中，不久后便升任御史中丞。从这个角度而言，他们更类似一群职业官僚。

---

[1]（宋）苏颂：《苏魏公文集》卷64《审刑院题名石柱记》。

"详议官"为审刑院的专职法官,与知院事更加注重资历以及未来政治前途相比,他们更像一群技术官僚。选任详议官首要强调的是法律职业素养以及相关的品质;从人员的流动性而言,更为稳定,较长时间固定于某个机构内。当然,稳定的工作环境更有利于他们积累经验,提高业务水平。

3. 专职司法官的门槛:准入制度

宋代关于职业法官资格,基本已经形成了比较完善的准入制度。包括审刑院在内的中央专职司法官员(包括刑部、大理寺、都察院)都需要参加特定的司法类考试,通过之后,才能获得任官的资格。

宋代,司法官需要涉及的考试主要有两类,第一类是"明法科"。它起源于汉代,兴盛于唐代,主要内容表现为对经学与律学的考察,以体现"礼法合一"的思想。到了宋代,"明法科"已成为科举考试的公共科目,且经常律经杂考,专业性较低,与同时代的其他科考项目相比,并不受重视,所以录取人数比较有限,远远不能满足朝廷用人的需要。"太平兴国二年(977年)正月,庚午,上御讲武殿复试礼部合格八科举人,得九经一人,明法十四人……凡百九十六人。"[1] 故明法科并非当时司法官的主要来源。为此,宋代在神宗改革期间,由王安石推动形成了专门针对司法专业人才的"新科明法"。它的重大变化在于:其一,考试的内容将经学去之,专门考察律学;其二,参加的主体有所扩大;其三,考明经者的政治地位得到了很大的提高。基于特殊的政治背景,"新科明法"曾经盛极一时,当时甚至要求进士第三名以下士子都需要加试明法,才被允许授官。但此考试最终随着改革失败而沉寂,而后被并入进

---

[1] 《玉海》卷116《科举》。

第五章　传统法律职业群体的困境：两种权力间的挣扎

士科。

宋前期，当时真正具有选拔司法官，尤其是高级司法官性质的专业考试是由审刑院、刑部等司法机构主持的"试刑法"考试。学者苗书梅认为，宋代"试刑法"考试主要针对的是在京朝官、幕职州县官中明于格法者；考试内容以律义、刑狱、断案为主，以经疏为辅，富有实践性。"试刑法"考试主要由刑部、大理寺、审刑院组织考试，其目的就是为中央司法机构挑选优秀的法官。[1] 宋代司法官"遴选"没有如此严格的准入制度，而是更强调相关的办案经验。

"试刑法"考试始于太宗年间，当时皇帝下诏曰："京朝官有明于律令格式者，许上书自陈，当加试问，以补刑部、大理寺官属，三岁迁其秩。"[2] 此为宋代"试刑法"的开端。当时参与考试的主体主要为在京朝官，而后主体范围有所扩大。

知院事虽有处理司法实务的经验，但是针对具体的司法复核、审断业务仍然欠缺能力，为此作为审刑院的专职司法官——详议官的专业性就显得格外重要。为了选拔真正具有职业能力的官员，在京朝官除了研习律法、通过考试之外，甚至被要求必须具有"曾历在京刑法司升朝官"的工作经历，故门槛颇高。"自今详议官，须是曾历在京刑法司升朝官，方得奏举充职"。[3] 到了仁宗时期，皇帝干脆下令由大理寺的详断官或者刑部的详复官出任该职务，"自今审刑详议官有阙，于年满详断官内选充，免试公事。如未有年内满者，即于外任曾历详断、详复官内保举，曾出入人罪者勿举"。[4] 可见，在宋代，详议

---

[1] 参见苗书梅：《宋代官员选任和管理制度》，河南大学出版社1996年版，第230页。
[2] 《续资治通鉴长编》卷30"短拱二年己丑"。
[3] 《宋会要辑稿·刑法一》之六十五。
[4] 《宋会要》卷29《职官十五》。

官、详断官、详复官作为审刑院、大理寺、刑部中的专职法官，不但需要经过统一的专业考试，而且在整个中央司法系统内部具有一定的流动性，形成了类似当下的"法律职业共同体"。可见，严格的准入制度使得宋代司法官能够具备较高的法律素养，拥有相似的知识结构，甚至分享同一套法律观念，尽管这样的法律观念在当时并不体现"司法独立"等政治立场。

当然，参与、通过上述考试仅仅是获得中央专职司法官的任职资格，真正获得此职位尚需要推荐、任命程序。通常经考试之后，除了成绩优秀，由皇帝直接下诏任命之外，最为主要的方式是长官举荐，又称为"长官征辟"。审刑院首任知院事以"明练刑章"的标准，举荐了当时还是著作佐郎[1]的魏廷式，从此开启知院事举荐详议官的先河。仁宗天圣九年（1031年），朝廷下诏："审刑院、大理寺详议、详断、法直官，自今非本司主判官同罪举者无得除。"[2] 嘉佑年间，详议官职位颇重，为了平衡各方利益，朝廷曾一度试图将详议官经诸司轮举的方式产生，但是遭到大臣反对。大臣们以长官领导机构，且只有长官最了解需要何种司法官为由，明确表示反对；同时认为还是采用本司官员举荐的方式更为合适。

4. 司法官群体："技术官僚"

朝廷对详议官的管理也与其他普通行政官员有所区别。宋代审刑院"详议官"的任职特征主要有：①详议官的任期与普通官员有所区别。宋代相关制度明确规定，官员一般以三年为

---

[1] 著作郎是三国时代的官名，属于中书省，主要掌理编撰国史和起居注，著作佐郎是著作郎的属官，协助著作郎处理相关事务。到了唐代，中央设有著作局，由著作郎执掌，主要负责碑文、祝文、祭文等文字编撰事项，著作佐郎亦是其属官，负责协助工作。到了宋代前期，著作佐郎为八品官员，南宋改为正七品官员，负责日历祭祀祝词等文字编撰工作。

[2]《宋会要辑稿·刑法一》之六十五。

第五章 传统法律职业群体的困境：两种权力间的挣扎

一个考核期。早期宋代司法官员的任期有缩短的趋势，但朝廷鼓励官员延长任期。熙宁三年（1070年）曾下诏，"详议、详断、详复官，初入以三年为任，次以三十月为任，欲出者听前任满半年指阙注官，满三年者堂除"。[1] 即对于审刑院、大理寺、刑部的专职司法官，初次任期为三年，第二个任期即为三十个月（折合约为两年六个月），但到了第三个任期则没有严格的时间限制。同时，对司法官的离任也作了一定的限制。大中祥符年间规定，详议官、详断官的离任需要有人员到寺接替的情况下才得卸职。这是出于实践的考虑，因为案件的处理并不完全与官员的任期同步，这样规定能保证司法机构运转的稳定和效率。②司法官的奖赏与他们所办理案件的质量直接挂钩。根据宋代相关规定，审刑院没有直接审理的职能，故朝廷规定其若能矫正大理寺的判案即可获得封赏，"审刑能矫正大理寺误断徒以上刑名，与等第酬奖"。[2] 针对审刑院复核地方案件的工作，若能将地方移送案件全部复核完毕，使得地方刑狱"空置"，以示太平盛世，则司法官亦能获得奖励，当时称之为"断绝"。当时朝廷给予的奖励形式也多种多样，既有表现为物质形式的，例如具体财物的赏赐；又有表现为精神形式的，例如官僚贺表，或是史官记录以名垂青史等。③惩罚机制上比较严格。若司法官适用法律有误，会将因为触犯"出入人罪"而失去任职的资格；且针对案件的判决结果，会由负责"详议"并签名的司法官集体承担连带责任。根据史料，仁宗时期曾有人进言："臣尝判大理寺，每有急案，并众官看详，上书本断及连签官二员……欲望自今应集众官详断者，悉令著名。若刑名失错，一

---

[1]《宋史》卷163《职官志三》。
[2]《宋会要辑稿·职官》。

例勘罚。"[1]

5. 小结：司法官职业化的顶峰

根据宋代当时对详断、详议、详复司法官的管理、任职规定，可以看出其与前代相比更具专业性，也有着更高的职业素养要求。同时在一定程度上具有法律职业共同体的雏形，这主要表现为：

第一，宋代司法官有着相对严格的准入制度。详断官、详议官、详复官等司法官具有初步职业化的色彩，他们需要经过专业考试才能获得任职资格。这说明在宋代，司法官员与其他普通行政官员有着不同的知识结构。总体而言，宋代统治集团可以被认为是中国历史上法律修养最高的群体，具体表现为科举考试中针对律法的考试是所有士子都必须参加的共同科目。当然，皇帝断案的做法也并不少见。但即便如此，当时要想成为专职司法官还必须通过律法科目的专门考试。这一方面说明宋代对司法官群体法律素养的严格要求，另一方面也说明当时任用司法官与其他官员的不同渠道，前者一定程度上属于"技术官僚"。同时，为了维持司法官群体的高素质，司法机构还强调司法事务经验的积累。采用面试，"当加试问"的考核方式，将其他对口业务部门中熟悉律法、有办案经验的官员选拔到相关司法机构（刑部、大理寺等）中，保证能够不断补充新鲜和高素质的实务型人才。宋代专职司法官在刑部、大理寺、审刑院之间可以进行一定的流动。这对最终形成一个相对稳定且专业的职业司法官群体具有重要的意义。

第二，宋代司法官的任职比一般官员更为稳定。宋代司法官任职时间长于一般官员，虽有当时法官人员不足的客观原因，

---

[1]《宋会要辑稿·职官二十四》之四。

第五章 传统法律职业群体的困境：两种权力间的挣扎

但却在一定程度上使得该官僚群体更为稳定。宋代三年一次的考核是通常做法。根据考核，各机构官员会形成一定的流动，尤其体现为"政治官僚"的升迁、调任等人事变动。从审刑院长官的任职期限就可以看出，宋代高级官员的流动性较高。针对类似技术官僚的司法官（详断官、详议官、详复官）在当时的实际任期则相对稳定。上文提到熙宁三年（1070年）对这些官员任期的规定，从另一个角度可以推测：当时司法官任满三个任期的亦不在少数，否则没有必要下达这样的诏命。实践中，司法官们的离任也必须等到接替的人员到位之后才能履行。这充分说明了三点：其一，当时司法官工作量非常大；其二，整个司法机构运行必须保持连贯性和稳定性；其三，司法官是技术官僚，具有高度的封闭性，所以并非任何时候都可以随意被替代。这点恰恰说明了当时司法官难能可贵的专业化，甚至是职业化。

与宋代司法官群体高度专业化相并存的，却是当时司法机构更具"行政化"的运行方式。即当时司法官正朝着专业化、"职业化"的路径发展，但是机构针对司法官群体的管理模式却依然是传统行政科层式的。这主要体现为：

第一，专职司法官的任职主要由其机构长官举荐。这使得长官与司法官之间容易形成裙带关系，令其在日常办案中更容易受到长官的掣肘和干涉。虽然宋代司法官任职资格需要通过专门的考试获得，但这仅是任职的第一步，真正获得任命还需要长官举荐，皇帝批准。根据上文可知，宋代虽三年为一个考核期，但实践中，司法机构高级官员的任职变动非常频繁。在此前提之下，依靠任期短暂的长官提名，决定正式司法官的人选已实属匆忙。长官更容易提名私人关系密切或者"惟上"的司法官而形成偏私；再加上宋代官员的考核体制上，是以机构而不是以官员个人为单位，故能否贯彻长官意志将对司法官的

· 267 ·

人选有直接影响。

第二，虽然司法官办理案件时，会进行集体讨论，实践中案件审断仍由一名详议官（详断官、详复官）为主导，但对办案结果却以集体连带的方式共同负责。无论当时的司法官给予什么样的意见，或者有着怎样的参与程度，都需要为此承担责任，当然具体责任大小仍会体现差别。该做法的初衷固然是希望连签官们能对案件审断给予相互监督，使判决更为谨慎，避免冤假错案的发生。但这与司法官独立断案的宗旨多少有些悖离，且实务中除了那名为首的司法官真正实现了对案件的审理复核，其余连签官对该案的参与程度相对有限，本质上更多是司法机构内，科层式运行下的第一道"监察"而已。

（二）大理寺

宋建国初期延续唐制，大理寺依然负责审理地方移送案件以及特殊的重大案件，是中央三法司中的审判机构。后审刑院存在近百年期间，大理寺的职能受到了极大的影响；加上刑部的强势，大理寺几乎有被架空的趋势，以至于当时大理寺长官不设专职，而往往由其他官员兼任。神宗元丰改制之后，审刑院被并入刑部，大理寺又恢复了往日的审判职能，但地位与前朝相比被削弱许多。

宋代初期设判大理寺事一人，为实际的主管，兼少卿一人为副；下设有详断官八人，一般以京官或朝官担任，法直官为二人，一般以幕府州县官员充任。神宗元丰二年（1079年）改革之后，在大理寺官制上也有了变化：大理寺设有大理寺正卿一人为最高长官，且为专职；设少卿二人为副贰，下设有不同级别的正、推丞、断丞、司直、评事、主簿等官吏。

此外，从宋代大理寺官员的任免上也可看出它地位的下降。元丰年间规定，吏部补授大理寺左断刑官的候补人员，需要先

第五章 传统法律职业群体的困境：两种权力间的挣扎

经过刑部、大理寺长官的共同商议后拟出名单上报。南宋高宗绍兴年初，规定大理寺"正与丞并堂除。评事阙，则委本寺长、贰选择应格人赴刑部议定"。[1]即大理寺刑官的候补人员名单，制度上需要经过刑部长官的肯定，否则大理寺长官无权单独决定人选，但宋代对刑部司官的任命并无此类规定。

唐代三法司时期无疑是司法行政权与司法审判相对平衡的时代，形成了先初审、后复核的案件处理模式。大理寺经历了南北朝的黄金发展期后，最终在隋唐确定并巩固了中央最高专职审判机构的地位。但有宋一代，在中央集权制不断加深的背景下，司法监督日隆，审理流程（程序）不断繁复，或表现为复核，或表现为复审。审刑院的出现令三司平衡的局面被打破，最终令司法监督压倒了司法审判本身，大理寺的初审权被一再侵蚀，最终沦为三司中的末流。

当然，与前朝相比，宋代司法制度的发展并非一无所获。传统审判权虽然不断受到来自行政科层制的内耗和干扰，审判技术却依然不断进步：第一，司法职业群体的专业化程度得到了极大的提高。这得益于宋代已经形成了一套完整的专职司法官选拔、任用、流动制度，在保证了司法官职业素养的同时，也促进了当时"职业群体"（准确说是司法官群体）的形成。第二，将审理过程严格区分为审和断，前者为定罪，后者为量刑。"审断分离"的设置有利于提高断案的正确率，防止法官擅断，但其背后动机也包含着限制法官权力，实现相互监督的目的。这个过程从技术上体现为，传统审判权在行政科层制度之下如何被"分解"，而在其中注入司法监察的过程。

最后值得注意的是，唐宋时期，尽管无司法独立之概念，

---

[1]《宋史》卷165《职官志五》。

但是在官僚系统内部中，执掌律法（主要是指司法机构中的长官）仍不失为一种地位较高、颇有政治前途的职位——执掌律法有机会获任高级官员，甚至有人认为宋代审刑院是官员进入权力中枢（二府）的重要平台。与此形成对比的是，机构中真正精通司法、活跃于一线的专业人才（司法官群体）一直以来通常仅能获取品阶较低的职位（甚至成为没有品阶的"吏"，例如清代的"刑名幕友"）。在中国传统价值体系中，律法"工具化"的倾向一直没有被撼动过，导致专业司法官始终无法在政治体制中获得较高的认同。

五、明清时期：司法官的"工具化"

宋代是司法官群体职业化的顶峰，但历经元朝统治，"盛极而衰"。到了明清时期，国家放弃了司法官统一、职业化的管理模式，将司法官知识结构的获取交于职位的随机分配以及个人的家庭出身。司法机构的职位是专职司法官获取知识结构的主要甚至唯一途径。司法官由"身份"转变为"职务"，丧失了依附于知识结构的"独立"内核，沦为处理司法案件的"工具"。

（一）明代中央司法机构的内部设置和司法职业群体

1. 刑部

（1）内设机构：科层化。明代刑部的设置与前朝相比，规模膨胀了许多。刑部由一个纯粹的中央司法行政机构转变为一个具有多层级、与地方可以形成"业务"对接的网络式科层机构。比较形象的比喻是明代刑部开始长出"腿"，能够将权限覆盖到国家统治的最末端。

明代刑部初期设立尚书一人，为正二品，在建文帝时代曾一度提高为正一品；永乐年间又复旧。洪武六年（1373年），刑部分为四个属部：刑部总部、比部、都官部、司门部。总部

第五章 传统法律职业群体的困境：两种权力间的挣扎

负责问拟刑名；比部负责赃罚；司门部与兵部一起负责编发囚军；都官部负责提调刑牢。洪武八年（1375年），朝廷又增设四科，分属四部。每部设有郎中、员外郎各一人。总部、比部的主事各设有四人，都官部、司门部的主事为各二人。

洪武二十二年（1389年），朝廷下诏将刑部总部改为"宪部"。洪武二十三年（1390年），又将原来的四部分为河南、北平、山东、山西、陕西、浙江、江西、湖广、广东、广西、四川、福建十二部。六年后（1396年），将上述十二部改为十二清吏司，每司设郎中、员外郎各一人、主事二人。永乐十八年（1420年），除了北平司，又增加了云南、贵州、交趾三司。宣德十年（1435年），废置交趾司，遂定型成为十三清吏司。刑部主要的官员组成编制如下：

洪武二十三年（1390年）前，明代刑部内部设置如下：

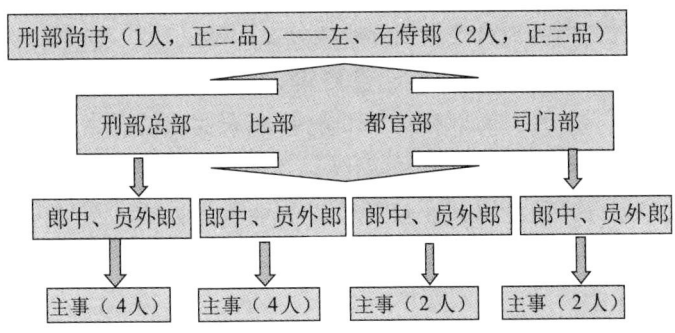

注：刑部下设四部的郎中、员外郎人数皆各为一人。其中郎中为正五品，员外郎为从五品，主事为正六品。

宣德十年（1435年），刑部定制后的内部设置如下：

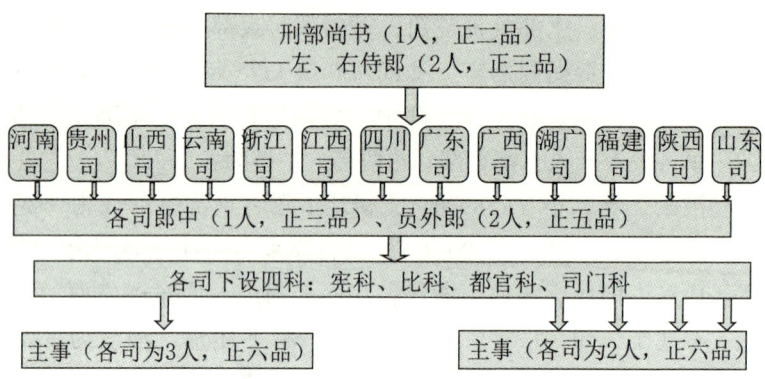

注：主事下辖有照磨所，设有照磨为正八品、检校为正九品；司狱司6人，为从九品。湖广司、福建司、陕西司、山东司各设主事2人，其余司各设主司3人。

从上图可以看到明代刑部机构从形式上的明显变化。在宣德十年（1435年）前，明代的刑部机构设置依然延续了唐宋时期的传统，刑部长官之下依照职能分设四部（唐代叫司），其中以刑部总部职能最为重要，且各部之间互不隶属。宣德十年（1435年）之后，刑部在总体职能基本未变的情况下，内部机构设置在形式上发生了重大变化[1]：刑部下属一级部门不再以职权来划分，而是以其职权所覆盖的地域为标准；刑部内置机构设置标准由事务分工转变为地域管辖；形成了"总部—地域管辖—职能"的三级科层模式。

上述变化从侧面说明了以下内容：第一，明代刑部在人事编制上有所扩充，这至少从形式上说明当时刑部的工作量出现明显增加。第二，以地域替代职能作为一级部门的划分标准，这说明刑部不再是一个简单的中央司法机构，而具有了网络性

---

[1] 其实明代刑部内置机构的此种转变从洪武年间就已经开始了，但直到宣德十年（1435年）后才得以定制。

第五章 传统法律职业群体的困境：两种权力间的挣扎

质，能与地方完美对接业务，是地方各级司法机构的领导机构，科层制明显加深。这当然与明清时期逐步完善的分级转审制度密切相关。第三，以省一级为单位，建立专职的清吏司，可以针对不同地区适用不同对策，令各类律法实施起来更加精准，更有针对性。

刑部依托对口的清吏司使（皇帝的）命令可以精确传达到国家每一个层级的官僚统治，保持政令上通下达，增强了统治的渗透性。这也是为何刑部替代大理寺成为最高审判机构的重要原因之一，即刑部以地域为划分标准的机构设置，使刑部的科层设计更加有能力贯彻皇帝的意志。当然，刑部一直以来执掌司法行政事务的惯性并不会轻易改变。所以，当刑部从大理寺手里取得最高审判权的同时，并没有将原有的职能剔除。故刑部职能一直处于扩张态势，其新增的审判职能也被当然地纳入到原有司法行政运行的模式当中。因此，本质上每一个清吏司就如同一个完整的"小刑部"，对口掌理一省包括案件审判在内的几乎所有司法事务。整个帝国从中央到地方科层式金字塔型的司法运行体制就这样被逐步建立起来了。

根据上文可知，宣德十年（1435年）之后，十三清吏司正式成为刑部下设机构的主体。明十三清吏司实际上是刑部对口地方行使审判权的主要机关。《续通典》中曾记载："明刑部尚书一人掌天下刑名及徒隶、句覆、关禁政令。领十三司，每司各掌其分省及兼领所分京府直隶刑民以赞尚书。"[1]《明史》中则记载："十三司，各掌其分省及兼领所分京府、直隶之刑名。"[2]作为刑部长官的刑部尚书虽然在形式上掌刑名，但是若非死刑案件、皇帝直接指定案件、参与会审等重大场合，刑

---

[1]《续通典》卷27《职官五》。
[2]《明史》卷72《职官志一》。

部尚书并不亲自过问绝大部分普通案件。当时相关史料记载如下：

> 杨志学为刑部尚书。刑部狱词既经侍郎详定，尚书多不覆视，惟死罪始自裁决。志学，凡笞以上，必经亲览，而后定。[1]

上文意思是，司法常态下，刑部的案件审理、复核基本由侍郎详定，尚书一般情况下并不直接掌理审理、复审业务；除非是死刑案件，刑部尚书会全程处理该案件。史料中提到，针对笞刑以上的案件，当时的刑部尚书杨志学必定会亲自过目下属官员的处理结果，然后才能最终定下来。这也从侧面说明刑部尚书一般针对大案要案会亲力亲为，普通案件一般仅仅是形式上起到最终认定的效果，并不意味着尚书需要亲自办理这些案件。

故就明代刑部的内部运行而言，十三清吏司才是发挥审判、复核职能的核心机构。《大明会典》中记载："浙江等十三司。各部郎中员外郎、主事、令各清理所隶布政司刑名。仍量其繁简，带管直隶州府，并在京衙门。凡遇刑名，各照部分送问发落。"[2] 从机构体系上而言，刑部十三清吏司的主要执掌可以分为两类：一类是国家司法系统内部，对口各省的刑名狱政事务，如各省的布政司、都指挥司、按察司等刑名；另一类为兼领司法体系之外的各省王府及公侯伯爵、在京诸司等机构的刑名。以下为万历年间，刑部十三清吏司的专属执掌和主要兼领职能：[3]

---

[1]《明会要》卷32《职官四》。
[2]《大明会典》卷159《十三司职掌》。
[3] 参见《大明会典》《续通典》《明史》。

第五章 传统法律职业群体的困境：两种权力间的挣扎 ◈

清吏司名	专属执掌	主要兼领
浙江清吏司	浙江布政司、按察司、都指挥司、两浙盐运司	崇府、中军都督府、刑科、内官、御用、司设等；直隶和州；在京金吾前等八卫；畜牧千户所；涿鹿等二卫之刑名
江西清吏司	江西布政司、按察司、都指挥司	淮、益、弋阳、建安、乐安五府，前军都督府、御马监，火药、酒醋等局；在京府军前等十卫；直隶庐州府；庐州等六卫之刑名
湖广清吏司	湖广布政司、按察司、都指挥司、福建盐运司	户部、太仆寺、户科、宝钞提举司、印绶、都知监等监；甲字第十库；直隶常州府、广德州；在京金吾后等十卫；牧马千户所；中都留守左等各卫、美岭千户所之刑名
陕西清吏司	陕西布政司、按察司、都指挥司、河东盐运司、陕西太仆寺、甘肃太仆寺、直隶太平府	秦、韩、庆、肃四府；后军都督府、大理寺、行人司、尚衣监、针工局、西城兵马司；在京府军后等十一卫；建阳等五卫，平凉中护之刑名
广东清吏司	广东布政司、按察司、都指挥司	应天府；在京锦衣等七卫；直隶延庆州，怀来千户所之刑名
山东清吏司	山东布政司、按察司、都指挥司	楚、岷、吉、荣、辽五府；右军都督府；司礼、尚宾、尚膳、神宫等监，天财库；在京留守左等九卫；兴都留守司、直隶宁国、池州二府；宣州等六卫，渤海千户所之刑名
福建清吏司	福建布政司、按察司、都指挥司、山东盐运司	鲁、德、衡、泾四府；左军都督府、宗人府、兵部、尚宝司、兵科、典牧所、会同官、供用库、戈戟司；在京羽林右等三卫；中都留守司、辽东都司、辽东太仆寺、直隶凤阳府；凤阳等十一卫；潮河等三千户所之刑名

· 275 ·

续表

清吏司名	专属执掌	主要兼领
河南清吏司	山东布政司、按察司、都指挥司、两淮盐运司	周、唐、赵、郑等七府；礼部、太常寺、光禄寺、詹事府、国子监、礼科、中书舍人、神乐观、牺牲所、兵仗局、灵台、钟鼓等司；东城兵马司、教坊司；在京羽林左等六卫；直隶淮安、扬州二府；淮安等十一卫；海州等各千户所之刑名
山西清吏司	山西布政司、按察司、都指挥司	晋、代、沈等五府；翰林院、钦天监、上林苑南、南北二城兵马司、混堂司、甜食房；在京棋手等八卫；直隶镇江府，徐州、镇江等各卫；沈阳中护卫；倒马关等各千所之刑名
四川清吏司	四川布政司、按察司、都指挥司	蜀府；工部、工科，巾帽、织染二局；僧道录司；在京府军等八卫；直隶松江、大名二府；金山等各卫；神木千户所之刑名
广西清吏司	广西布政司、按察司、都指挥司	靖江府；通政司，五军断事司，中城兵马司，宝钞、银作二局；在京羽林前等八卫；直隶安庆、徽州二府；安庆等各卫之刑名
云南清吏司	云南布政司、按察司、都指挥司	顺天府、太医院、仪卫、惜薪等司、承运库；直隶永平、广平二府；镇海等各卫；宽河、武定、蒲州各千所之刑名
贵州清吏司	贵州布政司、按察司、都指挥司	吏部、吏科、司菜局、长芦盐运司；大宁等五府；苏州等五屯；忠义中等各卫；梁城、兴和、广昌千所之刑名

注：部分兼领的军事机构在此省略。

（2）堂司关系：从牵制到依附。与同时期大理寺相比，刑部的人员编制扩充了许多。这很大程度上与明代将地方权力一分为三的体制相关。为此，在地方与中央的纵向权力流动上，

第五章 传统法律职业群体的困境：两种权力间的挣扎

刑部对口建立了十三清吏司。十三清吏司的官员主要包括，郎中一名、员外郎一名、主事三人（部分清吏司主事为二人，共计三十五人）。在刑部内部的职能分工上，移送案件的审理主要以"清吏司"为单位展开并进行。清吏司的郎中、员外郎、主事皆为司法官员。他们接到地方移送的案件之后，主要依据《大明律》以及《问刑条例》对案件的法律适用问题作出复核，其中需要注意的地方有二：

其一，当律典无正条，需要比附援引；引用例时，必须报告刑部上级。《大明律》规定："凡律令该载不尽事理，若断罪而无正条者，引律比附，应加应减，定拟罪名，转达刑部，议定奏闻。若辄断决，致罪有出入者，以故失论。"[1] 这是否能从反面推测出，若断案时有律条符合者，则无需上报刑部上级，直接可以结案，或者采用其他的上报方式。从这点可以看到，清吏司一方面具有一定范围内的复核权，另一方面则说明这种复核权无论是形式上还是实质上都不完整——刑部对司法官"造法"的权力给予严格的程序控制。由此，从技术上限制清吏司的复核范围。

其二，断罪不必听从上司主使。《大明律》明确规定："若刑部及大小各衙门官吏不执法律，听从上司主使，出入人罪者，亦如之。"[2] 意思是，如果刑部内部各个衙门的官员因为听从上司命令，不严格执行律法，导致案件判决出现错误，同样会依照出入人罪定罪。该条律法至少从形式上肯定了明代刑部官员在审判事务上不必完全听命于上级。这充分说明，为保证案件审判、复核的公正性，明代给予刑部司法官一定的独立性，这无疑对于司法机构的正常运行有促进作用。但是，这条律令

---

[1]《大明律》卷2《名例》。
[2]《大明律》卷3《吏律》。

主要针对的是"奸党"类的罪名，至于其他罪名，司法官在审判事务上就没有如此的"自主权"了。这恰恰说明当时给予司法官"独立"的直接原因并不是判决的公正与否，而是对皇权的忠心。

在司法实践中，尽管有律文的明示，但刑部堂官仍然能从各方面影响司法官们的判决。例如，万历年间，刑部山西司主事再审（复审）一宗地方官员打死平民的案件。在该案中，当时山西司主事与刑部堂官的意见并不统一，于是上报到皇帝。皇帝听闻后表示"刑狱重情，自有堂官主张"。[1] 可见，在复核案件等日常工作中，堂官对司法官仍然具有很大影响力，甚至可以左右判决。当然，这样的影响力也并非像在普通行政机构那样强大，以至于长官意志有着绝对权威。这个事例虽然具有偶然性，但至少表明在日常事务中，堂官不会对具体案件横加干涉。但是若真是司法官与长官意见不合，司法官仍有机会上奏，而并非只能无条件服从。这体现了明代刑部机构运作的基本模式——具备了行政科层和司法审判运行的双重特征。

2. 大理寺

（1）机构设置和人事管理。根据明代建制，大理寺分设为左、右寺，其主要官员的编制以及品阶如下：

名称	人数	品阶
大理寺卿	1人	正三品
左、右少卿	各1人	正四品
左、右寺丞	各1人	正五品
左、右寺正	各1人	正六品

---

[1]《明神宗实录》卷175"万历三十年八月庚寅朔"。

第五章 传统法律职业群体的困境：两种权力间的挣扎

续表

名称	人数	品阶
左、右寺副	2人	从六品
评事	各4人	正七品
司务	2人	从九品

大理寺是明代的"谳狱"机构。在唐宋时期，大理寺位列"三司"之一，是中央最高审判机构，地位颇高。后因元代不设大理寺的缘故，大理寺建制中断了上百年时间，直到明初期（大约为洪武十四年）才得以恢复。明代在政治传统上承袭唐宋，故恢复大理寺的机构设置多少有些意图恢复华夏政权鼎盛时期的政治意味。正因如此，明初大理寺的设置有着一定的象征意义，统治者对该机构也颇为看重，大理寺卿也从开始的正五品被提升至正三品。

明代皇帝对于国家司法官的选拔非常重视，明太祖曾提出"善治国者，必择仁人以治刑"原则。[1] 永乐年间，当时的吏部尚书曾上奏，认为刑部、大理寺、都察院执掌国家刑名律法，尤其是大理寺专详谳案，为此应当"居是职者，必得其人"。这从顶层设计的层面肯定了国家对司法机构官员必须具有专业知识背景或实务经验的要求。根据当时《大明律》的规定，不但司法官需要熟悉法律，而且所有的官员都需要熟读律令，讲习律例。根据当时的规定，中央层面都察院会对京官、分巡御史的律例掌握程度进行考核；地方层面提刑按察司会对外官进行定期考核，若官员没有达到要求，则"初犯罚俸钱一月，再犯笞四十附过，三犯于本衙门递降叙用"。[2] 可见，明代对所有

---

[1] 《明太祖实录》卷131"洪武十三年夏四月辛酉朔"。
[2] 《大明律》卷3《吏律》。

官员的法律素养有着基本要求。与此相适的是，若普通人可以熟读法律，则在量刑中会从轻处罚，"其百工技艺、诸色人等，有能熟读讲解，通晓律意者，若犯过失及因人连累致罪，不问轻重，并免一次"。可见至少在明初，国家对于法学教育非常重视，上至官员，下至百姓，举国学法。洪武二十四年（1391年）曾"令生员熟读大诰、律令，岁贡时出题试之。民间习读大诰，子弟亦令读律"。

从明代官员的选拔机制上看，主要通过科举考试进行。与宋代科举不同，明代科举的考试内容基本上为儒家思想，而鲜有法律内容。为此在成化初年，当时的左都御史曾上奏朝廷，希望能敕令吏部等衙门督促本司办事进士讲习法律，以给各级各部门官员补充相关的法律知识。弘治年间，也有官员提出建议，每次开科取士之后，挑选部分进士分送中央三大法司理刑，先问小事，渐问大事，最后听从各掌印官的指教以及堂上官的考核，作为国家的司法储备人才。半年之后，若法司官员有缺，则可以让这批进士先通过吏部专门的刑名考试，通过之后，即能任职正式的法司官员。

根据上文，一方面可以看到明代司法官有着比较严格的准入制度，非经专门的考试不能任职；另一方面，这"举国学法"的"盛世"中也埋伏着危机：明代政府强调并且推进"全民学法"，其首要目的仅仅在于防止官民违法犯错。从史料中可以看到，积极推广民众学习的是量刑颇重的《明大诰》等严苛律法，具有明显的威慑色彩。但在司法实践中，《明大诰》由于实在太过严苛而几乎沦为具文，实践中实际适用的是更为温和、具体的《大明律》以及各种成例。可见，当时政府推动官员、百姓学法更多是利用重刑的"威慑力"遏制犯罪，并非真正意义上的法学教育。再者，与宋代士子熟读律法方能参加科考不同，

第五章 传统法律职业群体的困境：两种权力间的挣扎

明代科举内容剔除了单纯律法方面的内容，变成对纯粹儒家知识的考察。这直接导致明代官员法律素养（不等于法律知识）的相对下降。

大理寺卿是大理寺的最高长官，颇具威望。根据学者陈宇赫的统计，明代共有164位大理寺卿，除了其中的五位主要因为军功兼任之外，其余皆为专职。[1] 有意思的是，大概因为是兼职，这五位也被评价为"食禄而不治事"。在这一百多位大理寺卿中，任职时间最长的接近十年，大部分任职期间在一年至三年不等，超过六年的则不多见。从大理寺卿任职之前的职务来看，主要有三个类型：①从本部门直接升任或者调任的（包括从南京大理寺），大约为27人，占到总数的16.46%；②从都察院御史调任的，此为来自单独部门人数最多的一类，大约为58人，占到总数的35.37%；③从其他部门调任或者升任的，人数为79人，占到总数的48.17%。[2] 值得注意的是，"其他部门"也并非集中在司法部门，而是分布在刑部、工部、户部、地方通政司、其他寺监等各种类型的机构。所以，从大理寺卿任职前的工作经历来看，司法、监察部门出身的官员仍然占了很大一部分。但又由于大理寺卿的任职期间普遍比较短暂，故在司法实践中难免会出现长官不熟悉本司事务，机构运行主要仰赖技术官僚的情况。当然，绝大多数情况下，大理寺卿多少都有司法部门的履职经历，这可以保证他能够较为迅速地对本衙门的内部运行有所了解和掌握。

天顺五年（1461年），明人李贤在笔记中记载了一个细节，即当时李茂由进士擢升为大理寺评事，后升任寺丞，又升为右少卿、左少卿。英宗想从大理寺现有的两位寺丞中擢升一位作

---

[1] 参见陈宇赫：《明代大理寺研究》，中华书局2013年版，第132~133页。
[2] 参见陈宇赫：《明代大理寺研究》，中华书局2013年版，第132~133页。

为大理寺左少卿，同时又担心其资历、名望不够，难以与刑部、都察院的官员进行持辩，反而容易导致冤案。最后还是由吏部举荐，由丁忧在家的原大理寺卿李宾"起复"担任。可见，在当时的三法司之中，大理寺处于明显的弱势。明代大理寺官员品阶较低，但是却需要针对刑部和都察院等强势部门承担起纠偏错案冤案的职能，很多情况下官员的选任就显得格外关键了。职能、品阶皆法定，唯有品性、业务水平、资历等个性化的主观因素才可以实现与强势部门棋逢对手，完成"恤刑"任务。大理寺能否实现对天下"冤狱"的平反、对刑部所判案件的复核，很大程度上并不是依靠大理寺法定的职能，即"职能—职能"的法治模式，而是"大理寺官员—刑部官员"的人治模式。这也体现出三法司尽管皆是司法机构，机构与机构之间虽需要合作，但相互制衡的地方也颇多。法司内部，官员与官员之间、机构与机构之间的关系变得十分微妙。总体而言，传统人治的色彩依然浓厚。

除大理寺卿之外，尚有少卿、丞、正、副、评事等大理寺司法官员。他们对于大理寺覆案的质量起到了决定性作用。以评事为例，虽然仅为七品官员，但是处于覆案一线。为此明人王直专门有一文阐述大理寺评事的重要性，期间写道："予谓评事七品官耳，而以详刑为职，其上有卿，有少卿，有丞，有左右寺，又有正有副，而评事次焉。然审狱之当否而尼行之，则自评事始，其任甚重也。"[1]

（2）大理寺内部运行规则：堂司分明——先"审判"后批准。明代大理寺内部区分为并列的左寺与右寺，分别负责京师、直隶以及全国各省案件的覆案。之后，大理寺内部的设置更加

---

[1]（明）王直：《抑庵文集》卷5《赠康评事赴任序》。

第五章　传统法律职业群体的困境：两种权力间的挣扎

精细化。万历九年（1581年）以后，大理寺左右二司重新进行了分工，其中右寺管辖的地域有：北直隶、南直隶、江西、山西、湖广、河南、陕西、云南；左寺管辖的地域有：浙江、福建、广东、四川、山东；京师案件则由左、右寺共同管辖。可见，随着地方案件的增多，原有大理寺人数规模和运行模式都不足以应对，所以继刑部十三清吏司之后，大理寺也开始以地域分割的方式重新分配职能。但是需要注意的是，与刑部裁（四）部设（十三清吏）司不同，大理寺的职能划分更类似一种简单工作分配，内部运行模式和行政科层程度并未有太大变化。刑部则属于在原有次级部门上又增加一级部门，相当于将下设机构由二级变为三级；每个清吏司实则就是一省的"小刑部"。这使得整个刑部成为金字塔型的典型科层机构，能够与地方司法事务完美对接。这是唐宋时期刑部科层制无法达到的水平。

明代大理寺的司法职能主要通过"覆案"工作进行，即对相关案件的复审。在大理寺建制初期尚有直接面见囚犯审问的程序，但到后期，由于案件激增，主要还是通过书面审理的方式进行。下段文字主要记载的是当时大理寺内部覆审案件的基本程序：

> 凡两法司发审罪囚，本寺承行历事监生，即于来文上粘小方纸一幅，横列本寺卿、少卿、寺丞之姓于上，寺正、寺副及该掌行评事之姓于其下。若奏本，粘于护纸上，连囚犯先送评事看详审覆。若情词不悖，议拟相符，囚犯服辩，文议停当，即书允字于其姓下；或情词有异，拟议未当，囚犯番异，文移舛错，则直随其事明白批之，次以传于寺正、寺副各批讫。承行监生呈于卿、少卿、寺丞复各看详，若可允，即各书行于其姓之下。不然，亦随事批下

该寺附案,候圆审相同,或参驳,或调问。[1]

根据史料,当时大理寺的主要职能是"覆案"。范围包括地方移送刑部、都察院的复审案件、刑部都察院直接审理的京师案件。大理寺案件内部复核主要流程如下:

针对需要两法司复审的案件,首先,由大理寺历事监生在相关案卷上粘上一片方形小纸片,纸片上将大理寺卿、大理寺少卿、寺丞的姓列于上部,大理寺正、大理寺副、负责该案之评事的姓列于下部。其次,如果需要采用奏本形式,则将上述小纸片粘到奏本的护纸上,连同囚犯先送大理寺评事"看详",即对案件进行复核。评事根据初步复核结果分别处理:若案件事实清楚、所拟罪名和量刑适用准确合理、犯罪人认罪,就在小纸片上各级官员姓名下面写上一个"允"字;若供词所述与证据不符、拟判罪名适用有误、犯罪人有翻供行为或者供词前后不一、法律文书有错漏等问题,就根据评事的认定把问题写下来,然后移交大理寺司直,司直则根据自己的复核情况写出法律意见,再交给大理寺正、副各自批阅。再次,负责该案件的监生再把这些奏本上呈给大理寺卿、大理寺少卿、大理寺丞各自再次复核。如果得到上述官员看详后,依然认为事实清楚、法律适用得当,则可以将"允"列于他们各自的姓名之下。最后,如果这些官员看详后,觉得复审结果依然存在问题,则以附案的形式写下"复核"官员们的意见,或驳回原部门重审,或参驳相关官员,甚至交给九卿会审。

---

[1]《大明会典》卷214《大理寺》。

第五章 传统法律职业群体的困境：两种权力间的挣扎

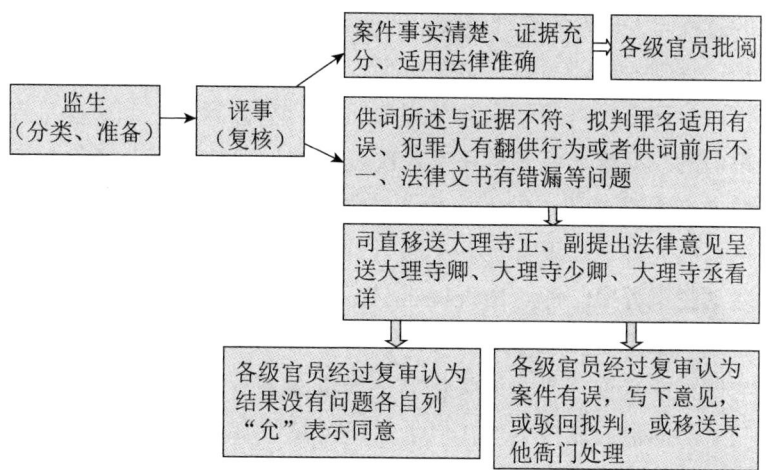

根据上图，结合其他相关史料，可以总结出明代大理寺在覆案流程的某些特征：

首先，评事处于覆案第一线。针对地方移送案件，在囚犯一并移送的情况下，评事需要审问囚犯。如果囚犯的供述与上报卷宗没有出入，则进入到下一个环节；若出现囚犯辩解，或与案情不符，适用法律有误等情况，则需要将案件移送到本机构的上级官员，让本单位的高级官员再次审问"看详"。

其次，"番异"与"参驳"是针对不同情况的程序。前者是囚犯推翻自己的供词或者与原有供词不一致，为此需要奏本或者行移公文，由其他司法衙门进行审理；后者是指对移送案件法律适用上的驳回，这种情况无需移送其他衙门。由此，也可以看到大理寺在审录时，已经严格区分认定事实与法律适用部分，具有高度的专业性。

最后，从整个流程来看，上至大理寺卿，下至评事都参与到了案件的覆审过程中。但是，从司法审理技术的角度而言，整个大理寺运行又呈现出一种非常明显的科层制结构。案件移送的过程与大理寺的官阶一致，区分为三个阶段（评事、司直—寺正、寺副—大理寺卿、少卿、丞）。卿、少卿、丞等各级官员都可以对评事作出的复核意见提出质疑乃至推翻，整个流程呈现单向的权力流动模式。评事初次覆案结果对绝大部分案件的定性具有重要意义。司法常态下，大部分案件必然是"允"的案件，故大理寺高级官员多半履行的是形式化的批阅职能，无需启动复审程序。针对出现疑难错案等特殊案件，大理寺内部有着层层上报至大理寺卿的程序，故整个过程高级官员具有复审与监察的双重色彩。评事作为一线覆案人员，虽然是他们完成技术层面上的复核工作，但最后仍需高级官员以行政科层的方式确认才能实现机构复核的最终效力。

从上述的"覆案"过程来看，其更多体现是一种流程，而非一种诉讼程序。案件经过大理寺评事、司直—大理寺正、副—大理寺卿、大理寺少卿、大理寺丞的三级"复核"，其本质上即为：①低级官员可以自行处理的案件，需要高级官员对处理结果再一次批准认可，否则该结果就无效。②低级官员处理不了的案件（一般是在事实或法律适用上存在问题的案件），必须转交上级官员处理，低级官员无权作出决定。技术上这完全是行政权运行的模式。上级官员对下级官员的判罚结果具有决定权，作出的拟判结果还需要历经"行政审批"方能生效。大理寺内部形成的三级复核体制，并非体现了诉讼程序背景下审判权的运行规则——各个审级独立，互不隶属；若非诉权发动，每个审级皆可生效。大理寺这三层复核体系与科层制度的运行完全吻合，也是一种行政式、单向、整体有效的司法监察体系。因此，此时的大理寺基本沦为一个采用行政运行模式的司法复核机构。

3. 都察院

与刑部、大理寺职能变迁相比,都察院职能一直"稳中有升",在原有司法监察权的基础上不断扩张。根据明代官制,都察院的主要官员、人数、品阶如下:

类　别	官　职	品　阶
都察院正官（堂上官）	左、右都御史 左、右副都御史 左、右佥都御史	正二品 正三品 正四品
正官的属官（首领官）	经历（经历司） 都事（都事司） 司务（司务厅） 照磨（照磨所） 司狱（司狱司）	正六品 正七品 从九品 正八品 从九品
监察御史（专职监察官）	①浙江、江西、河南、山东各 10 人 ②福建、广东、广西、四川、贵州各 7 人 ③陕西、湖广、山西各 8 人 ④云南 11 人 常设官员共 128 人	正七品

与刑部相同,明代监察体系也呈现出依照地域划分的处理模式。当然,从史料上表明,都察院的此种结构在唐代成立监察区——"道"的时候,就已经埋下了伏笔;历经宋元,到了明代终成定制。唐宋时期的地方监察官属于因事而设,并非常态。元代特殊的统治背景令监察体系快速发展;到了明代,君权集中程度再次加深,使皇权对"监察"这种统治技术的依赖也日益加重。明代监察体系前所未有的发达,都察院仅仅是其

中一端而已。在明代，履行地方监察事务的监察御史已为都察院的常设官员，故中央监察体系的规范性、稳定性得到加强。从监察的内容而言，几乎针对地方政务的各个方面，监察广度有所增加。就司法领域而言，都察院名正言顺地获得了与大理寺同等的复审权、刑部并列的审判权，且同时具有监察机构身份，使得都察院成为"三司"中排名第二的机构。但是需要注意的是，监察御史出巡地方虽已成为定制，但无论从实际工作内容上，还是编制形式上监察御史皆为都察院的内部官员（京官），而非地方官员。

都御史和监察御史：程序制约

都御史作为都察院的长官，有参与纠举、审理等业务职能，同时具有管理本司的行政职能。明代都御史的职能主要体现在以下几点：

（1）弹劾权。《明史》中记载："都御史，职专纠劾百司……凡大臣奸邪、小人构党、作威福乱政者，劾。凡百官猥茸贪冒坏官纪者，劾。凡学术不正、上书陈言变乱成宪、希用进者，劾。"在明代政治生活中，言官们异常活跃，对于各类官员的行为都可以提出弹劾，尤其对高级官员的弹劾往往都是由都御史提出的。当大臣受到都御史弹劾时，按照惯例必须有所表示，或上书陈情，或等候处置。当时虽然没有严格的程序设置，但都御史的弹劾已然成为一种促进百官自查，形成朝廷公论的重要力量。

（2）管理权。但凡御史出巡的事务（任务）皆需要都察院的都御史规定事目，并根据监察御史个人的不同情况，例如资历深浅等，轮流上报请旨，最后由都御史指派出京巡查。监察御史巡察的地域范围、期间限制、事务明目皆由都御史规定。其差事有大、中、小的区别：大差有巡按、提举、巡京营；中

第五章 传统法律职业群体的困境：两种权力间的挣扎

差有清军、印马、屯田、巡盐等；小差有巡视皇城四门、马房、巡青等。当御史出巡回京之后，也需要向都御史回述巡察的种种情况，按照条目和完成情况照册呈报都察院，都御史则根据上报的情况给予考评。

（3）司法审理参与权和监督权。明代出现了许多集体审判制度。如朝审，它一般由三法司及其各部堂上官、通政司会同锦衣卫、科道官员等参加，主要对一些重大案件进行审理。该种情况下，一般由都御史代表都察院出面参与审理。

（4）考核权。都察院长官主要参与的是对百官的"考满"之法。《大明会典》中记载："凡在外司、府、州、县衙门官每三年朝觐、吏部会同本院考察。在京五品以下官，六年一次，吏部会同本院并各衙门掌印官及堂上官考察。"除此之外，普通官员的考核由河南道监察御史负责。由此可见，都察院通过对官员的定期考核以起到事后监察的作用，但同时也表明，明代对品阶较高官员的考核并不限于都察院一家独掌，而是协同吏部的主事一起进行。

总体而言，都御史作为都察院的堂上官，总理整个都察院的日常事务，对监察御史的牵制主要在于提督、点差、考核等职能的控制：①提督方面主要是指，对巡按御史在外巡察基本情况的监督，如有"公事当断不断，有律令当裁而不尽者，所问公事有拟断不当者"均可以请旨处理等。②点差方面主要是指，巡按御史外出巡按的事项、期日等一切事务均需要由都御史开具各类名目，并根据监察御史资历的深浅和差事的大小不同，依照律例轮流选定，请旨派遣。如果巡按结束，巡按御史也需要依律及时向都御史报告巡按的项目、列举具体事实，是否已处理完毕；未得处理的，则需要陈述事实理由，并造册呈报都察院。③考核方面主要是指，都御史会根据诸如《巡按七察》以及《满日造报册式》中所定的考察标准给予考评，如有违法乱纪的，可以奏请处罚。此外，对新监察御史的选拔任用上，都御史也具有一定的影响力——都御史对新选御史的考核会一并送交吏部选用。

当然，监察御史相对于其他行政官吏所具有的独立性也是显而易见的。明代律法明确规定，御史在弹劾、纠举上可以不必听从长官都御史的安排，自行作出决定。在实践中，朝廷从制度上和舆论上均保障并鼓励该种行为。明代监察御史可以排除都御史的干预，甚至可以相互监督——如都御史有违法乱纪行为，监察御史也可提出弹劾、纠举，反之亦然。

都察院虽是行政监察机构，其内部长官与御史之间并非通常意义上的上下级之间绝对服从的关系，而是有着相互制约：①针对监察御史的地方巡查事务，由都御史设定范围，监察御史只能根据预先设定的事项范围进行巡查，具有明显的程序制约。但一旦监察御史奔赴地方巡查，则意味着都御史不得直接干预其出巡事务；地方监察御史拥有临机专断权，工作上不受都御史节制。②监察御史的监察范围包括本部最高长官——都御史，可以直接向君主参奏长官。但在官员考核问题上，都御史身为长官对监察御史具有重要影响。③监察御史某种意义上是直接向皇帝而非都御史负责的。例如，监察御史点差出巡完回京后，不必立即回院，而是需要直接面圣奏禀。正统四年（1439年），"都察院出具事目，请旨点差。回京之日，不须经由本院，径赴御前复奏"。[1] 可见，当时都御史与监察御史相互牵制，又各自向皇帝负责，两者之间维持着一种微妙的平衡关系。

---

〔1〕《大明会典》卷210《奏请点差》。

第五章 传统法律职业群体的困境：两种权力间的挣扎

（二）清代中央司法机构的内部设置和法律职业群体

总体而言，清代三司的主要制度承继于明代，内部运行的具体规章也有所延续。为此本书依然围绕刑部、大理寺、都察院的机构人员设置、内部运行特征展开。清代三司在外部职能的权重上依然维持着刑部、都察院、大理寺的排序。在机构规模上，三个机构的规模皆有所扩大，尤以刑部最为明显；除了考虑处理案件数量增加、审级复杂、职能扩张等直接因素之外，少数民族政权为平衡民族关系而分设满汉官员也是其中一个重要因素。在机构运行特征上，三法司行政化程度进一步加深——刑部严格区分堂官和司官，严格控制各级官员单独上奏的权力；大理寺继续丧失直接审判的权力，由覆审转变为单纯的复核。

1. 刑部

（1）内设机构：兼顾中央和地方。清代刑部亦承继并且巩固了在三法司中的强势地位。在机构人员定制上，由于需要协调满汉关系而颇具特色。顺治元年（1644年），刑部满汉尚书并无定员，后期才正式规定满汉名额。刑部最高长官为刑部尚书，为从一品，人员定为满、汉各一人；刑部侍郎为副贰，为正二品，人员为满、汉各一人。以上为刑部的堂官，在施行奏则之后，堂官具有单独上奏的权力，而以部的名义上奏的公文则需要全体堂官的署名。

刑部属官为堂主事，设满五人，汉一人；司务则是满、汉各一人。刑部其他属官包括郎中、员外郎、主事三级：郎中共计三十八人，正五品，主理各司事务；员外郎为四十六人，从五品，分管各司具体的事务；主事共计三十八人，为正六品，负责办理各司公务。另有司狱六人；司库一人；库使二人；笔帖式一百二十四人；经承九十八人，共计大约四百零七人，其中满汉兼用，汉员略多于满员。

· 291 ·

在机构设置上，除了十七清吏司以及秋审处掌理司法审判之外，其余均为司法行政机构。刑部主要内置机构以及人事编制、对应职能如下：

名称	官员	职能
清档房	堂主事满 2 人，缮本笔帖式 28 人	掌守册档，缮清字汉字之奏折。凡各司已结未结之案，三月而一奏。凡本衙旗员之升补皆掌焉。
汉档房	堂主事满 3 人，汉 1 人，缮本笔帖式 28 人	掌缮清字汉字之题本。
司务厅	司务满 1 人、汉 1 人	掌治吏役，收外省衙门之文书，纪录其号而分于各司。
督催所	管理司员无缺额，由堂委办	掌催十八司题咨现审之件，而督以例限。例如现审案件月终会奏，各省命盗案件岁终汇题。
当月处	司员满 1 人、汉 1 人	掌监用堂印，收在京衙门之文书以付于各司，现审则呈堂而分于各司。
督捕清吏司	郎中满 1 人、汉 1 人；员外郎满 1 人，主事满 1 人、汉 1 人	掌督捕旗人逃亡之事。顺治十一年（1654 年），兵部下设督捕衙门，内分为前司、后司，专司缉捕、审判八旗逃人。康熙三十九年（1700 年），督捕衙门前后二司改属刑部。雍正十一年（1733 年），并督捕前后司为督捕司。
秋审处	郎中、员外郎、主事无定员，由堂官酌委	掌秋审、朝审案件（起初秋审由四川司办理，朝审由河南司办理），负责磨对清汉红格、行文工部取报刊刷装订黄册、招册，送九卿詹事科道招册。

第五章 传统法律职业群体的困境：两种权力间的挣扎

续表

名称	官　员	职　能
律例馆	由堂官设提调满、汉各4人	乾隆七年（1742年），开始隶属于刑部，总裁无定员，皆以刑部堂官充任。掌修法令，刊定条式颁行。每五年将律令汇辑编排，是为小修。到十年，重编新格，或补充，或删减，定为宪典，颁行全国，是为大修。凡各司案件有应驳或更正者，呈堂交予该馆。
减等处	郎中、员外郎、主事无定员，由堂官酌委	凡由恩诏，则总省各及现审的案件而汇之，核议是否减免，送江苏清吏司核查具奏。
提牢厅	主事满、汉各1人，司狱满4人、汉2人	掌狱政，稽查南北所之罪囚，支衣粮药物而散之。外省解到人犯由承审司发放，移付验明收禁。
赃罚库	司库满1人，库使满2人，经承1人	掌收储现审赃款及其支放之事。
饭银处	由堂官指派人员，满、汉各1人	掌收储饭银及其支放之事。掌各省报解饭银及户、工两部拨给的饭银，各级官员每月依照数额支取，其余各役杂工杂项开始皆有该处核准发放。
赎罪处	无定额职官，一般由尚书酌派郎中、员外郎、主事数人	掌官员赎罪之事。设于乾隆二十三年（1758年），凡赎罪案件，开列所犯案情，具奏批准后，可以将应交纳的数目行知户部，依数缴纳。对外文书使用江苏清吏司印。
盛京刑部	侍郎之下，设有肃纪前司、肃纪左司、肃纪右司、肃纪后司各设郎中满1人、员外郎满2人、主事满1人，另有设司狱满、汉各1人、司库满1人、库使满2人	在迁都北京之后，原本的京城盛京仅仅设户、礼、兵、工四曹。康熙元年（1662年），设盛京刑部。盛京刑部设侍郎满1人，掌谳盛京旗人及边外蒙古之狱。凡盗人参者皆治。凡秋审，则会同各衙门共同定谳。

除上述机构外,刑部还设有十七清吏司,以各省为命名,对口掌理各省的司法事务并且兼管部内各类司法行政事务。根据《刑部事宜》的规定,十七清吏司对口掌理的司法管辖范围和人员编制主要内容如下:

十七清吏司	人员编制、官阶	司法管辖范围
直隶司	郎中满、汉各1人,员外郎蒙古1人、满1人、汉2人,主事满、汉各1人	京畿道、顺天府尹、东陵、西陵、热河都统、围场副都统、密云副都统、山海关副都统、北古口、张家口、独石口、喜峰口、芦峰口、塔子沟、三座塔、巴沟、乌兰哈达、喀拉河屯、多伦诺尔、察哈尔四旗半、镶黄、镶白、正白、正蓝、正黄半旗
奉天司	同上	宗仁府、理藩院、盛京五部、奉天府尹、盛京将军、吉林将军、黑龙江将军
江苏司	同上	江南道、江宁将军、京口副都统、漕运总督、南河总督、恩诏、赎罪处
安徽司	同上	安徽道、镶红旗、宣武门
福建司	同上	福建道、户部、户科、宝泉局、左右翼、仓场、坐粮厅、大通桥、京通各仓、镶蓝旗、阜成门、福州将军、汉俸、公费、尚书、侍郎、郎中、员外郎、主事、司库、司务、司狱、笔帖式、库使
江西司	同上	江西道、中城、正黄旗、西直门
浙江司	同上	浙江道、本部、刑科、都察院、南城、杭州将军、乍浦副都统、现审汇题、题驳议叙、随结随题、赃罚豁免、递籍汇题、斩绞监犯病故、五城赃罚、汉司官坐班、汉司官齐斋、汉司官救护、派汉陪奏官、书吏役满、南北两监换更锣更鼓更梆

· 294 ·

第五章　传统法律职业群体的困境：两种权力间的挣扎

续表

十七清吏司	人员编制、官阶	司法管辖范围
湖广司	同上	湖广道、荆州将军
河南司	同上	河南道、礼部、礼科、太常寺、鸿胪寺、光禄寺、钦天监、国子监、太医院、东城、正红旗、德胜门
山东司	同上	山东道、兵部、兵科、太仆寺、提督衙门、青州副都统、河东总督
山西司	同上	山西道、军机处、内阁、中书科、内廷各馆、内务府、奉宸苑、上驷院、武备院、翰林院、詹事府、起居注、北城、镶白旗、崇文门、归化城都统、绥远城将军、察哈尔三旗半、镶红、镶蓝、正红、正黄半旗、各司年例汇奏、支领纸张
陕西司	同上	陕西道、大理寺、西城、西安将军、宁夏将军、凉州副都统、伊犁将军、乌鲁木齐都统、囚粮
四川司	同上	四川道、工部、工科、成都将军、修理工程、刑具、承办秋审
广东司	同上	广东道、銮仪卫、广州将军、正白旗、安定门
广西司	同上	广西道、通政司、囚衣、承办朝审
云南司	同上	云南道、镶黄旗、东直门、封开印信、预用空白
贵州司	同上	贵州道、吏部、吏科、正蓝旗、朝阳门、汉堂司官升迁事故、汉官京察、汉官保举、汉官奏留补缺

从上述表格可以看到，清代刑部的内部机构设置基本延续了明代刑部的框架，但基于国土扩张、民族关系的复杂性，其

内部机构设置比明代更加复杂。主要表现为：

第一，唐宋以来的刑部四部（司）已彻底瓦解，某些具体事务性部门已经形成独立（内置）机构。例如，针对律法的起草工作，清代刑部单独成立律例馆。这在之前，虽然刑部本身为起草律法的重要机构之一，具有依诏令草拟律法的职能，是刑部总部司执掌的具体职能之一，但并没有单独成立次一级的部门，并非具有独立人员编制的实体机构。到了清代，各类律法形式更为完善发达，尤其是例的需求很大，且法律职业群体的专业化有所提升，为当时起草律法机构的专职化、规范化、实体化奠定了基础。

第二，与司法审判、司法行政无关的职能被剔除出刑部。唐宋时期，刑部下设四司职能并不全然是司法事务，还包括一些类似边境管理的职能。这是由于当时政府机构整体不够完善成熟，内部分工不够精细，机构与机构之间的关系也未完全理顺。清代处于封建时期政府机构完善的顶峰，各类机构、部门专业化程度不断加深，机构与机构之间的职能安排更加合理；在刑部职能得到扩充的同时，也将那些不属于司法审判、司法行政的职能转移到了其他机构。

第三，"十七清吏司"依然得到了保留，并且有了进一步发展。从十三清吏司到十七清吏司，不仅是管辖面积的扩张，同时也有管辖力度的加强——既有对地方案件、司法事务的管辖，还有对中央机构各部司法事务的对口管理，这大大拓展了刑部司法职能的广度和深度。

第四，清代刑部内设机构职能相互交织、叠加，形成了一张交织"横向—纵向"、横跨"中央—地方"的科层体系运行网，是处理整个国家司法事务的中枢。刑部内部依据权力运行的特征，可以大致区分为三种类型的部门：①纯粹行政权的行

第五章 传统法律职业群体的困境:两种权力间的挣扎

使:清档房、汉档房、司务厅、饭银处等。此类机构所辖职务或为公文记录、档案管理的文字工作,或为单纯文书收发传递等程序性事务,或薪水发放等普通行政事务。②司法行政事务:督催所、督捕清吏司、提牢厅、赃罚库、减等处、赎罪处等。此类机构所辖职能主要是围绕处理案件、犯罪人展开,但是不涉及审判权的适用问题,或为抓捕逃犯、处理赃物、监狱管理等事务。③司法审判权+司法行政权:十七清吏司、秋审处。[1]十七清吏司作为具有"中央—地方"科层属性的司法机构,对地方移送案件拥有直接审理和复核的权力。同时清吏司对地方事务管辖的范围不仅针对案件,还包括其他司法行政事务。为此,清吏司与刑部其他部门之间也会对同一事务形成多重管辖。从刑部各个内设机构而言,并没有专司的审判机构,审判权的运行被牢牢镶嵌在刑部纵横交错的行政科层网中。

(2)堂司关系:从合作到依附。如果再深入到当时刑部"堂官—司官"之间的互动关系,可以更加清晰地看到清代刑部运行行政化的色彩。清代刑部在其内部运转模式中,主要涉及三类官员:堂官、司官、书吏。[2] 司官需要负责对移送案件的

---

[1] 秋审处又称为"总办秋审处"。设于雍正十二年(1734年),是刑部非正式编制机构,主要负责秋审事宜。初期,由四川司、广西司分掌。后采用一年一换的方式组成机构人员,由各司派遣满汉官员二人专办,另派四人协办。乾隆十九年(1754年),开始确定固定的总办司员,但其下郎中、员外郎、主事仍无定员,由刑部尚书在各司中委派或者兼任。核办秋审是指,秋审处需要针对案件出具"拟判意见",呈交刑部高级官员核准,再将所有案件分类制刊,分送其他相关衙门。由于秋审处承担的案件皆为大案要案,数量巨大,所以当时只有公认职业素养最高的刑部官员才能充任,故秋审处的官员在刑部内地位极高。

[2] 根据当时的制度,刑部官员大约有三个层级:堂官—司官—书吏。堂官是刑部的高级官员,主要指的是尚书、侍郎,负责部务的决策者,同时负责部内人员考核。司官是具体部务的执行者和操作者,属于"技术官僚",主要指的是郎中、员外郎、主事等,是部内中层官员。书吏属于刑部一般工作辅助人员,不属于正式官僚序列,也无需科员身份。

审理以及审核,并提出意见;主要通过"主稿"的形式,即写下案件的具体处理意见。堂官主要针对司官提出的审理、复核意见进行决策,采用"画稿"的形式,即在司官递送的处理意见上"签字画押",表示对该处理意见的认同或者否定。书吏主要执行的是单纯针对公文的文字工作,例如抄写、收递、整理等秘书工作。可见,虽然堂官是司官的上级,但是刑部审判(复审)业务的运转核心却主要在于司官的事务性工作。

清代刑部职能中,与案件审判有关的工作主要表现为两种形式:日常工作以及外派审案两部分。

第一,通常情况下,保证刑部运行的主要工作形式是:"主稿—画稿"程序,对各地移送以及其自主管辖的案件给予复核或审理。根据上文可知,刑部核心业务的实际承担者是司官。堂官虽为上级,却也无法彻底掌控司官的工作。主要原因有:①与清代官员的选拔制度有关。雍正朝之前,包括刑部在内的六部司官对本部堂官的依附性较小。当时满司官员进入刑部后具体分配到哪个下属机构,是由刑部堂官统一调配的。但是汉司官员由吏部统一选拔并且分配,具体指派到哪司,刑部堂官无权干预。②清初期,刑部司官的补缺、升调、外放等人事变动皆通过吏部完成。吏部根据司官的背景、资历等统一操作,本部堂官仅仅在定期考核的时候"注定考语",即提供意见供吏部参考,没有最终决策权。③当时刑部最为重要的十七清吏司的人员定额编制,均由吏部确定人选;堂官仅仅拥有对某些其他内置机构的人员决定权,例如提牢厅、档房、饭银处等。但这些部门并非关键部门,于仕途助力不大,故司官们对此积极性并不高。正因为此时司官对堂官的依附性不强,表现在外在礼仪上也多有忽视,以至于该时期皇帝甚至针对堂官与司官之间的礼节问题亲自下诏,表达不满:"闻各部院堂司官办理公事,满

第五章　传统法律职业群体的困境：两种权力间的挣扎

司之见满堂则屈一膝应对，而汉司之见堂官则或立或蹲，一任其意。同一堂司而何以满汉之礼互异……且汉司官升迁方为道府，道府之见督抚卑躬屈节，竟有违例朝服匍匐跪道，备极奴颜之恭敬，惟恐以简略获罪。夫督抚品级既不及部院堂官，而司官品级则又卑于道府。何以为京官则傲慢不恭，而为外吏则谦抑过度？"[1]

但是到了清代后期，堂司之间的关系发生了彻底的扭转，其重要的原因在于本部堂官的人事权不断扩大，对本部司官的仕途影响力日益加深。这主要表现为以下几点：①雍正朝以后，所有满汉司官经吏部分配至部一级之后，具体前往哪个内设机构一律交由本部堂官决定，"调司、兼司亦凭堂官意旨"[2]。②司官的补缺任用权从吏部转移到本部，从主事到郎中皆可由内部提拔补缺。由此，在司官的补缺、升迁、任命等程序中，本部堂官意见的重要性开始凸显。再加上清中期，刑部堂官任期不断变长，堂官对司官了解熟悉更甚，于是堂官对司官个人进行评价或推荐的"考注"和"荐牍"在京察中越来越受重视。③清中后期，随着刑部职能的不断扩大，新设了许多不设缺额的机构，例如律例馆、秋审处、减等处等。更为重要的是，各司区分出掌印、主稿、帮印、帮稿等权力大小不等的差遣（即处理具体事务的实权），各个司官之间的高低分化日渐明显，尤其是"掌印"和"主稿"，堪称刑部日常工作的实际负责人，权限极大。例如，到了后期，只有具有掌印、主稿等职能的司官才能面见堂官汇报工作，其余司官不过陪同一旁，并无发言权。而这些决定司官仕途命运的差遣是由本部堂官负

---

〔1〕　中国第一历史档案馆编：《雍正朝起居注册》（第2册），中华书局1993年版，第1475~1476页。

〔2〕　参见郑小悠："清代刑部之堂司关系"，载《史学月刊》2017年第1期。

责分配的。由此可知，到了后期，司官对堂官的依附性大大增加。

在清早期的史料中，多有堂官与司官意见不合，为此司官甚至不惜顶撞堂官的记载，"遇事意有不可，比力争之司。不得，则争之堂上官。虽抵牾不顾"。[1] 但到了清中后期，这些记载大大减少。当时皇帝还下旨批评刑部堂官选拔司官为"大率以迎合己意者为晓事之人，以执稿剖辩者为不晓事之辈"。[2] 在行政科层制不断加深的情况下，作为负责案件审理和复核的司官很难再现清初期那种自主性和独立性。形式上堂官虽然不能直接干预司官的审理、复审工作；但实践中，堂官对于司官的各种影响却更加隐蔽和深刻，无法回避，亦无法避免。司官在具体职能之外处处掣肘于堂官，人事考核、升迁调任等皆与堂官意志息息相关。这充分体现了刑部作为司法机构，其内部运行"行政化"程度不断加深；审判业务要求的专业化和当时机构实际运行的"科层化"之间，存在无法调和的矛盾。

第二，钦差办案是刑部办理案件的另一种模式。这是由于乾隆中期京控案件激增，导致皇帝亲自下诏办理的案件不断增加。通常面对此类案件，皇帝会指派钦差直接奔赴地方审理，后由于该种做法成本太高无法维持，于是就交付给当地的督抚审理。但由于督抚大都不通刑名，所以仍然会派遣京部堂官前往协助办理，一来以示慎重，二来也为相互牵制，三来提供"技术支持"。实践中，派遣京官协助办理并不限于刑部，三司甚至其他部门皆可；但由于刑部通晓刑律的官员最多，故概率颇高。且无论是刑部堂官或者其他京部堂官，一定会随带刑部

---

[1]（清）秦瀛：《小岘山人集》续文集卷1《光禄寺卿云林伊君家传》。
[2]《清仁宗实录》卷76"嘉庆五年十一月丙申"。

第五章 传统法律职业群体的困境：两种权力间的挣扎

司官前往，多则三四名，少则一名。在钦差办案中，对案件的事实认定、法律适用等具体刑名工作皆由刑部司官完成，故人称其为"小钦差"。[1] 刑部堂官主要负责与地方督抚沟通等非审理业务的工作。

对于刑部司官而言，能与堂官一起出京审理案件是一个可以拉近与堂官的关系的绝佳机会。出京后可以避开京中本部其他官员的干扰，若此时司官能领会堂官意思，配合作出判决意见，则与旁人相比，其与堂官的关系必然有所不同，"爰书中心领神会、意见所到之处无不心心契合"。[2] 根据当时的具体规定和官场习惯，京官被"外放"是一条重要的升迁路径。跟随堂官去地方审理案件就是刑部司官能够获得"外放"的一条重要渠道。因为根据当时的惯例，若当地督抚因涉案而被革职，往往由钦差就地直接接任督抚，而作为堂官重要助手的刑部司官往往也会被留下来，任职府道等官职，实则为提前升迁。例如，道光七年（1827年），时任刑部尚书蒋攸铦外任两江总督时就奏请随带刑部司官王瑞徵前往，并希望当地知府的空缺可以由他补上就任。从刑部司官（中层官员）就任地方知府，一跃成为地方主政官，这无疑是一个明显的升迁。

正因为对司官而言，跟随钦差办案是一个重要的升迁途径，这使得堂官与司官之间多有利益牵扯。值得注意的是，在众多司官中可以随带哪位司官奔赴地方审案完全由堂官决定，这就导致司官一个重要的升迁机会被牢牢攥在本部堂官手里。各个司官为了能尽快升职，谋求更好的职位，就不得不与堂官维持

---

[1] 《清仁宗实录》卷195"嘉庆十三年五月甲寅"。

[2] 参见（清）姜晟："姜杜芗先生自订年谱"，载北京图书馆编：《北京图书馆藏珍本年谱丛刊》（第106册），北京图书馆出版社1999年版。

良好甚至超越职权的私人关系。

综合上文，以刑部司官为代表的司法官虽在专业技能上区别于普通官僚，是审理案件中不可或缺的技术官员，却始终无法摆脱中低级官僚在科层体系中的无奈。这在一定程度上可以看出，审判权的适用虽然专业，但却始终只能作为"行政科层"下处理某类具体事务的"工具和技术"，而无法获得较高的价值认同——专职司法官的品阶也始终维持在不高的水平。再加上清中后期，刑部堂官与司官之间的依附性不断加强；司官的人事任用、职能差遣、工作考核皆掌于本部堂官之手，令司官们不得不也无法彻底排除堂官的意志而形成独立的判罚。无论是审判（复核）流程上的"主稿—画稿"，还是刑部运行中的"随堂办案"——前者由于缺乏堂官的认可而无法律效力，后者出于人事、差遣等规则而令司官为了仕途不得不依附上级堂官。这令以"根据事实，适用法律"为核心的审判权在刑部运行中蜕化成为一种纯粹的"工具"，进而日渐丧失司法公平正义的价值内核。

清代司法的另一个重要特征是：从事律法工作的群体不再限于体制内的官员，而是包括幕僚、幕友、书吏、讼师、衙役等在内的多个群体。这些群体的出现至少说明了两个问题：第一，获得法律知识并从事律法职业的门槛降低了。明清时期，法律知识的传播途径更加多样，使得体制外的人群也可以获得相应的法律知识。第二，社会对法律服务、法律人才的需求增加了。

（3）司法官知识结构的获取：先职位，后专业。从前文可知，有宋一代，无论是审刑院、刑部还是大理寺、御史台，其司法官都具有严格的准入制度。不仅当时的科举考试将"法科"作为所有士子都必须通过的"公共科目"，并且若想要成为一名

第五章 传统法律职业群体的困境：两种权力间的挣扎

专职司法官还需要参加朝廷为此单独设立的统一（专业）考试才能获得任职资格。但到了清代却出现了一种矛盾的局面：一方面，史学界主流观点认为，清代司法官的法律素养颇高。这可以从清代司法官编纂的一系列律学著作中看出端倪。在这些律学著作中，既有对律条进行分析解释类的理论型著作，例如康熙年间司官郎中徐文青所著的《刑书攮要》、道光年间刑部侍郎张沣中所著的《大清律例根源》等；也有切合实际，对案例进行汇编的实务型著作，例如乾隆年间的《成案汇编》《驳案汇编》等。[1] 另一方面，清代刑部司法官却并没有严格的准入制度。即大部分官员在充任刑部司法官之前并没有相应的法律知识，更没有严格的法律训练，与一般行政官员在知识结构上并无二致。问题是，在清代，如何在缺乏严格"职业"准入制度的背景下，将当时司法官的法律素养维持在较高水准，从而保障整个刑部机构的正常运行？

根据相关史料记载，当时刑部官员获取法律知识的路径通常有两条：第一条为家学渊源。即祖辈父辈就有从事法律工作的履职经历，多为在三司任职；在此基础之上，将刑名律法等视为"家传技艺"传于儿孙辈。例如，乾隆年间的刑部侍郎钱陈群在家批阅公文时，就会特意让其子汝诚站立在一旁跟着学习，并且还会随时询问一些专业问题，以为传道授业的重要形式。[2] 当然，以该种方式获得法律知识的司法官虽然是少数，但是往往影响很大。由于清代政府和当时的社会舆论普遍对刑部官员的法律素养、道德品质等提出了较高要求，这样代代相传的家承关系似乎比后天取得更让人信赖，有着天然的光环。于是在选拔刑部官员时，皇帝会格外看中这种"子承父业"式

---

[1] 参见郑小悠："清代刑部官员的法律素养"，载《史林》2016年第3期。
[2] 参见（清）潘德兴：《养一斋集》卷23《清代诗文集汇编》。

的专业背景。所以,当时刑部堂官中有家族、姻亲关系者颇多,朝廷也并未觉得需要刻意回避,反而觉得是种优势。例如,康熙年间的阿克敦、阿桂父子曾先后担任刑部尚书;乾隆年间的吴绍诗与其二子吴垣、吴坛三人皆先后被授刑部堂官。当然,能有如此得天独厚优势的官员并不多,大多数刑部官员出身普通,依托科考按部就班进入官场。

清代有着高度统一且规范化的官僚管理体制:官员的准入、任职、升迁等事务皆归于吏部,所有官员首先需要在吏部获得任职资格,而后才能进入各个衙门就任。早期,吏部统一把官员直接分配到各司,本部堂官无权过问。虽然中后期堂官在人事权上的话语权有所扩大,但所有官员的任职资格依然由吏部统一管理。所以,在进入具体部门之前,所有官员的知识结构都高度一致,即以儒家经典为核心的经世之学。他们往往是进入刑部之后,在工作中不断学习、积累经验,从一名普通的行政官僚,最终成长为一名精通刑律的"技术官僚"。

刑部作为全国的"刑名总汇",就如同一架司法官的"孵化器",在实践中起到了培养国家司法官的功能。刑部官员从对律法知之甚少,到最终成为一名精通刑名的技术官僚也并非遥不可及。在此过程中,刑部运行的大环境为其职业发展提供了众多便利和条件。

第一,从清中后期开始,刑部官员的任期稳定,甚至有所延长。有的司官甚至能在刑部任职几十年,这使得进入刑部任职的官员可以心无挂碍地钻研律法,充分调动了官员"钻研业务"的积极性,免除其后顾之忧。且刑部作为处理全国案件的中心,其各司事务专门化程度比较高,这都有利于刑部官员业务水平的提高。

第二,刑部内部司官之间竞争比较激烈,特别是后期司官

第五章 传统法律职业群体的困境：两种权力间的挣扎

外放、升迁皆与长官意志（刑部堂官）联系密切。同时，各司之间、司官之间高下分化日渐明显，这使得司官为了获得堂官的赏识而频频展示能力，其中一条重要途径就是在工作中体现自己的业务水平以赢得青睐，为此司官们会努力提高自身法律素养。就刑部而言，堂官对司官的考察和选拔主要依据有二：一是日常办案水平，二是统一集中考察；前者主要表现为针对日常作稿、说堂等场合，后者主要表现为考试形式。例如，在韩崶担任尚书时，为了考察下属司官，曾命令"将现行律例中有未安者，各献其疑，以凭奏明修改"。[1] 显然，这样深入实践、随时考察的方式对当时司官的业务素养有着极高的要求。

第三，传统律学和比附援引式的断案技术可以令司法官通过"碎片化"的经验积累，获取和提升审判技术。传统律学是一种经验式的获得过程，刑部总汇天下案件，这无疑为研习律法提供了重要资源。传统的律学脱胎于经学，后虽独立于经学，但是又无法离开经学。刑部官员能从最初的行政官僚转变为一名技术官僚，无论是家学传承还是后天努力，都离不开传统律学本身特有的学科特征和规律。传统律学虽有对一些法律术语展开解释等技术特征，但好在并不具有严格的逻辑体系，所以往往可以通过自我研习而获得。同时，无论律学发展如何精细，传统律法适用的根本宗旨都在于将儒家原则通过律法合理地贯彻到实际的案件中，为此儒学功底是办理案件的基本前提，这恰恰是官员们进入刑部之前都具有的知识结构。再者，传统律法中，存在"举轻以明重，举重以明轻"的类推制度，使得律法始终未能以抽象概念和逻辑自洽的方式存在，而是如

---

[1]（清）包世臣：《齐民四术》，潘竟瀚点校，中华书局2001年版，第223页。

同判例法一般，通过对大量案件的汇编来应对实务中的诉讼疑难。而且传统法律中"重积累，轻逻辑"的适用原则，也非常适合刑部官员通过工作中亲自处理大量案件，工作之余研习过往成案，实现法律素养的提升。因为这个过程更多是对已有知识反复、积累的量变过程，并不是对以往知识彻底的更新和颠覆。所以这并不需要如同西方法学知识一样，必须经过专门的培训，教授一套与以往知识结构截然不同的概念、术语和逻辑。

但值得注意的是，虽然清代刑部官员从任职保障、任职期限、法律素养等方面皆表现出一个法律职业共同体的雏形，与其他普通的官僚有所差别，但却始终没有形成近代意义上的"法律职业共同体"，清代的司官群体也依然游走在政治生活的中下层。其他从事法律职业的群体，例如刑名幕友，总体上在当时始终未能获得正面评价和良好声誉。换一种说法，即明清时期的法律职业群体与前朝相比更为成熟和活跃，无论是庙堂之上的司法官，或者是江湖之中的刑名幕友，都具备相关的知识结构，堪称"专业"；但却始终无法成为国家司法活动中的主导者，也始终无法形成一个相对独立、封闭、拥有区别于普通大众的价值取向和严格的行业规则的"职业共同体"。与西方法律职业共同体具有高度独立地位相对的是：司官必得依仗堂官，刑名幕友更是不得不依附主官。司法实践中，以司官为代表的司法职业群体始终扮演着一种技术辅助的角色，直接目的在于实现司法的公平正义，终极目的在于更为有效地维护政权统治。传统司法官群体之于政治统治，就如同"法"之于"礼"，注定难以摆脱"工具化"的倾向和色彩。

2. 都察院

清代都察院是三司中排名第二的机构，为国家最高监察机

第五章 传统法律职业群体的困境：两种权力间的挣扎

构，同时执掌司法审判权、司法监督权以及一部分行政权。根据史料记载，清都察院的地位主要体现为，"（都察院）为风宪衙门。以整网肃纪为职，凡政事得失，官方邪正，有关于国计民生之大利害者，皆得言之"。《清史稿》中更是直言："凡有政事背谬，及贝勒、大臣骄肆慢上者，许直言无隐。"

清代都察院的内部设置中，最为主要的职能部门基本延续了明代的架构——分道（省）监察，能与地方政府职能部门形成具体事务的对接。都察院的内设机构根据职能，主要区分为对内事务和对外职能两大块。对内机构主要为"九房一库"等机构，具体人员编制如下：

名称	人员编制	基本职能
印房	每房皆由 25 位经承为主管，并各配有门吏 1 人	
火房		
本房		
架阁库		
吏房、户房、礼房、兵房、刑房、工房		
当月处	满、汉各 1 人	收衙门内有关于八旗事务的文书，以及内阁传抄事件
督催所	无定员	督催各厅、道、五城各部承办的事项，按期限完成
经历厅	经历、满、汉各 1 人	负责各科道差、五城注销并管辖吏役等事务
都事厅	都事、满、汉各 1 人	负责管理各类缮本、满官员的册籍

对外职能机构主要为十五道、六科、五城察院、御史处以及一些专门的监察机构，其主要人员编制和基本职能如下：

机构名称		人员编制	主要职能
十五道	江南、浙江、江西、福建、湖广、河南、山东、山西、陕西、四川、广东、广西、云南、贵州、京畿	掌印监察御史满、汉各1人；监察御史，除广东、广西、四川、云南、贵州五道不设之外，其余均设满、汉各1人；江南道为满、汉各3人，山东道满、汉各2人。另有经承49人，笔帖式32人，共计137人	对口负责复核各省移送的死刑案件、京师的死罪案件；参与复核各省移送的秋审案件（斩监候、绞监候）、京师地区朝审案件。
六科	吏科、户科、礼科、兵科、刑科、工科	各科设掌印给事中满、汉各1人；给事中满、汉各1人，共计24人；加之其余官吏，共计167人[1]	性质为独立的监察机构，负责对口监察中央六部；会同其余各部复核秋审案件以及京师地区朝审案件。

---

〔1〕 参见（清）赵尔巽等撰：《清史稿》（第12册·第115卷），中华书局1976年版，第3305页。

第五章 传统法律职业群体的困境：两种权力间的挣扎

续表

机构名称		人员编制	主要职能
其余专门监察机构[1]	巡按御史	各省1人	该类监察机构并非常设，而是根据皇帝的诏令，因事而设。多数为针对漕运、盐政、茶业、学政等专项事务的监察，或者为针对专门地区的监察。故并没有全部罗列。
	巡盐御史	两淮、两浙、长芦、河东各1人	
	巡漕御史	淮安、通州各2人	
	巡察御史	江宁、安徽1人 湖北、湖南1人 山东、河南1人	
	提政学督	直隶、江宁、苏松各派御史1人	

注：1. 光绪三十二年（1906年），增设了辽沈道，将江南道一分为二，设为江苏、安徽二道；湖广道拆分为湖南道和湖北道；并增加了甘肃道、新疆道。共计20道。[2]

2. 新疆道、甘肃道为满、汉御史各一人。

3. 雍正元年（1723年），正式将六科并入都察院，主要职能为参与秋审和朝审。

4. 监察御史的品阶在清一代多有变动，最初为三品，顺治年间为七品，雍正年间为正五品，最终在乾隆年间定制为从五品。

清都察院的堂官为左都御史，满、汉各一人，号称"总宪"。左都御史在清朝初期为满都御史一品，汉都御史为二品；

---

[1] 沈云龙主编：《近代中国史料丛刊第三编》，文海出版社1987年版，第7200~7201页。

[2] 参见（清）赵尔巽等撰：《清史稿》（第12册·第115卷），中华书局1976年版，第3302页。

顺治十六年（1659年）将两者改定为皆二品。雍正八年（1730年），又将左都御史升为从一品。都御史的长官副贰为左副都御史，设为满、汉各一人，为正三品。都察院还以右职作为总督、巡抚的兼衔，既在形式上体现了督抚的权威（代表皇帝监察属下官员），又时刻提醒督抚虽贵为封疆大吏，但也是为人臣子，体现君权的节制。

与前朝相比，清代都察院虽然建制上多有相似，但碍于皇权集中程度更甚，故在机构内部运行上也有所不同。主要体现在个别官制的设置以及御史职能的调整：①出于利益平衡以及相互牵制的考虑，将左右都御史、左右副都御史均设置为复职。其中右职根据惯例为专门用以督抚的加衔，并不单独安排人员。这体现了清代对地方大员的重视和制约，是平衡中央地方关系的一种形式。②把明朝具有封驳职能的六科并入都察院，当时六科给事中成为"清望之官"，封驳的职能几乎废止，本质上体现了君权的扩张。③清代都察院按省区分为十五道，清末增至二十道（明为十三道），管辖地域范围大大增加了。④清代废止了御史出巡制度。顺治年间，曾有巡按御史、两江御史、巡田御史、巡盐御史的记载，后废止了该制度。实践中，即便在京御史奉命巡各地，也往往是规模小，时间短，偶有为之，不成定制。这一方面是出于对前朝御史出巡制度所带来的贪腐、党争等弊端的反思，另一方面也体现出当时地方与中央的一种博弈。⑤内置机构中增设五城察院和五城兵马司，分管本城区的治安，对京城管理的力度增加。⑥内置还增设宗室御史处、稽查内务府御史处，分别监察宗人府和内务府的事务。这体现出政府权力和皇权之间的关系，将服务于后宫、宗亲事务等机构一并纳入国家监察范围。

从长官的品阶、人员编制、机构设置等各个方面来看，清

第五章 传统法律职业群体的困境：两种权力间的挣扎

都察院的地位总体上处于一个不断上升的趋势。这也从侧面表明，当时君主对监察权的依赖不断加重。当然，无论何种模式的监察，都无法摆脱君主集中制之下的两面性：一方面在形式上保证了政府运行的安全和质量，防止各个衙门因为运行出现偏差而导致威胁君主统治的情况发生；另一方面则是交错重叠的监察机构和监察职能使得政府机构运行逐步丧失活力，效率下降。建立发达监察体系的初衷，本为保证君主能够有效掌控政府的运行，随时将自己的意志贯彻其中，但科层制不断加深的同时也令君主反而日渐失去对这一过程的实际控制。多层级审批、职能委托等运行方式的存在降低了行政的效率，地缘差异、人口众多的统治现实令监察体系的运转必须大量依赖公文案牍等间接形式。长久来看，这都容易导致政府运行的实际情况可能被层层掩盖。

清代都察院的内部运行流程和制度与前朝具有高度相似性，这在前文（明代都察院）已经展开，此处便不再赘述。

3. 大理寺

清代大理寺的人员规模与同时期刑部、都察院相比，不可同日而语。这与审判权的转移和科层制的加深息息相关。总体而言，清代大理寺依然延续了明代大理寺左、右寺分立的格局，人员编制也相对简单。

根据相关史料记载，清代大理寺的长官为大理寺卿和大理寺少卿，设满、汉各一人；康熙年间，大理寺卿定为正三品；大理寺少卿定为正四品。左右司各设寺丞三人，满、汉、汉军各一人。其余人员编制和执掌可见下列表格：

机构名称	人员编制	主要职能
档房	堂评事满1人	掌理左、右寺的题本以及奏折。在京衙门的文书亦归其管理。
司务厅	司务满、汉各1人	掌理吏役,接收外省衙门的文书。注销案件、照刷文卷后皆汇送之。
左寺	寺丞为满1人、汉1人、汉军1人,评事汉1人	①掌理复核顺天府的部分州县、直隶省的部分州县,以及奉天、山东、江苏、安徽、浙江、四川、广东、贵州等省的刑名案件;②对口负责以下中央各司:吏部、户部、礼部、都察院、内务府、光禄寺、太常寺、太仆寺、钦天监、太医院、步军都统等衙门咨办的案件;③八旗五城现审案件,均与刑部掣签承办司分会谳。
右寺	寺丞为满1人、汉1人、汉军1人,评事汉1人	①分掌复核顺天府部分州县、直隶省部分州县,以及山西、河南、江西、福建、湖北、湖南、陕西、甘肃、广西、云南等省的刑名案件;②对口负责以下中央各司:京内宗人府、内阁、兵部、刑部、工部、通政使司、翰林院、詹事府、国子监、鸿胪寺等衙门咨办的案件。

注:以上表格内容经《大清会典事例》卷69和卷1043整理而成。

从上文可知,清代大理寺已经蜕化为一个单纯的"慎刑"机构,其在职能削减的同时,工作量也减少很多。为此,虽然大理寺也有对口管辖各省案件的工作模式,但是与刑部、都察院等为各省专门配置官员和形成独立部门的做法相比(例如十七清吏司、二十道监察御史),大理寺的对口执掌更多体现了一种简单的分工,而没有进一步形成更严密的科层体系。

清代"三法司"的堂官和司官某种意义上是国家适用法律

的"技术官僚"。虽然分属三个不同的机构，但由于三个部门之间联系密切，且又相互分工、相互配合、相互制约，共同执掌司法的职能，为此三司官员在任职资格、选拔升任、知识结构等方面具有高度的相似性。由此上文中关于刑部司官的知识结构等特征也同样适用于其他二司，尤其是大理寺的官员。在此便不再赘述。

4. 司法官的出身和任职：求同存异

下面仅就清代司法官任职、选拔等制度作简单介绍。总体而言，与唐宋时期不同，清代司法官并没有设置统一、专业的任职考试，即形式上没有严格的准入制度。正如上文所言，刑部司官的很多职业技能都是在进入刑部之后，在日常工作中不断积累获得的。但这并不表明，清代司法官的法律职业素养就毫无保证。即便是没有统一严格、准入式的考察方法，清代对于司法官的出身（职业背景）依然有着最基本的要求。

总体上，清代法律职业群体的来源非常广泛，既有来自于庙堂的"三法司"官员，也有来自民间的"刑名幕友"。面对同样的问题（处理案件），掌握同样的技能（适用法律），他们最大的不同就在于"出身"的差别。根据清代官场的习惯和规则，司法官入仕的起点至关重要，这往往是决定该官员未来仕途究竟能走多远的重要因素之一。清代官场以"科举"和"学校"为正途，地位最高，其余途径入仕的则为他途。

第一，"科举"是封建社会最为重要的一种人才选拔机制，也是中国封建社会得以存续的一个重要支柱。清代作为少数民族政权，在制度沿袭上可谓"兢兢业业"，针对明代的科举制度不但全盘继承，并且有所发扬。清代对科举制度的重视程度尤盛。"古者取得士之法，莫备于成周，而得人之盛，亦以成周为最。自唐以后，废选举之制，改用科目，历代相沿。而明则专取四子书及易、书、诗、春秋、礼记五命经题试士,谓之制义。有清一沿明制,二百余年,虽有以他途进者,终不得与科第出身相比者"[1]。可见在当时,通过科举选拔出来的官员地位颇高,也是官场主流。清代科举考试的内容沿用了明代的八股文,四书及易、书、诗、春秋、礼记五命经题试士,谓之制义。科举为国家的抢才大典,三年一次,分乡试、会试、殿试,层层选拔,以期待能将国家最优秀的人才纳入庙堂之上。这也是当时司法官最为主要的来源。

需要明确的是,通过科举考试仅仅是获得了入仕的资格,若要真正入衙门任职,一般还需要通过吏部组织的统一考试,即为"入仕铨选"。根据当时的规定,官员的铨选区分为文官和武官,分别由吏部和兵部组织考核。初任者为听选,升任者为升迁。当然由于官员品阶高低有别,也采用不同的遴选方式。

对于"三司"官僚的铨选,当时并不采用统一考试的方式,而是采用"廷推"和"吏推"。①廷推:针对的是三司长官等高级官员,例如刑部尚书、大理寺卿、都御史等。由于涉及职位比较高,所以采用的是朝廷集体推举,皇帝任命的形式,吏部没有决定权。针对各部寺祭酒以上侍郎以下的中高层官员,采用的也是廷推,但具体程序上稍有区别,即此类廷推由吏部主持,规格低于前者。②"吏推":针对是太常卿以下的官员,由吏部推定。驻外官员,除了督抚之外,各级职位空缺得由三品以上官员推荐,但必须经过"铨选"程序。其基本流程主要为:开缺—投供—验到复核—堂议掣签—验看—给凭。即清代官员任职必须严格依照人员编制的设定进行,只有职位因为各种原因出现空缺时(开缺),才有机会后补任职。若各衙门出现

---

[1] 参见(清)赵尔巽等撰:《清史稿》(第12册·第115卷),中华书局1976年版。

第五章 传统法律职业群体的困境：两种权力间的挣扎

了开缺，就需要统一上报吏部，吏部会从进士名单中备选。"投供"是指凡是需要等候录取的官员，都应当赶赴京师向吏部递交参选的材料。在当时，"投供"是有严格的时间期限的。吏部会根据投供日期的先后进行排序，这也是吏部铨选的重要指标之一。所以，有的进士为了能被铨选去心仪的衙门，会利用该规则故意规避。候选官员的材料提交吏部后，吏部会对提交的材料进行核查予以确定，即"验到复核"。确保无误后，吏部官员会根据候补人员的履历和提交日期，根据月选之法进行堂议，当场验看堂议结果，最后决定人员分赴各部。由此可以看到，清代为了保证官员基本素质，防止结党，各部长官仅具有对内分配职务的人事权，而无跨部门选调人员的权限，更无随意招募人员的权力。总体而言，吏部负责朝廷一般官员的资格、升迁调任等事务，更多从公平公开的角度运作，而对于人才是否对口等问题考虑有限。故到了后期，为了实现官员流动的科学性，针对类似司法官等专业人才，朝廷将一部分人事权下放到地方督抚。但即便是地方督抚拔擢官员，也必须从形式上符合上述流程：除了免除堂议掣签之外，其余环节必须经过吏部同意，以显示皇帝独掌人事权。

第二，"学校"是除科举之外政府吸纳各方人才的又一条途径。如果说科举是保证国家人才选拔、保证社会公平的底线，具有广泛性；那么经"学校"而入仕则是在科举基础之上，国家集中、重点培养人才的一种模式，具有明确性。清朝政府在南京和京城均设有国子监，为当时培养人才和培养官员的最高学府。其中的生源主要有"监生"和"贡生"。其中贡生的意思即上贡给天子的人才，为此贡生主要是来自于府、州、县等地方上科考成绩优异的秀才和资格优异者。贡生出身的官员也被视为正途，与科举出身无异，颇受重视。

当然，贡生如果要获得任职的资格，必须经历国子监严格的考试。国子监主要教授的内容基本与科举内容一致，为四书五经、通鉴诸书；除此之外，还需要"日摹晋、唐名帖数百只，立日课册"。国子监祭酒、司业于每月、每季度、每年度都会开展考试，对学业要求颇为严格。国子监的学生需要经历"历事"和"积分"的考察，合格之后才能毕业，从而获得任职资格。前者类似于针对实践能力的考试，各监生需要去政府各衙门历练实践，"拔历部院练习政体。三月考勤，一年期满送朝廷试"。后者主要是针对学业的考试，只有获得国子监月考、岁考十二次一等者方为合格，才有资格参加廷试获取任职资格，"咨部历满考职，照教习贡生例，上上卷用通判，上卷用知县"。[1]

由上文可知，清代采用统一的官员任职管理模式，形式上严格限制各部堂官的人事权力，这使得传统社会的司法官群体颇具特色：①科举制度保证了司法官群体的基本素质，这是当时司法官的最低门槛。科举制度延绵一千多年，作为全国性的选拔考试其录取标准是异常严苛的。据相关学者统计，清代从开科取士开始，到光绪三十年（1904 年），清廷共录取进士仅26 391 人。[2] 平均每年大约只有 101 人。[3] 从人数绝对值上推算，通过科举进入到官僚集团的士子数量一直非常有限。这保证了当时官员的基本素质。②没有建立严格的专业准入制度。尽管科举考试非常严格，但是科举内容并非刑名律法等专业知识，以刑部官员为代表的司法官获取法律知识和技能的途径主

---

[1] 参见（清）赵尔巽等撰：《清史稿》（第 12 册·第 115 卷），中华书局 1976 年版，第 3102~3102 页。

[2] 参见萧伯符主编：《中国法制史》，张晋藩审订，人民法院出版社、中国人民公安大学出版社 2004 年版，第 113 页。

[3] 清代从入关建立统一政权算起，共延续 268 年，但科举考试终结于 1905 年，以此计算，清代科举制度维持的时间大约有 261 年。

要有二：一则来自家学渊源的偶然性，二则依靠职位分配后的研习取得。并且，后者是当时司法官获得专业知识的常态。这意味着司法官从本质意义上仅仅是一种职位而非跟随主体的身份——先有职位，后有相关专业知识结构，后者依赖前者。尽管中后期三司官员的任职，特别是司官的任职日趋稳定，但是在传统官僚体系中，司官员依然仅仅是任职经历，而非稳定的职业群体。这与近代以来的法律职业共同体，先获得知识结构，后谋得职位刚好相反。在"法律职业共同体"中，获得专业知识结构在前，获得司法职务在后，并且专业知识的取得并不依赖职位本身，相反，获得该职位必须依赖专业知识，故法律职业共同体更接近一种身份——通过专业知识和严格准入制度获得职业身份。③与其他普通行政官员相比，司法官并没有特殊的任职和晋升通道。从清朝当时的规定来看，为了保证官员"忠君思想"的统一性和坚定性，一般官员的任职资格形式上归于吏部统一管理，衙门长官并无开府的权力。包括司法官在内的绝大多数官员皆从固定的通道入仕（主要是科举出身），而后根据各部门的缺口，统一调配。"三司"高级官员的人事变动通过朝廷公论推荐、君主决定的模式进行，其标准往往根据的是约定俗成的政治惯例，而非规范式的硬性标准。无论任何时候，司法官首先必须是一名合格的官员，才有资格和可能成为一名司法官。四书五经式的儒家知识构成了官员们最为基础的立场、价值、观念，律学知识仅仅是此种基础之上的某种技能，是处理案件的"工具"，与价值无涉。

六、专业而不"职业"

综合上文，通过对古代中央司法机关内部机构设置以及司法官日常管理制度的简单介绍，一定程度上可以回应与"司法机构行政化"有关的一个疑问：中国古代是否存在"法律职业共同体"？要形成"法律职业共同体"至少应当具备几个基本要件：一则严格的准入制度和行业规则；二则形成相对独立、封闭、统一的知识结构、立场价值等；三则在司法运行中起主导作用；四则性质上更接近一种基于知识和准入体制获得的身份，并不仰赖具体职位。本书认为，古代司法官专业化程度不断提高的同时，始终没有出现所谓的"职业共同体"，欠缺的并不是知识结构、准入制度等形式化的因素，而是缺乏君主制下形成独立的价值立场以及主导司法运行的政治环境。所以本书认为明清时期已经形成了"法律专业群体"，但尚未形成"法律职业共同体"。从古代法律从业人员的角度而言，总体上具有"专业化"的趋势，但却始终没有更进一步，迈向职业化，反而日益陷入"工具化"的地位。当然，这既是君权集中体制下"司法机构行政化"的因素，也是"司法机构行政化"的结果。该趋势主要体现在以下几个方面：

其一，司法官"专业化"的特征越来越明显。这从司法官的任用、选拔、升迁等程序上可以看出来。汉朝时期，朝廷用人除了世袭之外，主要采用举荐的制度。对廷尉等官员的选任尤其讲究是否精通律法。尽管当时国家并没有统一的专业准入考试，但是以酷吏张汤为例，他能够以小吏出身就任九卿之一，很大程度上得益于从小耳濡目染，长大后精通刑名律令。至南北朝时期，廷尉署升格为大理寺，人员得到扩充，大理寺也开始设立与律学有关的"律博士"。这在一定程度上说明当时法律起草、修订、解释等工作的需求不断增加，对立法技术要求不断提高。律博士的出现，至少从形式上表明审理案件等司法事务在普通行政事务中的特殊性，最终使得律学从经学中独立出来，专业化程度大大提高。随着科举考试制度的成熟，大量优

第五章 传统法律职业群体的困境：两种权力间的挣扎

秀人才被选拔到官僚集团中来，这为将来更进一步形成专业的司法官群体创造了条件。到了宋代已经形成了非常成熟的司法官统一考试制度：若为司法官就必须先经过类似的考试。尽管这种考试并非全国性质，规模与科举也不能同日而语，但毕竟具有明显的"准入"性质，成为当时出任中央机构司法官（刑部、大理寺、审刑院、御史台）的重要通道。

明清时期，君权集中程度日益加深，牢牢掌握官员的人事权是君主进行有效统治的重要支柱之一。为此，当时普通官员的资质、任职、升调等皆有一套完整而成熟的程序。除三司高级长官的人事升迁任免权直接掌握于君主手中，三司其余的普通官员都必须经过吏部的统一安排，即便是本部堂官，其权限也仅止于本衙门内部的人事调整。从这个意义上而言，统一的科举考试是为所有官员设置的一般准入资格，这保证了官僚集团素养的最低标准。与宋代对司法官安排统一的专业考试不同，明清朝并未对司法官的资格作出特殊安排，而是与其他官员一起，由吏部统一安排调配。根据清代的相关资料，司官一级的司法官任期十分稳定，司法官所必须具备的专业素养并不通过考试获得，而是在"三司"的实际工作中不断历练、积累经验形成。对于精通刑名律法的知识结构，无论是承袭家学渊源，还是入职后刻苦研习，都被视为一种处理政务的特殊技能。明清时期的司官虽具有法律专业知识，但从当时的管理模式来看，并未体现出特殊性。司法机构本身行政化的趋向，直接导致从事刑名业务的官员亦被"行政化"——司法官仅仅是一群具有特殊知识结构的办事官员，对法律知识的获得并非源于个人意志和选择，而是基于国家人事管理的统筹性和个人经历的偶然性。

总体而言，明清官僚集团的司法素养逊色于宋代，于是各类"刑名幕友"的出现填补了研习儒家经学出身的主事官员在法律知识上的短板。这一方面有可能间接导致司法上下腐败，另一方面则恰恰说明了当时司法制度已经具备高度的专业性，若非专门研习，难以处理具体案件。

其二，司法机构内部的官员出现了某种分化，高级长官越来越脱离日常具体、直接的审判事务，更多执掌某些行政管理职能。从前文可知，汉代廷尉将审理具体案件作为主要工作。前文关于宋代审刑院长官任职期限的史料，一定程度上可以推测出当时三司长官由于任职期限短暂、缺乏相应的知识结构而无法深入到具体的司法工作中。到了明清时期，从任期而言，一改往日唐宋的传统，三司堂官的任期变得相对稳定，刑部尚书一职任期达到十几年甚至几十年的也并不少见。但清代三法司（尤其是刑部、都察院）不断加深的科层运行方式，反而令堂官需要将很大精力投入到对机构本身的管理中，仅在部分大案要案中有机会亲自参与复核和复审工作。在日常办公中，核心业务工作主要由低品阶的司官完成，堂官行使的仅仅是行政意义上的对下"审批权"，并非技术上的审判权。

该种变化一方面与三法司的职能变迁有着直接的关系——将直接审理逐步转变为间接复核：①将原本可以由单独机构完成的审判权交由多个机构共同完成；②提高复核权的地位，令复核权成为审理程序不可或缺的组成部分，是形成判决既判力的要素之一，从而使原本可以独立生效的判决结果被层层"复核"（实质是行政审批）所替代。另一方面也与机构规模不断扩大有关。出于维护皇权的目的，皇帝通过对下考核、监察等制度，试图将整个政府机构的运行掌握在手中。正如本书在开头提出的，中国几乎所有的政府机构名称都是从长官官职演化而来的，为此始终遗留着浓厚的"长官负责制"色彩。所以，赋

第五章 传统法律职业群体的困境：两种权力间的挣扎

予长官管理部门的权力是一以贯之的政治传统，也是科层制下层层控制权力运行的技术手段。到了封建时代后期，三法司的长官更类似于脱离了具体司法事务的政治官僚，司官倒是更接近具有专业技能、稳定的"技术官僚"。

在上述两个趋势之下，整个传统司法机构的运行就体现出种种矛盾的现象：

第一，律学的专业化程度越来越高，但是司法官的地位却日益低下的矛盾。在廷尉署时期，廷尉无论在形式上或者实质上都是（皇权之下）全国最高的专职司法官员，需要负责审理各类案件，同时位列九卿之一。到了后期，随着机构规模的扩大、审判事务的繁杂以及律学的发展，机构对司法官的要求也日益提高，最终形成了统一、专业的考试制度。与之相对应的是，从事直接审理、复核工作的司直等司法官的品阶却始终处于一个较低的水平，在其之上的正、监、平等官员则主要负责对评事、司直等官员的初步拟判（或者复核）进行监督或者批准。大理寺卿等长官在司法常态下并不直接参与案件的审理或复核。[1] 至于到了明清时期，三司堂官和司官之间的差异日益显著。堂官主要负责衙门内的行政事务和重要案件的审理；日常司法实践中，大量案件由司官复审或者复核，为此真正承担审判核心业务的是衙内司官。他们需要负责复审、复核的核心步骤——直接审理讯问或者根据移送卷宗进行书面审理，并写出最初法律意见供高级官员参考和决策。但清代司官的地位始终徘徊在较低的品阶。随着中后期科层制度的加深，司官未来的仕途与堂官的意志息息相关，这使得当时司官对堂官的依赖

---

[1] 这里的不直接参与并不表示不参与，而是大理寺卿、刑部尚书等官员主要以批复核准等形式处理已经形成的法律意见，但这并不是直接适用法律的审理工作，而是一种日常处理政务的行政工作。

程度不断加深，最终成为仅具有处理相关案件的"技术官僚"——司官仅具有办事权，不具有决策权；审判权（复核权）成为行政权的附庸。专职司法机构之外，研习儒家经学出身的官员会聘请刑名幕友作为处理法律事务的助手，但这些书吏甚至被排除在国家正式官僚体系之外。这更进一步说明法律在当时具有浓厚的"工具化"色彩，从而不具备近现代意义上的属性和品格。

第二，国家给予司法官在职权范围内排除不当干预（包括本部长官的干预）的权力，但司法机构的人事制度上又体现出一种"对下管理"的行政色彩。在传统法律文化背景下，"独立"从来都不是司法价值的终极追求。在维护皇权一元制的前提下，通过不断分割职能，形成相互牵制的机构设置和无孔不入的监察机构系统，覆盖到政府运行的每个环节，是统治得以维系的重要途径。为此，在一定范围内，形式上给予了司法官依律处断，不受长官干涉的权力，这本身就具有实践职能分割、牵制长官的功能，也实现了司法（审判）和行政（监察）的双重目的。对司法功能而言，该做法直接的后果是提高了司法判案的质量；对监察功能而言，机构长官与司法官的权力形成相互制衡，从而达到权柄上移的目的。

传统社会时期，早期国家机构的成立和运行都具有浓厚的个人色彩——"长官色彩"。每个机构成立之初几乎都有一名专职官员负责监督本司内部的事务，例如汉代廷尉署的廷尉监、大理寺的寺监等。但基于维护君主权力的需求和机构科层化的加深，这种机构内部式的监督方式显然不能起到实质性的作用。于是，国家又逐步建立起一个或者几个专门从事监督、考核等的非事务性机构。这些机构并不直接处理一般具体事务，但以机构对机构或机构对个人或个人对个人的模式，或者以为社会

第五章 传统法律职业群体的困境：两种权力间的挣扎

提供公共服务的模式（例如为老百姓提供一套司法以外的救济程序）对政府运行进行全方位的监察。这些机构系统内部职能纵横交错，是古代封建后期监察系统异常发达的真实写照。这些监察机构与本署长官一起，通过事前监督、事中同步、事后考核等方式将权力传递的每个环节都纳入到考察范围。所以，尽管在职务范围内司法官具有一定的自主权，但是从整体而言，其始终处于一个被"行政化"监管的局面。

形成法律职业共同体是现代司法制度完善的重要指标之一，也是保证司法运行质量的重要支柱之一。专业的知识背景、严格的准入制度、共同的价值观念、稳定的职业身份等都是形成法律职业共同体的重要条件。在中国传统社会，世俗观念萌发较早，律学的发达也使司法官的知识结构具有较高的专业性，甚至在某个时期形成了严格的准入制度，但这个群体却始终没有达到西方法学家们在司法发展史上的角色高度。他们在整个官僚机构中被不断边缘化，最后甚至沦为一种纯粹提供法律技术而无审判权力的"司法工具"。之所以造成该种结果，绝不仅仅是司法范畴内的问题，而是与整个政治体制的变迁有着千丝万缕的联系。古代司法官群体始终在"科层制"所带来的"行政化"与法律日益精细所带来的"专业化"的夹缝中苦苦挣扎，专业而非职业，就是这种趋势最终的结果。

结 语

尽管到目前为止，尚没有一个国家实行严格意义上绝对的"三权分立"，但"权力分立，以权力制约权力"的原则无疑被认为是人类社会发展最重要的政治原则和成果之一。"三权分立"是该原则在国家政治体制设计中最经典的表述之一。其中，司法是否"独立"似乎成了判断一国司法运行质量优劣的终极标准之一。但若从社会发展的角度而言，司法独立更多是一种历史概念，它的形成无论在西方或东方都必定具有历史描述的意义。人类历史上从未出现过绝对意义上的司法独立，有的只是在既有政治体制内追求司法公正的不同路径而已。

在我国提出依法治国，不断推进司法制度改革的背景下，需要严格区分"司法独立"与"审判独立"的基本概念，尽管这两者在许多具体制度上具有高度的相似性。在大众主流的基本观念中，中国传统社会的司法在皇权之下无独立可言，自然也无司法公正可言。但中国两千多年的封建史却向我们展示了在君主一元制的政治体制中、在科层制不断加深的趋势下，司法机构是如何与整个政府的运行相兼容，从而成为政府实施社会管理所不可缺少的重要环节。与同时期的其他国家相比，中国古代时期发达的律学、先进的法典、精细的制度以及杰出的司法人才等也从一定程度上显示了传统司法系统的发达和先进，这无疑也是中华法系曾经辉煌的重要证明。

结 语

"司法"与"行政"的概念本身以及两者的区分本为清末西学东渐的"舶来品"。在三权分立的政治话语中,它是国家权力的两种不同表现形式:①司法以审判权为中心,具有中立性、独立性、被动性的特征,以公平正义为价值追求,以法律适用为技术特征,以法律职业共同体为运行基础;②行政则以管理权为中心,具有主动性、层级性、单向性的特征,以效率为价值追求,以规范的执行为技术特征,以文官集团为运行基础。虽然随着社会事务的日益复杂,这两种调整方式有着不断靠拢、融合的趋势;但总体而言,两者仍然有着不可逾越的界限。而这样的界限在国家政治结构中就具体化为两种机构——司法机构与行政机构——两者有着不同的运行规律和特征。

当下,在追求"庭审实质化"的改革目标之下,司法机构改革的方向是去"地方化"和"行政化",其根本目的是审判权在技术上(当然不是政治上)实现一种相对独立,以保证法律适用的过程和结果不受外来权力的不当干预,从而实现公平正义的价值追求。这也是西方众多发达国家法律治理规律的基本总结,为此我们应当予以承认。当然,与西方"司法独立"的传统得以保留和延续相比,中国显然还缺乏这样的历史积淀。在西方社会中,之所以能把"司法独立"与"司法公正"在一定范围内等同起来,一方面与其注重程序正义的传统有关,另一方面则是在西方司法文明发展史中,法学家集团对于司法系统运转所起到的重大作用,这在英美法系国家尤为明显——"法官造法",先有法学家集团,后有法律。所以,当我们试图谈论西方司法独立的种种时,依然不能离开它所具有的历史土壤。西方近现代"司法独立"原则的形成、确立,是建立在优质法学家集团(或法律职业共同体)以及独特的民主政治传统之上的,本质是对三权分立政治体制的一种回应乃至维护。但中国古代独一无二的历史演进过程决定了传统司法制度的独特性。

为此，我们再回到中国司法体系这个交织着现实与传统的领域。当然，传统司法文明中，也不乏对司法公正的追求，因为这是人类社会的普世价值。但值得注意的是，传统司法观念中却极少单纯强调司法独立本身的重要性。这并不表明中国传统法文化中缺少对司法运行规律的总结，而是有着深刻的历史渊源。在中国传统一元制皇权的背景下，司法运行（包括司法机构的运行和司法官的职能运作等环节）被平行地镶嵌在政府行政科层化运行的齿轮中，它们并不需要、也不可能以彻底独立于皇权的精神去实现所谓的正义。相反，在司法实践中，许多案件之所以能实现公正判决恰恰是权力干预的结果，例如清朝的"毕秀姑案"等著名案件，这就是中国传统社会在追求司法正义路径上的吊诡之处。所以，从某种程度上而言，正是高度行政化式的司法运作模式才有了中华法系的形成，司法行政化本身即是中华法系形成的重要因素之一。中国传统司法运行有着它独特的制度、模式和价值追求，为此，大可不必全盘否定"司法行政化"（司法机构行政化）的发展结果和规律。因为从历史的横向对比而言，中华法系在绝大部分时期可以被认为是当时最为先进的法律体系之一。[1] 近代时期，传统司法制度的落后并不仅仅在于司法制度本身，更大程度上是一种国家政治体制层面的整体落后。农耕时代的封建制度即便到了它所能实现的最完美程度也无法长久对抗一种成长于工业时代的政

---

[1] "它（中华法系）的完整性与系统性以及遗留至今浩瀚的法学著作、历代法典王章与档案资料，均为世界所少有。雄辩得说明了中华民族对世界文化宝库的巨大贡献，以及中华法系何以受到各国的尊重，长时期傲然自立于世界法律历史之林。"张晋藩：《中国法律的传统与近代转型》（第3版），法律出版社2009年版，第1页。

结 语

治体制。为此,尤其需要辨别个别制度与整体制度配套的问题。

所谓"司法行政化",是指"以行政的目的、构造、方法、机理及效果取代司法自身的内容,形成以行政的方法操作的司法"。并且这被认为是"根本违背司法运行与司法建设的内在规律的"。[1] 从目前中国司法改革各项制度的推进程度来看,无论是意图推进法学家集团(法律职业共同体)形成的"员额制"、提高法官、检察官独立性的主审法官制与主任检察官制,还是引导并规范社会纠纷解决的立案登记制,乃至培养民众形成法律观念的新人民陪审员制,在技术上都有着借鉴近现代以来西方法治成果的色彩,而强调各级纪委、党委等机构规范运行、积极推进其与国家司法机构之间的职能衔接、国家层面监察委员会的成立和完善都在一定程度上提醒着我们仍然身处一个特殊的转型时期。司法机构"去行政化"命题的提出一定程度上是技术层面对西方司法独立传统的部分借鉴,更是对中国现实政治体制与法律实践的一种回应。

因为司法机构"去行政化"是中国背景下特有的命题,为此观察的视角也同样不能离开中国的传统与现实。首先,对提高司法机构的独立性、剔除来自司法权外部乃至内部不当干预的做法,我们有必要保持一种冷静理性的态度,而不是一味地将现有司法领域内所有问题的症结都一并归于权力的干预。其次,我们也应当看到权力干预与司法行政化之间的某种关系:前者是一种非常态的个别现象,后者则是一种形成已久的制度。为此,需要慎重对待改革的广度和深度。最后,从理论上而言,行政权与司法权是两种截然可分的权力,但在每个国家机构的实际运行中几乎都会存在行政管理权与司法审判权(例如针对

---

[1] 龙宗智、袁坚:"深化改革背景下对司法行政化的遏制",载《法学研究》2014年第1期。

内部行政处分等问题，其也有审判技术的体现）的集合。为此本书所指"司法行政化"的意义在于：司法机构被"行政化"后，审判权的运行无法实现应有的独立，从而影响到法律运行的结果。但至于这种结果是积极的或者是消极的则不再讨论范围之内，故从这个意义上讲，本书中对司法行政化的讨论更具有中立的态度。

　　在当下，我国司法机构有着去行政化的要求，自然也就意味着存在形成"司法行政化"的过程。中国是一个政治"早熟"的国家，主要表现为政府机构在西周之后就呈现出世俗化的特征，审判机构本身即为当时政府的重要组成部分，体现出一种与其他国家机构政治治理目标的一致性，这与同时期其他文明所呈现出来的司法机构富有浓厚的宗教色彩截然不同。为此，可以认为这是时代赋予中国司法传统的重大优势。

　　随着时代的推移，社会事务日渐复杂，司法领域也出现了一定程度的分工，在中央司法机构层面的变化表现为：审判权由一开始的单一机构直接掌握司法权，到多个机构分别以行政、审判、复核等形式共同掌握形式意义上的司法权——司法事务分别由多个机构来掌握，司法权也一分为三，形成司法审判权、司法行政权和司法监察权。这一方面体现出职能分工的细致化。例如在唐代，审判权由大理寺掌握，复核权由刑部掌握，弹劾权由御史台掌握等。另一方面则体现出作为司法权核心的审判权日益行政化：从横向上表现为多个机构共同掌理司法权，以"认定事实，适用法律"为技术核心的审判权被分解成初审、复审、复核等多个环节，甚至审判也被肢解为"审"（定罪）和"断"（量刑）两种技术；从纵向上则表现为司法机构科层制不断加深，导致直接处理案件的司法官沦为低品阶的"技术官僚"，司法机构的高级官员（堂官）从技术上而言并不直接从事

结　语

适用法律（审判权）的工作，而是扮演着一个负责司法"审批"的行政官员角色。最终司法审判中"独立"的技术特征逐步被"集中商议式"的审判和无所不在的司法监察所取代。

如果说在西方三权分立的政治体制中，立法、行政、司法三种权力代表了一种横向意义上的流程制约（立法—行政—司法）；那么在中国传统社会，对司法权的理解则需要分解成"审判权和监察权并行分立、单向流动，共同受制于皇权"的模式。

通过下图，可以更加直观地看到两套不同的权力运行模式：

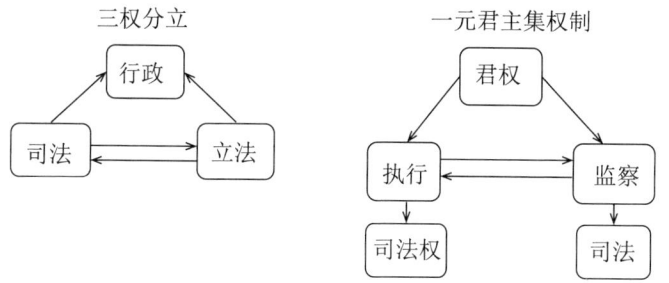

注：箭头指示表示权力的制约关系。例如，君权直接决定了具体事务的执行，但是执行权却不能决定君权。

在西方国家形成三权分立的政治架构中，往往能体现权力背后的特定阶级或者阶层，为此将国家权力一分为三，相互依仗的同时更是相互制约，并通过法律这种特殊的社会公共产品来协调这三种权力乃至背后的利益资源，最终实现整个社会资源分配和秩序上的优化。所以，立法权往往在形式上体现民众的意志，从而通过立法限制政府的权力（行政权），这是三权分立的第一步。如何保证政府能够诚实而勤勉地实现公民意志，需要一个长效的监督机制，这就需要通过第三方实现对执行过程的监督，为此需要一个独立的法律职业共同体居中依照预先设定的程序完成对行政权的监督和限制，即依托司法权对行政权的限制从而保证公民权的实现。此时的司法是维护公民利益的一条救济渠道。这是三权分立的第二步。常态下，立法权不可能侵犯公民权利，但这仅仅是逻辑上的设定。当现实运行并不符合这套逻辑时，例如当立法本身存在问题而令民众权益受损时，司法权需要再次挺身而出，运用司法审查权对立法进行纠偏。此时的司法权是社会赋予公民的一种"权利针对权力"的救济手段，更是一种"权力针对权力"的国家监察。这是三权分立的第三步。即便如此，司法权本身也存在边界，这种边界由司法权与生俱来的性质决定，失去这种内在限制本身即意味着司法权的自我消解，即司法权的启动只能仰赖个体权利的意志和严格的程序，司法权不能"主动出击"而只能"被动接受"。这决定了三权分立形态下司法权的自我限制和边界，这是三权分立的第四步。上述步骤最终形成了西方式三权分立的基本形态——相互配合，更是相互制约的关系。

　　中国古代社会的国家政治体制虽也呈现稳定的三角形，但是其权力流动却是单向的。君主掌握国家的最高权力，该权力可以表现为多种形态。根据君主处理政务种类的不同，可以将国家权力表现为行政权、司法权、军事权、监察权等不一而足。但无论是何种形态，这些权力在本质上并无差别，唯一的区别是具体处理对象的不同，这是第一步。将包括司法权在内的所有权力运行区分成为"决策—执行"两种形态，为了保证下级忠实执行上级意志，而在机构内部设立了层层审查批准制度，最终形成了科层制，这是第二步。科层制在本质上是对行政权展开的一种中性描述，所以科层制具有保证君主意志得到贯彻的优势，却也带来了执行效率低下的弊端。更重要的是，从长远来看，这种层层委托的执行方式反而有政府运行脱离君主掌控的风险——科层制必然带来如何将特定政务在上下级之间进

结 语

行真实、有效传递的技术问题，传统社会解决该问题的基本手段是建立一套严格公文文牍制度。为此长久之后，君主（上级）逐步依靠公文治国，却逐步脱离对实际问题（实际关系人）的掌握，这是第三步。为了能在不改变政治架构的基础上消除科层制的负面影响，君权又衍生出一种监察权（监督权）：通过对"决策—执行"过程中的每个环节、关系人进行监督，以保证各个运行环节的质量，达到政令通畅的直接目的，实现维护君权的最终目的，这是第四步。本质上，政府的行政权、司法权、军事权等皆为贯彻君主意志的执行权，通过君主决策之下的监察权互相牵制：前者为后者运行的前提和基础，后者监督前者的运行。两者共同实现君主一元制之下的内部制约关系，维系着君主权力的运行。

值得一提的是，作为"司法独立"重要支柱之———"法律职业共同体"，在传统科举制的基础上虽未最终实现，但却有了雏形。宋代时，政府明确要求作为审判员的推官必须通过统一的专业考试才可上任；清代时，所有官员（包括司法官）必须通过科举考试方具有任职资格，三司官员最终必须在工作中成长为一名精通律法的技术官僚。在地方上，由行政长官总领辖区内司法事务，同时配有"刑名书吏"为其提供"技术支持"。可以认为，在中国传统社会，精通刑名律令被普遍认为是一种专业技术，这是"法律职业共同体"形成的前提和基础——分工的专业化。

虽传统社会已有刑狱和其他政务的初步分工，存在司法官专业化的现象，但我们却始终未能再向前一步，形成法律职业共同体。个中原因，值得深思。在行政科层化的运行模式中，这些法律专业人才就如同普通文官一样，在君权之下，在政府"决策—执行—监察"的运行模式中施展着法律适用的技术。但是，该专业群体并没有带来近代意义上的司法独立，反而伴随着官僚科层制的加深而不断沦陷，成为君主权力之下的具体事务部门：司法权或者法律存在的首要目标并非为了化解纠纷，而是为了对下实现社会治理、对上维护君权的安定。在此前提下，司法权不断分裂为司法行政权、司法审判权和司法监察权。其中司法行政权已与其他行政运行别无二致；司法审判权在运行过程中不断受到司法监察权的挤压；司法监察权通过"事中"参与审判、"事后"给予复核，成为判决生效不可缺少的组成部分。审判权运行内部，也将"认定事实，适用法律"的过程不断细化、分割，渗入其他权力，以拟判（提出法律意见）——确定有效（审核并批准）的模式处理具体个案。

在"司法行政化"的背景下，具有专门知识结构、掌理审判业务的官员沦为一种中低级技术官僚；脱离审判业务、掌理审批权力的官员则作为政治官僚居于庙堂之上。实现司法公正具有社会治理和维护君权的双重目的，前者要求司法权的运行应当严格依法进行，后者则要求司法权的运行应当高度依附权力，两者目标难以相容，甚至存在矛盾。但在君主一元制政治体制无法被撼动时，为了平衡这两者关系，传统社会采用了执行与监察相互牵制、司法审判权中渗入司法监察权的模式。结果，司法程序不断被科层化、行政化，看似追求司法公正的背后却旨在维护君主权力。传统司法制度和运行也陷入一种无法被打破的悖论：司法制度、运行技术上越发达、精细，就意味着对上权力的依赖性越强。最终呈现为与近代司法发展趋势的南辕北辙：越发达，越遥远。

当我们站在当下的历史节点，回望过去，拷问司法的终极价值：独立、公正、效率究竟哪个才是司法的终极意义？中国传统社会司法机构的变迁规律和法律职业群体的命运展示了在

结 语

君主一元化的政治体制下,将司法技术镶嵌于行政科层的运行模式。这本质上也是传统司法机构力图抵抗外来干预,保持本质属性,实现公平正义目标而不得不承受的一种命运。

司法机构行政化,符合传统社会国家政务整体运行的风格,无疑更有利于君主意志在具体司法事务中的贯彻,但却存在脱离实践、人治压倒法治的风险。现代社会对稳定、公平的价值追求使得人们更加信任制度的力量,传统社会高度"行政化"的司法运行风格显然已不符合当代的价值追求和现实需要。为此,当人们确信"审判独立"能够带来"司法公正"时,也表明对于司法公正的核心要求从未改变过。

参考书目

一、古籍类

1. 《论语》。
2. 《周礼》。
3. 《左传》。
4. 《礼记》。
5. 《史记》。
6. 《后汉书》。
7. 《汉书》。
8. 《太平御览》。
9. 《晋书》。
10. 《唐六典》。
11. 《唐律疏议》。
12. 《魏书》。
13. 《南齐书》。
14. 《隋书》。
15. 《通典》。
16. 《资治通鉴》。
17. 《贞观政要》。
18. 《旧唐书》。
19. 《大唐新语》。
20. 《文苑英华》。
21. 《唐会要》。

22.《宋史》。

23.《宋会要辑稿》。

24.《宋大诏令集》。

25.《文献通考》。

26.《元史》。

27.《辽史》。

28.《元典章》。

29.《明太祖实录》。

30.《明史》。

31.（明）孙承泽：《天府广记》。

32.（明）孙承泽：《春明梦余录》。

33.《大清律例》。

34.《清史》。

35.《清太宗实录》。

36.《清太祖武皇帝实录》。

37.《六部处分则例》。

38.（清）汪辉祖：《佐治药言》，同治七年湖北崇文书局刊本。

39.（清）沈家本：《历代刑法考》。

40.（清）黄本骥：《历代职官表》。

二、著作类

41. 张晋藩：《中国法律史论》，法律出版社1982年版。

42. 李鹏年等编：《中国法制史》，中国人民大学出版社1987年版。

43. 李鹏年等编著：《清代中央国家机关概述》，黑龙江人民出版社1983年版。

44. ［美］费正清编：《剑桥中国晚清史（1800-1911）》，中国社会科学院历史研究所编译室译，中国社会科学出版社1985年版。

45. ［美］费正清：《伟大的中国革命（1800-1985）》，刘尊棋译，中国社会科学出版社1989年版。

46. ［英］汤因比：《历史研究》（第2版），［英］索麦维尔节录，曹未风译，上海人民出版社1966年版。

47. ［英］E. H. 卡尔:《历史是什么?》,陈恒译,商务印书馆 2007 年版。
48. ［美］詹姆斯·哈威·鲁滨孙:《新史学》,齐思和等译,商务印书馆 1964 年版。
49. ［英］柯林武德:《历史的观念》,何兆武、张文杰译,商务印书馆 1997 年版。
50. ［意］贝奈戴托·克罗齐:《历史学的理论和实际》,［英］道格拉斯·安斯利英译,傅任敢译,商务印书馆 1982 年版。
51. ［德］恩斯特·卡西尔:《人伦》,甘阳译,上海译文出版社 1985 年版。
52. 梁启超:《中国历史研究法》,华东师范大学出版社 1995 年版。
53. 傅斯年:《史学方法导论》,雷颐点校,中国人民大学出版社 2004 年版。
54. 白寿彝:《白寿彝文集》(第 4 卷),河南大学出版社 2008 年版。
55. 严耕望:《治史三书》,世纪出版集团、上海人民出版社 2008 年版。
56. 钱穆:《国史大纲》(修订本),商务印书馆 1996 年版,
57. 孟森:《明史讲义》,中华书局 2006 年版。
58. 黄彰健:《明清史研究丛稿》,台湾商务印书馆 1977 年版。
59. 吴晗:《明史简述》,中华书局 1980 年版。
60. 吴宗国主编:《中国古代官僚政治制度研究》,北京大学出版社 2004 年版。
61. 王崇武:《明靖难史事考证稿》,商务印书馆 1992 年版。
62. 方志远:《明代国家权力结构及运行机制》,科学出版社 2008 年版。
63. 张治安:《明代监察制度研究》,五南图书出版公司 2000 年版。
64. 杨一凡:《明大诰研究》,江苏人民出版社 1988 年版。
65. 尤韶华:《明代司法初考》,厦门大学出版社 1998 年版。
66. 尤韶华:《明代司法续考》,中国人事出版社 2005 年版。
67. 杨一凡主编:《新编中国法制史》,社会科学文献出版社 2005 年版。
68. 瞿同祖:《中国法律与中国社会》,中华书局 2003 年版。
69. 那思陆:《明代中央司法审判制度》,北京大学出版社 2004 年版。
70. 苏亦工:《明清律典与条例》,中国政法大学出版社 2000 年版。

71. 怀效锋：《明清法制初探》，法律出版社1998年版。
72. ［美］罗斯科·庞德：《法律史解释》，邓正来译，中国法制出版社2002年版。
73. ［奥］凯尔森：《法与国家的一般理论》，沈宗灵译，中国大百科全书出版社1996年版。
74. ［美］D. 布迪、C. 莫里斯：《中华帝国的法律》，朱勇译，江苏人民出版社1995年版。
75. 梁治平编：《法律的文化解释》（增订本），生活·读书·新知三联书店1998年版。
76. 李光灿、张国华总主编：《中国法律思想通史》（三），山西人民出版社1998年版。
77. 罗东阳：《明太祖礼法之治研究》，高等教育出版社1998年版。
78. 刘双舟：《明代监察法制研究》，中国检察出版社2004年版。
79. 陈国平：《明代行政法研究》，法律出版社1998年版。
80. 陈宇赫：《明代大理寺研究》，中华书局2013年版。
81. 王贵民：《商周制度考信》，明文书局1989年版。
82. 张亚初、刘雨撰：《西周金文官制研究》，中华书局1986年版。
83. ［日］大庭脩：《秦汉法制史研究》，林剑鸣等译，上海人民出版社1991年版。
84. 杨鸿年：《汉魏制度丛考》，武汉大学出版社2005年版。
85. 祝总斌：《两汉魏晋南北朝宰相制度研究》，中国社会科学出版社1990年版。
86. 黄惠贤：《中国政治制度通史》（第4卷），人民出版社1996年版。
87. 严耕望：《严耕望史学论文选集》，联经出版事业股份有限公司1991年版。
88. 王永兴：《唐勾检制研究》，上海古籍出版社1991年版。
89. 黄正建主编：《中晚唐社会与政治研究》，中国社会科学出版社2006年版。
90. 张国刚：《隋唐官制》，三秦出版社1987年版。
91. 刘后滨：《唐代中书门下体制研究——公文形态政务运行与制度变迁》，

齐鲁书社 2004 年版。

92. 杜文玉：《五代十国制度研究》，人民出版社 2006 年版。
93. 龚延明：《中国古代职官科举研究》，中华书局 2006 年版。
94. 邓小南：《宋代文官选任制度诸层面》，河北教育出版社 1993 年版。
95. 王曾瑜：《宋朝兵制初探》，中华书局 1983 年版。
96. 张帆：《元代宰相制度研究》，北京大学出版社 1997 年版。
97. 许凡：《元代吏制研究》，劳动人事出版社 1987 年版。
98. 陈高华：《元史研究论稿》，中华书局 1991 年版。
99. 李治安：《元代政治制度研究》，人民出版社 2003 年版。
100. 王天有：《明代国家机构研究》，北京大学出版社 1992 年版。
101. 王其榘：《明代内阁制度史》，中华书局 1989 年版。
102. （明）余继登撰：《典故纪闻》，中华书局 1981 年版。
103. 白钢主编：《中国政治制度通史》，人民出版社 1996 年版。
104. 白新良：《清代中枢决策研究》，辽宁人民出版社 2002 年版。
105. 陈茂同：《中国历代选官制度》，华东师范大学出版社 1994 年版。
106. 陈茂同：《中国历代职官沿革史》，百花文艺出版社 2005 年版。
107. 陈仲安、王素：《汉唐职官制度研究》，中华书局 1993 年版。
108. 胡宝华：《唐代监察制度研究》，商务印书馆 2005 年版。
109. 胡沧泽：《唐代御史制度研究》，文津出版社 1993 年版。
110. 王素：《三省制略论》，齐鲁书社 1986 年版。
111. 吴宗国主编：《中国古代官僚政治制度研究》，北京大学出版社 2004 年版。
112. 阎步克：《品位与职位——秦汉魏晋南北朝官阶制度研究》，中华书局 2002 年版。
113. 张德泽：《清代国家机关考略》，学苑出版社 2001 年版。
114. 杨树蕃：《清代中央政治制度》，台湾商务印书馆 1977 年版。
115. 杨鸿年：《汉魏制度丛考》，武汉大学出版社 1985 年版。
116. 郑海峰：《中国古代官制研究》，天津人民出版社 2007 年版。
117. 赵雨乐：《唐宋变革期军政制度史研究：官僚机构与等级之编成》，文史哲出版社 1994 年版。

118. 袁刚：《隋唐中枢体制的发展演变》，文津出版社 1994 年版。
119. 黄留珠：《秦汉仕进制度》，西北大学出版社 1985 年版。
120. 戴炎辉：《中国法制史》，三民书局 1966 年版。
121. 范忠信：《中西法文化的暗合与差异》，中国政法大学出版社 2001 年版。
122. 马小红：《礼与法：法的历史连接》，北京大学出版社 2004 年版。
123. 苏力：《法治及其本土资源》，中国政法大学出版社 1996 年版。
124. 汪世荣：《中国古代判词研究》，中国政法大学出版社 1997 年版。
125. 徐忠明：《思考与批评：解读中国法律文化》，法律出版社 2000 年版。
126. 尹伊君：《社会变迁的法律解释》，商务印书馆 2003 年版。
127. 杨鸿烈：《中国法律思想史》，中国政法大学出版社 2004 年版。
128. 张晋藩主编：《中国司法制度史》，人民法院出版社 2004 年版。
129. 张中秋：《中西法律文化比较研究》（第 2 版），南京大学出版社 1999 年版。
130. 张晋藩主编：《清朝法制史》，法律出版社 1994 年版。
131. 陈兴良：《刑法适用总论》（第 2 版），中国人民大学出版社 2006 年版。
132. 刘作翔：《法律文化理论》，商务印书馆 1999 年版。
133. 郑秦：《清代司法审判制度研究》，湖南教育出版社 1988 年版。
134. 张文显：《法哲学范畴研究》（修订版），中国政法大学出版社 2001 年版。
135. 吴吉远：《清代地方政府的司法职能研究》，中国社会科学出版社 1988 年版。
136. ［日］仁井田升：《唐令拾遗》，栗劲等编译，长春出版社 1989 年版。
137. ［美］H. W. 埃尔曼：《比较法律文化》，贺卫方、高鸿钧译，清华大学出版社 2002 年版。
138. ［德］马克斯·韦伯：《儒教与道教》，洪天富译，江苏人民出版社 2005 年版。
139. ［美］约翰·麦·赞恩：《法律的故事》，刘昕、胡凝译，姜渭渔审校，江苏人民出版社 1998 年版。
140. 梁治平：《法意与人情》，中国法制出版社 2004 年版。

三、论文类

141. 何勤华:"中国古代法学的死亡与再生——关于中国法学近代化的一点思考",载《法学研究》1998 年第 2 期。

142. 武树臣:"中国古代的法学、律学、吏学和谳学",载《中央政法管理干部学院学报》1996 年第 5 期。

143. 陈景良:"宋代司法传统的现代解读",载《中国法学》2006 年第 3 期。

144. 马小红:"'以刑为主'还是'以礼为主'——中国传统法的反思",载《中国司法》2008 年第 1 期。

145. 徐忠明:"传统中国乡民的法律意识与诉讼心态——以谚语为范围的文化史考察",载《中国法学》2006 年第 6 期。

146. 张晋藩:"中国法制史学发展历程的反思和期望",载张中秋编:《法律史学科发展国际学术研讨会文集》,中国政法大学出版社 2006 年版。

147. 霍存福:"中国传统法文化的文化性状与文化追寻——情理法的发生、发展及其命运",载《法制与社会发展》2001 年第 3 期。

148. 聂鑫:"从三法司到司法院——中国中央司法传统的断裂与延续",载《政法论坛》2009 年第 1 期。

149. 廖奕:"当地中国司法改革窘境与均衡路径",载《南京社会科学》2004 年第 3 期。

150. 王申:"科层行政化管理下的司法独立",载《法学》2012 年第 11 期。

151. 李文军:"论明代中央司法权力的划分",载《河南科技大学学报(社会科学版)》2009 年第 6 期。

152. 龙宗智、袁坚:"深化改革背景下对司法行政化的遏制",载《法学研究》2014 年第 1 期。

153. 陈瑞华:"司法权的性质——以刑事司法为范例的分析",载《法学研究》2000 年第 5 期。

154. 龙宗智:"审判管理:功效、局限及界限把握",载《法学研究》2011 年第 4 期。